板書で見る 数学

全単元・全時間の授業のすべて

中学校 2 年

池田敏和・田中博史 監修
藤原大樹 編著

東洋館
出版社

はじめに

　昨年の９月21日，「中秋の名月」の日でした。「あれ，去年は10月じゃなかったかな」と，ふとある疑問が浮かびました。一昨年は10月１日で，日付が１年でかなり違っていたのです。そこで調べてみると，中秋の名月は，旧暦（太陰太陽暦）の８月15日で，日付を設定するために，一度旧暦に変換していることがわかりました。ほとんどの祝日，記念日が新しい暦をもとに決められている中にあって，月見に関する記念日だけは，いまだ江戸時代の旧暦をもとに設定されていることに感慨を覚えました。時代が変化する中で，その変化に流されず固守されてきた伝統がそこにはあったわけです。

　教育もしかりではないでしょうか。我々は，社会が急激に変化する中において，次世代に向けて何を大切にしていくべきでしょうか。2021年の１月に，中央教育審議会より「令和の日本型学校教育」というキーワードのもとに答申が出され，「個別最適」「協働」がセットで取り上げられました。「個に応じた指導」という言葉が目を引きますが，この言葉だけが過大評価されてしまうと，教師が一人ひとりの生徒にいかに対応するかという論点だけに重きがおかれ，教育が後退していくのではないかという危惧を感じました。「協働」の視点に関連してくると思いますが，対話を中心とした「個を生かす指導」，すなわち，一人ひとりの考えをクラス全体に生かすことで，全体と個が共に成長していくという考え方こそ，我々が忘れてはいけない日本の学校教育の特徴ではないかと改めて感じたわけです。生徒同士の異なる考えから化学反応が起こることを体験する中で，みんなで学ぶということを学ぶことになります。ここには，日本の学校教育の伝統ともいうべき，「全体のためは個のため，個のためは全体のため」といった教育観が根底に横たわっているわけです。

　自分一人で考える時間，そこには，「○○さんなら，こう言うのではないか」「先生だったらこう言うかも」といった形で，自分の中に多様な人の考えがあらわれてきます。自分の思考の中で，友達や先生の言葉は生き続けているのです。対話を通して獲得した多様な見方があり，そのお陰で，今の自分があるのだという感謝の心につながっていくわけです。自分の成長を感じるとき，それは，人への感謝をかみしめるときでもあるわけです。

　本板書シリーズでは，まさにこの対話を中心とした「個を生かす指導」に焦点を当てて，執筆していただきました。先生方の個性が見事に発揮されています。対話を通した教材の奥深さを軸に進めていかれる先生，生徒同士の対話の連鎖を大切に進めていかれる先生，つまずきそうな生徒の手立てを大切に進めていかれる先生等，様々です。各々の先生方の個性を楽しんでいただきながら，読者の先生の心の中に多様な先生方の声が息づき，自分の個性を磨くきっかけにしていただければと願っております。

　最後に，本書のきっかけをいただいた田中博史先生，編集にご尽力いただいた藤原大樹先生，終始丁寧にご支援いただいた畑中潤氏，石川夏樹氏に，この場を借りて厚く御礼申し上げます。

2022年２月

池田　敏和

横浜国立大学

中学校数学　授業改善の羅針盤の誕生

　待望の板書シリーズの中学校数学版の誕生です。

　私が小学校算数の板書シリーズの企画をしたのは，今から19年前になります。

　子どもたちの豊かな学びを支えるために現場の先生方は毎日の授業の準備に苦労されていると思います。明日の授業づくりをデザインしようとしたとき，いわゆる表組の指導案形式のものではなく，板書というビジュアルな形で，しかも見開きですぐに展開のイメージがわかるように整理された紙面があれば役立つのではないかと考えたわけです。

　さらにそれが単発の時間だけではなく，全単元全時間がそろっていることは，当時としてはとても新しい発想でした。

　全国の優れた実践家のアイデアをここに結集しようと考えたのです。

　一単位の授業時間でどのように子どもの思考過程が展開したか，また身に付けてほしい知識や技能は，その思考方法とどのようにリンクしていくのかを視覚的に理解できるようにしていくという意味での「板書」の意識は，日本の教師特有のものだと諸外国の研究者に言われたことがあります。

　この板書シリーズは，小学校の算数版をきっかけにし，その後小学校全教科に広がっていきました。現場の先生方からは大きな支持をいただき，版を重ね，今では累計110万部になる，教育書としては異例のベストセラーとなりました。

　その後，いろいろな出版社から類似のシリーズが刊行されていますが，本板書シリーズがブームの先駆けとなった元祖であると自負しています。

　今回は，その中学校数学版に取り組んでいただいたというわけです。

　ただ，企画の段階では，50分の授業デザインを一枚の板書で読み取れるようにするということは，中学校の数学ではなかなか難しいのではないかという意見もありました。それは，小学校と比較すると週当たりの時間数が少ないこと，それなのに学ぶ内容がとても多いということから，一枚の板書には書ききれない日もあるのではないかという心配です。

　もちろん，時にはどうしても一度書いたものを消さなくてはならないことがあるのは承知しています。その上で，中学校の数学にもできるだけ板書の文化を活かそうとする取り組みを少しでも広げていくことが，遅れがちな生徒を救う一つの手立てとして有効になるのは確かだと思うのです。

　小中一貫の研究会では，中1プロブレムの話題と同様に，数学の苦手な生徒を救う手立てがいろいろと話し合われていますが，この板書文化の話題も取り上げられることが増えてきました。

　ICT機器などを駆使したり，またアナログな模造紙やミニ黒板なども取り入れるなど様々な工夫も用いながら，資質・能力ベースの授業づくりの大切な核となる，思考過程が残る授業デ

ザインの発想は今後，ますます大切になると考えるのです。

　執筆いただいた先生方には，様々な制約がある中で，とても苦労をおかけしたのではないかと思います。

　今回，さらに意識していただいたのは，前述したような時間数の少なさ，内容の多さからとかく伝達型になりがちと言われる中学校の授業づくりにおいても，どのように生徒との対話の時間を意識し取り入れていくことが大切なのか，中学校数学界の授業の達人と呼ばれる先生方の具体的な実現方法についても記述していただいたことです。

　ある数学の先生が，中学数学の実践書では内容の整理や教材論について記載された本はたくさんあるけれど，指導法について詳しく書かれたものが少ないと言われていました。授業の中での対話の位置づけは，指導法を考える上でも大切な視点になると考えます。

　また，授業構成の中核となる目標と評価の記述の改革にも踏み込んでいただきました。

　これは，小学校の板書シリーズのときには実はなかなか実現できなかったことでもあります。評価はもちろん目標と正対させることは必要ですが，目標の語尾を変えるだけの記述になってしまうことが多く，それではあまり役に立ちません。より具体的にした評価の観点の整理の意識が必要です。本書に記載された，数学の専門家の先生方ならではの評価の観点の具体化の例は，小学校の先生方にもきっと役立つものになっていると考えます。

　最後になりましたが，本シリーズの誕生に際して企画の段階から実質的な牽引者としてご尽力いただいた池田敏和先生，藤原大樹先生，さらに細かな配慮と共に根気強くシリーズの完成までの過程を支え続けていただいた東洋館出版社の畑中潤，石川夏樹両氏には，この場を借りて深く感謝申し上げる次第です。

　本書が，この国の数学好きな生徒を増やす授業づくりに少しでも役立つことを願ってやみません。

「授業・人」塾 代表　田中　博史

元筑波大学附属小学校副校長・元全国算数授業研究会会長

板書で見る全単元・全時間の授業のすべて
数学 中学校 2 年
目次

I 第 2 学年の授業づくりのポイント

II 第 2 学年の数学 全単元・全時間の板書

1 式の計算 12時間

4　図形の調べ方　16時間

本書の単元配列／2年

単元（時間）		指導内容	時間
1 式の計算		第1次　式の計算	7時間
	(12)	第2次　式の利用	5時間
2 連立方程式		第1次　連立方程式の導入，連立方程式とその解	2時間
		第2次　連立方程式の解き方	5時間
		第3次　連立方程式の利用	5時間
	(13)	第4次　3つの文字を含む連立方程式	1時間
3 一次関数		第1次　一次関数の式とグラフ	10時間
		第2次　一次関数と方程式	3時間
	(20)	第3次　一次関数の利用	7時間
4 図形の調べ方		第1次　平行線と角	2時間
		第2次　三角形の角	3時間
		第3次　多角形の角	4時間
		第4次　合同な図形と三角形の合同条件	2時間
		第5次　図形の性質の確かめ方	3時間
	(16)	第6次　まとめの問題	2時間
5 図形の性質と証明		第1次　二等辺三角形・正三角形	7時間
		第2次　直角三角形	2時間
		第3次　平行四辺形	6時間
		第4次　特別な平行四辺形	3時間
	(19)	第5次　等積変形	1時間
6 場合の数と確率		第1次　確率	2時間
		第2次　いろいろな確率	3時間
		第3次　確率による説明	3時間
	(9)	第4次　章のまとめ	1時間
7 箱ひげ図と		第1次　箱ひげ図	4時間
データの活用	(6)	第2次　箱ひげ図の利用	2時間

本書活用のポイント

　本書は読者の先生方が，日々の授業を行うときに，そのまま開いて教卓の上に置いて使えるようにと考えて作成されたものです。1年間の数学授業の全単元・全時間の授業について，板書のイメージを中心に，展開例などを見開きで構成しています。各項目における活用のポイントは次のとおりです。

題　名

　本時で行う内容をわかりやすく紹介しています。

目　標

　本時の目標を端的に記述しています。

本時の板書例

　50分の授業の流れが一目でわかるように構成されています。単なる知識や技能の習得のためだけではなく，数学的な見方・考え方の育成の視点からつくられており，活動の中でのめあての変化や，それに対する見方・考え方の変化，さらには友達との考え方の比較なども書かれています。

　授業でポイントとなる箇所は板書を青字にしています。また，板書する順番や注意することは，黒板の枠付近に青字で記載しています。

授業の流れ

　授業をどのように展開していくのかを，4〜5コマに分けて紹介しています。

　学習活動のステップとなるメインの吹き出しは，生徒が主体的になったり，数学的な見方・考え方を引き出すための発問が中心となっており，その下に各留意点や手立てを記述しています。

　ICT は，電子黒板やタブレット端末を使用していることを表しています。学校・クラスの実態に応じて活用してください。

本時案

カレンダーの数の秘密を探ろう

8/12

本時の目標
・連続する3つの整数が真ん中の数の3倍になることを，文字式を用いて説明できることを理解している。

授業の流れ

本時の問題

（まずはカレンダーをモニターで提示する。）

1 3つの数の和はいくつ？

T：ここを囲んだら，3つの数の和はいくつ？（横並びの3つの数を□で囲む）
S：12。
T：じゃあ，ここだったら和はいくつ？（何度か繰り返す）
T：じゃあ，逆に和が45になるとき，どこの3つの数を囲んでいるか分かる？
S：えーっと……14, 15, 16。
　何度か計算を繰り返すことで，真ん中の数の3倍になるという性質に気付かせたい。

2 どんな数でも成り立つ？

T：3つの数の和について，気付くことは？
S：3の倍数。真ん中の数の3倍。
T：これって，どんな数でも成り立つ？
S：成り立つと思います。
T：本当に？　調べなくてもそういえる？
　生徒はこれまでの経験から，帰納的に見いだした性質は正しいと考える。そこで，「どんな数でも成り立つのか」という一般性に踏み込んだ問いかけで，帰納的な説明での限界や文字を用いた説明の必要性に気付かせたい。

3 これで真ん中の3倍といえる？

T：3つの数を足すとどういう式になる？
S：3n+3になります。
T：これ以上計算できないけど，これで真ん中の3倍になっているといえるのかな？
S：うーん。最初の数の3倍に3足した数になるっていう式になるかな。
　計算した結果を振り返らせ，自分が説明したい内容になっているかを考えさせる。そして，どんな式の形になっていればよいかを考えさせ，目的に応じた式変形の必要性を強調したい。

カレンダーの数の秘密を探ろう
038

[板書例]

カレンダーの数の秘密を探ろう

3＋4＋5＝12
5＋6＋7＝18
6＋7＋8＝21
12＋13＋14＝39
20＋21＋22＝63
○＋○＋○＝45

カレンダーの横並びの3つの数の和にはどんな性質があるだろうか。

・和はすべて3で割り切れる　・3の倍数
・真ん中の数を3倍すると3つの数の和になる
　　　　　　どんな数でも成り立つ

◎文字式を利用することで，すべての数で成り立つかどうかを確かめることができる。
　（1年生のとき，円の周りの柵の長さ　なども）

単元冒頭頁

　各単元の冒頭には，「単元の目標」「評価規準」「指導計画」を記載した頁があります。右側の頁には，単元の「基礎・基本」と育てたい「数学的な見方・考え方」についての解説を掲載。さらには，取り入れたい「数学的活動」についても触れています。

本時の評価
・連続する3つの数を文字を用いて表し、その和が3×（自然数）の形で表せることで3の倍数になることを理解しているか。

準備物
・カレンダー（紙でもスライドでもよい）
・ワークシート
・モニター
・タブレット端末

文字式を使って確かめよう！

横並びの3つの数の和が、真ん中の数の3倍になることを説明してみよう。

横並びの3つの数のうち、もっとも小さい数を n とすると、3つの数は n, $n+1$, $n+2$ と表すことができる。

真ん中の数をnとすると
$n-1$, n, $n+1$

$$n+(n+1)+(n+2)$$
$$=n+n+1+n+2$$
$$=3n+3$$
$$=3(n+1)$$

※「真ん中の3倍」であることが分かるように、式変形する！

$n+1$ は真ん中の数なので、$3(n+1)$ は真ん中の数の3倍である。

したがって、横並びの3つの数の和は真ん中の数の3倍になるといえる。

条件を変えると……？

縦並びの3つの数の和だったら、どんな性質があるだろうか？
性質を見いだして、それが成り立つかどうかを調べてみよう。

$1+8+15=24$ ・3の倍数
$3+10+17=30$ ・真ん中の3倍
$10+17+24=51$

式を用いた説明は板書するのに時間がかかるため、ノートにかいたものをタブレット端末で撮影して、複数の生徒のものをモニターなどで映して全体で共有する。

---

4 ここを変えたらどうなる？

T：他にもカレンダーに秘密はないかな？
S：うーん……分からない。
T：例えば、この「横並び」のところを変えるとしたら、どんな風に変えられる？
S：「縦並び」とか？
T：縦並びの3つの数だと和はどうなるだろう？

生徒たちが自分で新たな性質を見いだし、発展的に考えられるよう、命題の一部を変更するような視点を与える。

証明をモニターで提示

縦並びの3つの数のうち、もっとも小さい数を n とすると、3つの数は n, $n+7$, $n+14$ と表すことができる。
$$n+(n+7)+(n+14)$$
$$=n+n+7+n+14$$
$$=3n+21=3(n+7)$$
$n+7$ は真ん中の数なので、$3(n+7)$ は真ん中の数の3倍である。
したがって、縦並びの3つの数の和は真ん中の数の3倍になるといえる。

準備物

本時で必要な教具及び掲示物等を記載しています。

対話のポイント等

青線で囲まれたところは、本時における対話指導のポイントや、生徒が数学的な見方・考え方を働かせるための工夫等が記載されています。

表・グラフの付録データ

表やグラフの一部は、付録としてExcelデータをご用意しています。詳細は巻末の「付録資料について」の解説ページをご参照ください。

対話指導や教材の工夫頁

単元によっては末尾に、生徒の対話を活性化させるための指導の工夫や、単元全体あるいは特定の時間における教材の工夫や授業展開の背景について解説した追加ページを設けています。問題提示の仕方や練り上げのポイント、ICTの活用の仕方や教材のつくり方などにも触れています。

I

第2学年の
授業づくりのポイント

池田 敏和

1 主体的な学びの根源となる生徒の問い

　授業づくりの出発点は，生徒が新たな疑問や問題に気付くことから始まる。活動の主体が生徒であるならば，その問題は，教師と生徒，あるいは，生徒と生徒のやり取りから，じわじわと徐々に見えてくるものでなければならない。すなわち，生徒から問いが引き出せるような授業の工夫をしていくとともに，生徒たちに問いを見いだす力を育んでいく必要がある。

　それでは，生徒自身の問いに着目したとき，その問いはどのようなものを想定しておけばよいだろうか。生徒の問いには，壁にぶつかったときに出てくる次の一歩が見えない問いもあれば，次の一歩を暗示してくれる問いもある。例えば，前者に関しては，「先生，忘れちゃったよ。全く手がつかないよ」「何を言っているのかチンプンカンプン」といったお手上げ状態の問いが挙げられ，後者に関しては，「どうしてこのやり方だとダメなの？」「こういう場合はどうするの？」といった次の一歩を方向づけてくれる問いが挙げられる。そして，このような2つの問いは，違いはあるものの，「そんなことは私には関係ない」といった無関心な思いとは一線を画するものであり，その背景には「もっと知りたい」といった生徒の内なる声が宿っている。それゆえ，このような「もっと知りたい」という思いが根底にある心のつぶやきを生徒の問いと捉え，その問いから始まる活動を生徒の主体的な活動として考えていきたいわけである。

(1) 生徒の問いの中にある数学的な見方・考え方

　前述の生徒の問いの中で，次の一歩を暗示する問いがあることについて述べた。そして，この次の一歩を暗示する問いには，数学を深めていく上で有効となる問いが潜んでいる。例えば，「根拠は何だろう？」「他の場合はどうなるのだろう？」「こうなることを仮定して考えてみると……」「もっとわかりやすい図はないかな？」といった具合の問いである。そして，生徒の発した問いの中でも，このような今後の数学学習を深めていく可能性のある問いは，生徒たちの主体的な活動を促すだけではなく，数学学習を深めていく上でも意味のあるものとして解釈できる。それ故，このような問いは，学習指導の中で教師が生徒自身の問いの中に見いだしていく重要な視点であり，このような問いを数学的な見方・考え方の顕れとして捉えていくことは自然である。

　数学の学習において，どのような視点で物事を捉え，どのような考え方で思考を進めるのかという，事象の特徴や本質を捉える視点，思考の進め方や方向性を意味する数学的な見方・考え方（文部科学省，2018）を，生徒の問いの中に見いだしていくわけである。生徒の主体性に着目するために目を向けるべき必要のある問いと，数学学習を深めていく契機となる数学的な見方・考え方，この両者は共に生徒の内なる問いであることを共有しておく必要がある。

　しかし，数学的な見方・考え方を働かせれば，問題が解決されるわけではない。例えば，「何か使えそうな既習はないかな？」という問いのもと，自分の中にある引き出しをいろいろと探してみたが，どの引き出しにも何も入っていなかったということがある。これは，生きて働く知識・技能が欠如しているからである。あるいは，見方・考え方を働かすことができても，「使えそうなんだけど，どのように使えばいいかわからない」で終わってしまうこともある。見方・考え方は，山登りにおける方位磁石のようなものである。最初の一歩を暗示してくれるきっかけに過ぎないことに留意しなければならない。されど，山登りで方向さえ全くわからない状況において，方位磁石は次の一歩を示唆してくれる強力な武器であることにも留意しておく必要がある。

ここでもう一つ注目したい問いが，次の一歩が見いだせないお手上げ状態の問いである。これは次の一歩が暗示されていないことから，今後の数学学習を深めていく契機になる数学的な見方・考え方として捉えることは難しい。しかし，このような問いも，まずは子どもの知的正直さを表出しているものであることを忘れてはいけない。わからないことをわからないと真正面から自覚することによってのみ，次の一歩が見えてくるものである。そして，このような知的正直さの顕れである問いが共有されるからこそ，他の生徒を巻き込みお互いを生かし合う学び合いが可能になってくるのである。

数学的思考力・判断力・表現力というものは，数学的な見方・考え方を対話的に働かせる中でこそ育っていくものである。例えば，「何を言っているのかわからないよ」といったお手上げ状態の問いも，「それじゃ，もっとわかりやすく図で表現できないかな」という次の一歩を暗示する問いを引き出すきっかけに成り得ることに注目したい。言い方を変えるならば，「いいですか」「いいですよ」という状態では，表現方法を変えて説明する必然性がないわけである。「わからないよ」という生徒がいるからこそ，「別の表現でわかりやすく伝えられないかな」といった数学学習を深めてくれる問いが引き出されるわけである。

2 対話的な学びの意図

学校における授業の意味を考えたとき，家でパソコンで一人で学ぶより学校でみんなで学んだ方が，より深くより幅広く学習ができるということがある。対話的な学びを手段として捉えた立場からの意義である。授業研究会においても，「対話的な学びは手段である」ということがよく指摘されるが，それは，対話はしているが学習の深まりがないことを危惧しての言葉である。それでは，対話的な学びは，手段としての役割しかないのだろうか。否。対話的な学びは，目標にも成り得る。ここでは，対話的な学びが目標に成り得る点について，2つの側面から述べる（池田，2016）。

一つ目は，対話的な学びは一人ひとりの生徒が自分で考えていけるように，思考の仕方のモデルとしての役割を果たしているという点である。思考とは，本来，対話的なやり取りの中で深まっていくものである。次の一歩が見えないお手上げ状態の問いも，対話を通して，次の一歩を暗示する問いにつながっていく可能性があるわけである。そして，授業の中での対話的なやり取りがモデルになり，個々の中で対話的思考ができるようになることを期待しているわけである。自分の中に，Aさんの考え，Bさんの考えが宿り，多角的・多面的な視点から考えられるようになるわけである。このような側面を十分に考慮に入れながら，授業中の生徒の問いを解釈・価値付けしていくことが肝要である。

それでは，どのような思考の仕方のモデルになっているのだろうか。話を簡単にするために，2人の間での対話を特殊化して述べる。2人の中で全く共通の考えをもっていれば，これは，「あうんの呼吸」ということで，これ以上の対話はいらない。また逆に，両方に共通の考えがないとき，これも対話が成立するはずがない。対話が盛り上がっていくときは，両者の間に考えの食い違いがあるときである。例えば，Aさんの中にある考えがあって，Bさんの中にはそれがない場合は，BさんはAさんの知っていることを知りたいという思いが働くし，AさんはBさんにわかってもらえるように伝えようとする行為がなされる。あるいは，Aさんの中にある考えと，それに対応したBさんの考えとの間に対立が生じたとき，どうして考えが異なるのかが問題となる。問題を明確にするとともに，どうすれば共通理解になるのかを追究していくことになる。

このように，両者の考えに食い違いがあることこそが，対話的な学びを深めていく原動力になるわけである。このような捉えをもとにすると，友達との間で意見の食い違いが生じたとき，「これは，さらに考えが深まるきっかけになるかもしれない」と思えるような生徒を育てていきたいわけである。そして将来的には，個々の中にある考えが生まれたとき，意図的に食い違った考えを見いだし，

それをもとにさらなる考えを見いだしていこうとする態度へと成長させていくことが期待されることになる。一方，教師にとっては，数学指導の中で，どのような食い違いに目を向けるかが，教材開発，生徒の理解のポイントになることに注目する必要がある。授業の中で偶然に生まれてくる食い違いだけを当てにするのではなく，教師から食い違いを意図的にしかけていくことが肝要である。

　二つ目は，社会性の育成といった点である。数学の指導を通して人間形成を考える際，そのねらいにおいて，補完的な関係にある個と社会とをどのように考えるのか明らかにしておく必要がある。すなわち，個々の生徒が各々の個性・独創性を発揮したり，自分ひとりで問題が解決できるようになるという個人的なねらいと，集団の中で責任を果たしたり集団に対して奉仕したり，集団で協力して問題解決できるようになるという社会的なねらいとのバランスである。この2側面は，どちらか一方が最終目標として位置付けられるものではなく，両者を結び付けながらバランスよく授業の中に位置付けていく必要のあるものである（塩野，1970）。このような全体と個との相補性に焦点を当てると，対話的な学びにおいても，個々の成長だけに焦点を当てるのではなく，「全体のために何ができるか」といった社会性の成長が自然と論点になってくる。「自分はもう解決できているから，もうやることはないよ」とそっぽを向いている生徒，あるいは，「こんなことを言うとみんなに馬鹿にされるかもしれない。言うのはやめておこう」と恥ずかしがり屋の生徒，でもこれでは困るわけである。自分の考えたことを振り返りながら，相手の立場に立って考えられる生徒に育ってほしいわけである。すなわち，「自分にとってどうか」といった視点にとどまることなく，「全体にとってどうか」といった視点へと広げて考えていってほしいわけである。

3　授業づくりで留意したいこと

　各授業の板書を構想していただくに当たり，下記の点に留意して執筆していただいた。

①　問題発見の場面について

　生徒に「あれ？」「ちょっと待てよ」「どうすればよいのかな？」などと躊躇をもたせないまま，問題解決を強いてしまいがちになることが言われている。実践において，生徒が自分自身の問題として捉えられるようにするための具体的な展開，手立てを示していただいた。

②　個人やグループでの解決場面について

　自力解決，あるいは，グループ活動を取り入れる場合，その解決活動がいわゆる「丸投げ」になりがちであると言われている。そこで，グループ学習を取り入れる場合，生徒同士の話し合いを深めるために行った手立て，個別の班への関わり方とそれを全体へ広げるための手立てについて具体的に示していただいた。

③　全体での考えの共有の場面について

　わかった生徒が発表して，できなかった生徒がそれを聞くだけで終わってしまったり，グループ学習を取り入れた後，班ごとの発表会で終わってしまいがちになったりすることが言われている。生徒同士の考えのずれから新たな考えや疑問が生まれたり，共通点から本質が見えてきたり，既習との関連が促されたりすることを期待して，どのような具体的な発問，展開を意識しているのかを示していただいた。

④ まとめの場面について

　まとめでは，教師が大切である点を解説するだけで終わってしまいがちになることが言われている。板書を振り返りながら，生徒が鍵となる見方・考え方を明確にしたり，新たに獲得した知識・技能を明確にしたりすることが大切である。さらに，学習を深めていくことで，さらなる疑問を引き出し，あるときは棚上げして，次時への学習課題として位置付けていくことが大切である。問いから問いへとつないでいく授業をつくっていくための具体的な展開，手立てを示していただいた。

4　学べば学ぶほど個々が強く結ばれる教育へ

　「個に応じた教育」，これを個別最適化だけを優先させて追い求めていくと，「生徒同士のつながりが希薄になっていないか」という点が気になりだす。生徒たちは，学べば学ぶほど個人差が加速し，クラスの生徒たちはどんどんバラバラに分けられていく。「こんなことを聞けば笑われるかも……」「こんなことも知らないのか……」等の思いが芽生え定着していく危険性がある。学べば学ぶほど，個々が離れていくという，なんとも皮肉な結果になってしまいかねない。

　学べば学ぶほど個々が離れていく教育ではなく，学べば学ぶほど個々が強く結ばれる教育を目指していかなければならない。一人ひとりが授業を通して，自分だけに役立つ知識を獲得するのではなく，みんなのために貢献できうる知恵を獲得していけるような「個を生かす教育」を実現させていきたい。

[参考・引用文献]
池田敏和・藤原大樹（2016）．数学的活動の再考，学校図書．
文部科学省（2018）．中学校学習指導要領（平成29年告示）解説数学編，日本文教出版．
塩野直道（1970）．数学教育論，啓林館．

授業づくりに向けて各単元の授業に学ぶ

藤原 大樹

1．板書から学ぶ

　算数・数学の学習指導において，生徒が数学的な理解や思考などを深めるために学習の過程や結果を視覚的に共有するツールとして，「板書」は時代を超えて価値がある。近い将来，電子黒板に代わろうとも，生徒が資質・能力を身に付けられるように，黒板を効果的に活用して自身の授業を創ることが授業者には求められよう。

　しかし，それだけではない。「板書は授業を語る」と言われるように，板書は他者の授業を知るためにも活用できる。全国各地で行われている授業研究会では，その協議会で板書が貴重な事実として用いられていよう。また最近では，Facebook のグループ「板書 book ─算数・数学─」（5000人以上が登録）のように，各地の授業者から公開された板書と授業説明から教師が端末上で学び合う取組も活発になりつつある。板書は私たち教師が授業づくりについて研修する目的でも，とても価値が高い。

　本書は，各単元の全授業の板書を取り上げている。しかしそれだけではなく，授業における対話指導，単元の計画，ICT 活用などについて，各授業者が提案している。そこには，授業者一人一人の個性や工夫，こだわりが光っている。ここでは，各授業者から学ぶべき点について，筆者なりに概観したい。

2．本書の各授業者に学ぶ

式の計算（山岸卓矢）

　知識・技能を習得していく過程で，具体的な問題と，解決のプロセスが構造的に板書に表現され，各授業で生徒が身に付けてほしいことが「まとめ」として示されている。活用の授業を含め，どの授業でも想定される教師と生徒の対話についても豊富に表現され，授業の具体が想像しやすい。

連立方程式（石黒友一）

　一次方程式の学習経験に基づいて，生徒が力を付けていく過程が板書に現れている。単元を一貫して，既習との関連付けを大切にした学習過程となっている。単元の後半では，やや多めの時間数を割り当てて定番の文章題を取り上げており，各問題の扱い方の違いについても参考になる。

一次関数（山脇雅也）

　単元における各授業の位置付けとねらいが明確で，単元構成が大いに参考になる。板書はどの授業も構造的で生徒の問いや表現を大切にしている。教材の選択や対話指導，ICT活用の要点についても述べられており，読者の授業力向上に役立つに違いない。

図形の調べ方（大畑智裕）

　論理的に考察し表現できるように，証明の方針を立てることや書き方にこだわりすぎないことが，単元を通して意識されている。板書の左上に生徒に身に付けてほしい力を伝わりやすい表現で表し，目的意識を高めようと試みている。対話や思考を活発にする工夫も大いに参考になる。

図形の性質と証明（加藤幸太）

　生徒がつまずきやすい単元であるが，生徒が知的好奇心を高めながら探究的に単元を学び進めていけるように，板書や展開，発問などがよく練られている。生徒が考えたくなる工夫や対話をしたくなる工夫が，多くの場面で位置付けられていて，大いに学ばされる。

場合の数と確率（岸本航司）

　1年生での統計的確率についての学習と関連付けながら，徐々に確率をより数学的に捉えて，生徒のできることが広がっていく単元の過程が表現されている。ねらいに沿った対話指導の留意点や表計算ソフトの活用の仕方についてもとても参考になる。

箱ひげ図とデータの活用（和田勇樹）

　家庭科や総合的な学習との連携を意識したSDGsに関する教材を単元全体を通して扱い，四分位範囲や箱ひげ図に関する内容と方法の両面について学ぶ展開を構成している。ヒストグラムと関連付けて箱ひげ図の意味を理解する指導方法についても参考になる。

II

第 2 学年の数学
全単元・全時間の板書

1 式の計算 （12時間扱い）

単元の目標

・文字を用いた式について基礎的な概念や原理・法則などを理解し，数学的に表現・処理したりする技能を身に付けるとともに，数量及び数量の関係などを考察し，文字を用いた式で説明することができる。

評価規準

知識・技能	①簡単な数式の加法と減法及び単項式の乗法と除法の計算をすることができる。また，目的に応じて，簡単な式を変形することができる。 ②具体的な事象の中の数量の関係を文字を用いた式で表したり，式の意味を読み取ったりすることができる。 ③文字を用いた式で数量及び数量の関係を捉え説明できることを理解している。
思考・判断・表現	④具体的な数の計算や既習の計算の方法と関連付けて，整式の加法と減法及び単項式の乗法と除法の計算の方法を考察して表現したり，文字を用いた式を具体的な場面で活用したりすることができる。
主体的に学習に取り組む態度	⑤文字を用いた式のよさを実感して粘り強く考え，学んだことを生活や学習に生かそうとしたり，問題解決の過程を振り返って評価・改善しようとしたりしている。

指導計画 全12時間

次	時	主な学習活動
第1次 式の計算	1	文字を用いた式のよさを実感し，単元の見通しをもつ。
	2	文字式を分類する視点について考える。
	3	多項式の加法・減法の計算の仕方を説明する。
	4	多項式の乗法・除法の計算の仕方を説明する。
	5	かっこや分数係数を含む多項式の計算の仕方を考える。
	6	単項式の乗法・除法の計算の仕方を説明する。
	7	式の値の求め方を考える。
第2次 式の利用	8	連続する3つの自然数の和の性質を説明する。
	9	偶数と奇数の和が奇数になることを説明する。
	10	2桁の自然数の性質を説明する。
	11	2つの曲線の長さが等しくなることを説明する。
	12	2つ以上の文字を含んだ等式を，ある文字について解く方法について考える。

単元の基礎・基本と見方・考え方

⑴いくつかの文字を含む整式の四則計算ができること

　生徒は第1学年の文字式の学習で，項，係数，　次式という用語の意味を理解し，文字を用いた式が数の式と同じように操作できることや，1つの文字についての一次式の加法，減法を学習している。これらの学習の上に立ち，第2学年では，単項式と多項式の意味を理解し，いくつかの文字を含む整式の四則計算ができるようになることを目指す。整式の計算については，項の意味や計算の法則を振り返るなど，第1学年で学習した文字を用いた式の計算と関連付けて考察し表現することができるようにしたい。

　数学的な見方・考え方については，同類項をまとめること，数と単項式の乗除，分配法則でかっこをはずすことなど，第1学年で既に学習していることを，「文字の種類や個数が増えても同じように計算してよいか」という視点で捉え，「同じ文字どうしはまとめてもよいのではないか」，「文字が2つに増えても，分配法則を用いて計算してよいのではないか」などと統合的に考えられるようにしたい。それにより，数学が体系的につながっていることを実感させるとともに，数量や数量の関係を簡潔，明瞭に表したり，能率的に処理したりする式のよさについて更に理解を深めさせたい。

⑵文字を用いた式で数量及び数量の関係を捉え説明できること

　第1学年では，数量及び数量の関係や法則などを文字を用いて式に表したり，式の意味を読み取ったりすることを学習している。第2学年では，さらに文字を用いた式で数量及び数量の関係を捉え説明できることを理解し，文字式を用いて数量の関係を一般的に説明することを学習する。

　生徒が目的意識をもって文字を用いた説明に取り組むためにも，数や図形に成り立つ性質を生徒が見いだし，その見いだした性質について文字を用いて表現し，説明する学習過程を大切にする。そして，文字を用いた式で説明を検討していく過程で，論理的な説明のよさや，文字を用いた式のよさについて実感を伴った理解を促し，証明の学習の素地としたい。

　数学的な見方・考え方については，数量及び数量の関係について帰納や類推を基に性質を見いだし，それを学習した式の計算を基に説明することを通して，論理的に考えるといった見方・考え方を働かせたい。例えば，「連続する3つの整数の和」について，いくつかの和から「3の倍数になる」などの性質に気付き，文字を用いてどのように説明すればよいかについて考えていく生徒の姿を期待したい。そして，一度説明したことがらについても，$3n+3$ を $3 \times (n+1)$ のように表し考察することで，「真ん中の数の3倍になる」といった新たな性質に気付いたり，「連続する4つの数だったら……」など条件変更をすることで新たな性質を見いだしたりするように，発展的に考える態度も育んでいきたい。

2
連立方程式

3
一次関数

4
図形の調べ方

5
図形の性質と証明

6
場合の数と確率

7
箱ひげ図とデータの活用

本時案

柵の長さは
どれだけ長い？

本時の目標

・柵の長さと円周の長さの差を，計算によって
　求めることができる。
・文字式を用いるよさを実感している。

柵の長さはどれだけ長い？

半径2倍

[問題1]　右の図のような半径5mのメリーゴー
ラウンドで，1m離したところに柵を作ります。
このとき，メリーゴーラウ
ンドの周の長さに比べて，
柵の長さはどれくらい長く
なるでしょうか？

[問題2]　半径10mの池で，1m離した
ところに柵を作ります。池の周の長さに比
べて，柵の長さはどれくらい長くなるで
しょうか？

予想　6.28mの2倍

　　　6.28m

　　　さっきよりは長い

予想　1m，2m，5m，…

　　　6×2×π−5×2×π

=12π−10π

=2π

=2×3.14=6.28

※πを3.14とする

> 円周の長さ
> =直径×円周率
> =半径×2×π

　　　11×2×π−10×2×π

=22π−20π

=2π

=2×3.14=6.28

答え　6.28m

答え　6.28m

↑

意外に長い！

> どんな円でも，6.28m長くなるのだろうか？
> もっと大きな円でもそうなる？
> →ガスタンク，月，地球

授業の流れ

1　柵はどれくらい長くなる？

S：1mくらい？

S：2mくらいかな？

T：どれくらい長いかは，どうやって求めたら
　よい？

S：柵の長さから，メリーゴーラウンドの周り
　の長さを引けばよい。

　5mという比較的イメージしやすい数で，
実際にどれくらい長くなりそうかを考えさせ
る。このとき，円周の長さの求め方やπの計算
の仕方などを確認しておく。

2　これって偶然かな？

T：10mの池の時は柵の長さは6.28m長くな
　るんだね。あれ？　何か気付くことない？

S：さっきと長さが同じだ！

T：これって偶然かな？

S：偶然なのかな？　どんな大きさの円でも
　6.28mになるってこと？

S：でも，大きさが違うのに長さが同じになる
　のって変じゃない？

T：もっと大きな円でも6.28mになったりす
　るかな？

1 式の計算

2 連立方程式

3 一次関数

4 図形の調べ方

5 図形の性質と証明

6 場合の数と確率

7 箱ひげ図とデータの活用

本時の評価

・柵の長さと円周の長さの差がいつでも6.28 m になることを，計算によって求めることができたか。

・円の周りの柵の長さが，半径に関係なく一定になることを理解し，文字を用いるよさを実感していたか。

準備物

・メリーゴーラウンドの写真

・コンパス

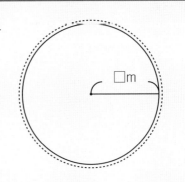

もし仮に，地球（赤道）の周りで1m離したところに柵を作ったとしたら，地球1周の長さよりも6.28 m 長くなる!?

何が分かれば求められる？

・地球の半径　※約6378 km→約6378000 m

・地球1周の長さ

半径を入れて計算する

$6378001 \times 2 \times \pi - 6378000 \times 2 \times \pi$

$= 12756002\pi - 12756000\pi$

$= 2\pi$

$= 2 \times 3.14 = 6.28$

半径を r m にすると

$(r+1) \times 2 \times \pi - r \times 2 \times \pi$

$= 2\pi r + 2\pi - 2\pi r$

$= 2\pi$

$= 2 \times 3.14 = 6.28$

[まとめ]　どんな大きさの円でも，1 m 離したところに作った柵は円周より 6.28 m 長い。

⇒半径の長さに関係なく，6.28 m になる！

文字式を使うと，半径が分からなくても円周の長さの差が求められる。

3 何が分かればよいかな？

T：柵の長さが6.28 m 長くなることを，どうやって確かめたらよいかな？　何が分かればよい？

S：地球の半径，直径，地球1周分の長さ

T：なるほどね。じゃあ，各自で長さを考えて，好きな方法で長さを求めてみよう。

S：地球の半径をインターネットで調べて求めてみようかな。

S：正確な長さが分からないから，半径を文字で表して長さを求めてみようかな。

4 どんなことが分かるかな？

S：どんな大きさの円でも，1m 離したところに作った柵は円周より6.28 m 長い。

S：円の大きさに関係なく，6.28 m 長くなる。

S：文字式を使うと，半径が分からなくても円周の長さの差が求められる。

T：これからは1年生での学習を生かしながら，1年生よりも文字の数を増やして，できることを広げていく学習をしていくよ。何かことがらが成り立つかどうかを説明するのに，文字も使えそうですね。

本時案

文字式を分類する視点を身に付けよう

2/12

文字式を分類する視点を身に付けよう

> タイトルは初めに書かず，**2**の前に書き足す。

$$2x \quad 3x-5y \quad x^2 \quad x+y-1$$
$$4xy \quad 2x+1 \quad 5 \quad x^2y \quad x^2+3x+2$$

←これは「○○式」？

この9つの式を，中学3年の先輩がそれぞれどのように分類したか考えよう。

A先輩

$$2x \quad x^2$$
$$4xy \quad 5 \quad x^2y$$

・＋，－がない
・項が1つ

↓

単項式

※5のように，1つの数も単項式である。

$$3x-5y \quad x+y-1$$
$$2x+1 \quad x^2+3x+2$$

・＋，－がある
・項が2つ以上

↓

多項式

※多項式で，数だけの項を定数項という。

[視点①] 項の個数によって，式を分類する！

> 9つの式を1つずつ順番に分類していき，左右どちらに分類できるかを生徒に予想させながら書き込んでいく。

授業の流れ

1 これは○○式？

T：ここにいくつか式や数があるんだけど，これを「○○式」と呼ぶとしたら，当てはまる言葉はなんだろう？

S：え，文字式かな？

T：例えば，$2x$ はなんという式？

S：文字式？

T：そうだね。$3x-5y$ はなんという式？

S：文字式。

T：なるほど，じゃあ5はなんという式？

S：え，式なの？当てはまる言葉なんてある？

2 A先輩はどのように分類したのだろう？

T：今日は，これまで学習してきた「文字式」を，新しい視点で分類してみます。既に昨年勉強した3年生のA先輩は，これらの式を次のように分類しました。A先輩はどのように分類したのだろう？

S：右には＋，－の記号があるけど，左にはないな。

S：左側は項が1つしかないし，右側は項が複数あるな。

1
式の計算

2
連立方程式

3
一次関数

4
図形の調べ方

5
図形の性質と証明

6
場合の数と確率

7
箱ひげ図とデータの活用

本時の評価

・項の個数やかけ合わされている文字の個数に着目して，単項式や多項式を分類したり，式の次数を求めたりすることができたか。

準備物

・先輩のイラスト
・式をかいたプレート
（用意してもよい）

B 先輩

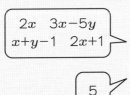

$2x$　$3x-5y$
$x+y-1$　$2x+1$

x^2　$4xy$
x^2+3x+2

5

x^2y

・文字がいくつかけられているか　　・文字の種類？

↓

かけ合わされている文字の個数を次数という。

※次数のもっとも大きい項の次数を，多項式の次数という。

単項式の場合

$2x=2×x$　　$x^2=x×x$　　$x^2y=x×x×y$

次数は 1　　　次数は 2　　　次数は 3

多項式の場合

$x+y+1$　　　x^2+3x+2

1　1　　　　2　1

一次式　　　　二次式

[視点②]　かけ合わされている文字の個数（次数）によって式を分類する！

[まとめ]　文字式を分類する視点
①項の個数⇒単項式，多項式
②式の次数⇒一次式，二次式……

3 B 先輩はどのように分類したのだろう？

T：3 年生の B 先輩は，別の視点で文字式を分類しました。どのように分類したのだろう？
（1つずつ式を分類して，書いていく）

S：さっきと違い，今度は 4 つに分けているな。

S：単項式と多項式がどちらもあるな。

S：文字がかけられている個数が違うのかな？

　かけ合わされている文字の個数に気付けるよう，初めに単項式を分類してから，多項式を分類していく。

4 x^2+3x+2はどうして二次式？

T：x^2+3x+2 の次数は 2 でよいのかな？

S：二次の項と一次の項があるから，三次だと思った。

S：そうすると，$3x-5y$ は，一次の項と一次の項ってことだから二次になっちゃう。

T：x^2+3x+2はどうして二次式になるんだろう？

　多項式の次数の考え方について，分類された式から数学のきまりを考察することで，式の次数に対する理解を深めさせたい。

本時案

文字が2種類に増えても計算できる？

3/12

多項式の計算の仕方を考えよう

[復習] $5a+3, -2a+1$ の和を求めなさい。

$$(5a+3)+(-2a+1)$$

$=\underline{5a+3}\underline{-2a+1}$

$=\underline{5a-2a}+\underline{3+1}$　　加法の交換法則

$=\underline{3a+4}$

※文字の項どうし，数の項どうしはまとめることができる。

文字が2種類の多項式でも計算できる？

（1）$5a+3b, -2a+b$ の和を求めなさい。

$$(5a+3b)+(-2a+b)$$

$=\underline{5a+3b-2a+b}$

$=\underline{5a-2a}+\underline{3b+b}$

$=3a+4b$

~~$=7ab$~~　　まだ計算できる？

$$\begin{array}{r}5a+3b\\ +)-2a+\ b\\ \hline 3a+4b\end{array}$$

※文字の部分が同じである項を同類項という。

(同じ文字どうし)じゃないと計算できない。

・もし $3a+4b=7ab$ になるとしたら
例えば $a=1$，$b=2$ のとき
$3×1+4×2=11$，$7×1×2=14$ だから
成り立たない⇒文字が違うとまとめられない！

授業の流れ

1 　1年生の時はどうやって計算した？

T：こんな計算になったけど，どうやって計算しているか隣の人に説明してみて。

S：加法はそのままかっこをはずす。加法の交換法則で順番を変える。文字どうし，数どうしでまとめて計算する。

　かっこのはずし方，交換法則，文字の項どうし，数の項どうしをまとめることなど，1年生で学習した計算の方法を確認する。特に，「文字の項どうし」という発言は強調し，次の「文字が2種類でもいえるか」に繋げたい。

2 　文字どうしはまだ計算できる？

T：文字が2種類でも1年生と同じように計算できそうだけど，$3a+4b$ はまだ計算できる？　$7ab$って書いてる人もいたよね？

S：それは計算できない。

S：同じ文字どうしじゃないとダメ。

T：あれ，1年生のときは文字どうし，数どうしは計算できるってことだったけど，$3a+4b$ は文字の項どうしだけどダメ？

　同類項でないと計算できないことを，具体的な数を基に，反例を示して説明させる。

1 式の計算

2 連立方程式

3 一次関数

4 図形の調べ方

5 図形の性質と証明

6 場合の数と確率

7 箱ひげ図とデータの活用

本時の評価

・同類項の意味を理解し，既習の計算のきまりに従って多項式の加法や減法の計算をすることができたか。

・異なる文字の項や，次数が異なる項どうしはまとめられないことを説明することができたか。

（2）$4x^2-3x$, x^2+2x の和を求めなさい。

$(4x^2-3x)+(x^2+2x)$

$=4x^2-3x+x^2+2x$

$=4x^2+x^2-3x+2x$

$=5x^2-x$

まだ計算できる？

$\cancel{=5x}$

$x=1$ のとき，$5×1^2-1=4$

$5×1=5$

※同類項はまとめることができる。

$5x^2$ と x は次数が異なるから同類項ではない。

（3）$5a+3b$ から $-2a+b$ を引いた差を求めなさい。

$(5a+3b)-(-2a+b)$ 　減法は加法に直す！

$=(5a+3b)+(2a-b)$

$=\underline{5a+3b}\ \underline{+2a-b}$

$=\underline{5a+2a}+\underline{3b-b}$

$=7a+2b$

$$\begin{array}{r} 5a+3b \\ -)-2a+\ \ b \\ \hline 7a+2b \end{array}$$

[まとめ]　多項式の加法・減法

加法：すべての項を加えて，同類項をまとめる。

減法：引く式の各項の符号を変えて，すべての項を加える。

※文字式の計算の正誤は，代入すると確かめられる！

3 同じ文字だけど，計算できる？

T：今度は，$5x^2$ と $-x$ は文字の部分が同じ x だけど，計算できるかな？

S：いや，できないと思う。

S：2乗になってるのと，なってないのだから，全く同じではない。

T：どうやったら確かめられるかな？

S：例えば x が1だったら成り立たない。

　文字が2種類のときと同様に，具体的な数を代入することで，計算できないことを反例を基に説明させる。

4 どうやってかっこをはずす？

T：減法の式の計算はどうするんだっけ？　まず何をしたらよいかな？

S：かっこをはずして，計算する。

T：どうやってかっこをはずしたらよい？

S：符号を変えて，加法に直す。

S：引く式の符号を全部変えて，項だけ並べた式にすればよい。

　減法を加法に直して計算するという考え方は，筆算の計算や，連立方程式の加減法の計算でも用いるので，丁寧に確認したい。

本時案

長方形の面積や長さを求めよう①

本時の目標

・既習の計算方法を基にして、多項式と数の乗法・除法の計算方法を考察し、説明することができる。

授業の流れ

1 今日は何について学ぶでしょう?

T：前回の授業は文字式で加法，減法を学んだね。今日は何について学ぶでしょう?

S：乗法，除法!

T：お，するどい。1年生の文字式で乗法を学習したとき，何を使ったか覚えてる?

S：えー，覚えてないなぁ。

T：こんなの覚えてる?（2つに分割された長方形の図を板書する）

S：あぁ……なんかやった気がする。

T：2年生ではどう変わると思う?

S：文字の種類が増えるんじゃない?

S：先生が最初の授業で文字が増えるって言ってたね。

T：よく覚えていたね。じゃあ，こんな場合はどうかな?（長方形の図に縦の長さ，横の長さを書き込み，問題を提示する）

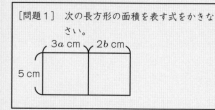

長方形の面積や長さを求めよう

[問題1] 次の長方形の面積を表す式をかきなさい。

（3a cm ／ 2b cm ／ 5 cm の長方形の図）

・$5\times(3a+2b)$ ・$15a+10b$

分配法則を使ってみると…

$5\times(3a+2b)$
$=5\times3a+5\times2b$
$=15a+10b$ ← 面積を表している!

具体的な数を入れてみると……

$a=1$，$b=2$のとき，$5\times(3\times1+2\times2)=35$

$15\times1+10\times2=35$

※（数）×（多項式）は分配法則を使ってかっこをはずせばよい。

---

2 分配法則使っても大丈夫?

T：$5\times(3a+2b)$は乗法の計算の式だけど，計算できる?

S：はい，簡単です。分配法則を使えばよい。

T：文字が2種類になっても分配法則使って大丈夫かな?

S：え，ダメなの?　いいんじゃないの?

T：計算してみて，分配法則を使った計算が正しいかどうかを調べてみよう。

　計算結果について，面積の図や，具体的な数を代入して正しいことを確認する。

3 どうやって計算したらよい?

T：$(18x+12y)\div6$はどうやって計算したらよいかな?

S：分数の形にする。

S：逆数にしてかければよい。

T：どうしてそう思うの?

S：1年生のときに似たような計算をやった気がする。

　既習の内容として，除法は，分数の形で表せること，逆数をかければよいことを振り返らせ，確認する。

- 2種類の文字を含む多項式と数の乗法・除法の計算ができたか。
- 乗法は分配法則を用いて計算できること，除法は分数の形にして約分したり，逆数にしてかけたりすることで計算できることを説明できたか。

[問題2]　次の長方形の横の長さを表す式をかきなさい。

6 cm　$(18x+12y)$ cm²

・$(18x+12y)\div 6$　・$\dfrac{18x+12y}{6}$

どうやって計算したらよい？

$(18x+12y)\div 6$

①分数の形にする

$\dfrac{18x+12y}{6}$

$= \dfrac{\overset{3}{\cancel{18}}x}{\underset{1}{\cancel{6}}} + \dfrac{\overset{2}{\cancel{12}}y}{\underset{1}{\cancel{6}}}$

$= 3x+2y$

②逆数にしてかける

$(18x+12y)\times \dfrac{1}{6}$

$= 18x\times \dfrac{1}{6} + 12y\times \dfrac{1}{6}$

$= 3x+2y$

[練習]　次の計算をしなさい。

(1)　$-7(x+3y-4)$

$= -7\times x - 7\times 3y - 7\times(-4)$

$= -7x - 21y + 28$

(2)　$(8x+2y)\div \left(-\dfrac{2}{3}\right)$

$= (8x+2y)\times \left(-\dfrac{3}{2}\right)$

$= 8x\times \left(-\dfrac{3}{2}\right) + 2y\times \left(-\dfrac{3}{2}\right)$

$= -12x - 3y$

[まとめ]　多項式と数の乗法・除法
乗法：分配法則でかっこをはずす
除法：①分数の形にして，約分する
　　　②逆数にしてかける

4 どうやって約分したらよいかな？

T：分数の形にすると $\dfrac{18x+12y}{6}$ になるから答えはこれでよいね。

S：まだ約分ができます。

T：え，約分？　約分すると式はどうなる？

S：$3x+12y$，$18x+2y$，$3x+2y$

T：あれ，いろいろな答えが出てくるね。

　分子が多項式になる約分は生徒が間違えやすい内容である。1年生の学習を振り返りながら，分母を2つに分けて考えるなど丁寧に確認する。

5 項が3つあっても大丈夫？

T：(1)の問題はどうやって計算した？

S：分配法則を使って解きました。

T：これまでかっこの中に項が3つ入ることはなかったけど，分配法則使って大丈夫？

S：面積図で考えれば，別に項が3つでも，4つでも説明できるんじゃない？

　文字を2種類扱うことで，項が3つの多項式が出てくる。ここでも，分配法則の意味を面積図などで考え，項が増えても同じように計算できることを統合的に考えられるとよい。

いろいろな式の計算をしよう

5/12

・かっこや分数係数を含む式など，やや複雑な多項式の計算をすることができる。

いろいろな式の計算をしよう

[問題1] 次の計算をしなさい。
$$3(2x-y)-2(x-3y)$$

$$3(2x-y)-2(x-3y)$$
$$=6x-3y-2x+6y$$
$$=6x-2x-3y+6y$$
$$=4x+3y$$

※分配法則でかっこをはずしてから，
同類項をまとめる！

> 誤答について説明してくれたことによって生徒全体の理解を深められたことに謝意を表したい。

[問題2] 次の計算をしなさい。
$$\frac{2x-y}{3}-\frac{x-3y}{2}$$

$$\frac{4x-2y}{6}-\frac{3x-9y}{6}$$
※まず通分する！

> $\frac{2x-y}{3}=\frac{x-3y}{2}$
> という等式なら6倍してよいが，等式ではないので6倍してはダメ！

Aさん
$$\frac{4x-2y}{6}-\frac{3x-9y}{6}$$
$$=\frac{4x-2y-3x-9y}{6}$$
$$=\frac{x-11y}{6}$$

> 生徒が間違えやすいところであるので，一次方程式の学習を振り返り，どういうときは6倍できて，どういうときは6倍できないかを明確化する。その後で正しく通分した式を確認して，問題に取り組ませる。

授業の流れ

1 まず何をすればよいかな？

T：今回はこれまでより式が複雑になっているけど，この計算は，まず何をすればよいかな？

S：分配法則でかっこをはずせばよい。

　1年生の文字式でも同様の計算をしているため，生徒は解決の見通しがもてるだろう。前時に学習した分配法則を振り返りながら，かっこをはずしてから同類項をまとめればよいことを確認する。

2 今度は，まず何をすればよいかな？

T：今度は，分数が入っているけど，まず何をすればよいかな？

S：両方を6倍すると分数がなくせる。

S：いや，等式じゃないからダメじゃない？

T：等式？　両辺を6倍するってどこで学習したんだっけ？

S：1年生の方程式のところです。

T：ちょっと振り返って，やってよいこととやってはいけないことを明確にしておこうか。

1
式の計算

2
連立方程式

3
一次関数

4
図形の調べ方

5
図形の性質と証明

6
場合の数と確率

7
箱ひげ図とデータの活用

本時の評価

・分配法則を用いてかっこをはずしたり，通分をしたりして，同類項をまとめることができたか。
・引く式の分子の多項式にかっこを付けて計算することを説明できたか。

教科書を見てみると…

$$\frac{2(2x-y)}{6} - \frac{3(x-3y)}{6}$$
$$= \frac{2(2x-y)-3(x-3y)}{6}$$

分配法則を使う前の式だと間違えにくそう！

違う解き方はないかな？
→ 分数を乗法の形に直して計算する！

$$\frac{2x-y}{3} - \frac{x-3y}{2}$$
$$= \frac{1}{3}(2x-y) - \frac{1}{2}(x-3y)$$
$$= \frac{2}{3}x - \frac{1}{3}y - \frac{1}{2}x + \frac{3}{2}y$$
$$= \frac{4}{6}x - \frac{3}{6}x - \frac{2}{6}y + \frac{9}{6}y$$
$$= \frac{1}{6}x + \frac{7}{6}y$$

Bさん

$$\frac{4x-2y}{6} - \frac{3x-9y}{6}$$
$$= \frac{4x-2y-(3x-9y)}{6}$$
$$= \frac{4x-2y-3x+9y}{6}$$
$$= \frac{x+7y}{6}$$

同じ答え！

※自分でやりやすい方法を選ぼう！

3 問題2の答えは2つある？

T：答えはどうなったかな？
S：$\frac{x-11y}{6}$，$\frac{x+7y}{6}$ になりました。
T：あれ？　それぞれの考え方教えてくれる？
S：（2通りの式を板書する）
T：2つの考え方の違いはどこかな？
S：$9y$ の符号が＋と－で違う。
S：かっこをつけるか，つけないかの違いだ！

　2つの考えを比較することで，かっこをつけなければならないことに気付かせる。

4 どちらの解き方がよいかな？

T：みんなは，どちらの解き方がよいかな？
S：私は分数のままやったほうがよい。通分すれば，分子の計算が係数を整数として計算できるから。
S：私は乗法の形にした方がよい。同類項が分かりやすくて，計算しやすいから。

　自分にとってどちらの解き方がよいかを考え，共有することで，それぞれの解き方のよさに触れ，自分で根拠をもって解き方を選択できるようにしたい。

本時案

長方形の面積や
長さを求めよう②

本時の目標
・既習の計算方法を基にして，単項式の乗法・除法の計算方法を考察し，説明することができる。

図の点線は，生徒の説明
の際にかき加える。

長方形の面積や長さを求めよう②

[問題1] 次の長方形の面積を表す式をかきなさい。

ab cm² ／ 4b cm

3a cm

・$3a×4b$
・$12ab$

$3a×4b=12ab$ としてよい？

$3a×4b$
$=(3×a)×(4×b)$ ← 乗法の**交換法則**
$=\underline{3×4×a×b}$ ← 乗法の**結合法則**
$=\underline{12ab}$

数を代入すると……
$a=2$，$b=1$ なら
$3×2×4×1=\underline{24}$
$12×2×1=24$

$12×ab$ だから，ab
が 12 個分の面積

[問題2] 長方形の縦の長さを表す式をかきなさい。

5b cm

□ 15ab cm²

・$15ab÷5b$
・$3a$

どうやって計算したらよい？
$15ab÷5b$

①分数の形にする

$\dfrac{15ab}{5b}$

$=\dfrac{\overset{3}{\cancel{15}}×a×\cancel{b}}{\cancel{5}×\cancel{b}}$

$=3a$

②逆数にしてかける

$15ab×\dfrac{1}{5b}$

$=\dfrac{\overset{3}{\cancel{15}}ab}{1\cancel{5b}}$

$=3a$

※係数どうしの積 × 文字どうしの積にできる！　※同じ文字どうしは約分できる！

授業の流れ

1 どうやったら確かめられる？

T：面積を表す式が$3a×4b$なのは分かるけど，それが$12ab$になるの？

S：$3×4=12$，$a×b=ab$だから，数と文字で別々に計算してよいんじゃないかな。

T：なるほどね。その計算が正しいことはどうやったら確かめられるかな？

S：例えばaが2で，bが1だったら……。

S：$12ab$はabが12個分だから，図だと……。

　具体的な数を代入したり，図で表したりして，計算が正しいことを説明させる。

2 どうやって計算したらよい？

T：縦の長さは$3a$で間違いない？

S：$3a$だったら，$3a×5b=15ab$になるから，ちゃんと面積になる。

T：確かにそうだね。じゃあ，縦の長さを求める式$15ab÷5b=3a$になるのは，どうやって計算したらよいかな？

S：分数の形にして約分すればよい。

S：逆数にしてかければよい。

　単項式の除法は分数の形にしたり，逆数をかけたりすることで計算できることを確認する。

1 式の計算

2 連立方程式

3 一次関数

4 図形の調べ方

5 図形の性質と証明

6 場合の数と確率

7 箱ひげ図とデータの活用

本時の評価

・2種類の文字を含む単項式の乗法・除法の計算ができたか。

・文字が2種類ある単項式の乗法・除法の計算を，文字式の乗法のきまりや，除法の計算の仕方などの計算方法を基にして，説明できたか。

[練習]　次の計算をしなさい。

(1)　$(-3a)^2$

$=(-3a)\times(-3a)$

$=(-3)\times(-3)\times a\times a$

$=9a^2$

(2)　$6ab\div\left(-\dfrac{2}{3}b\right)$

> $-\dfrac{2}{3}b=-\dfrac{2b}{3}$
> 分子と分母をはっきりさせよう！

~~$=6ab\times\left(-\dfrac{3}{2}b\right)$~~

~~$=-9ab^2$~~

$=6ab\times\left(-\dfrac{3}{2b}\right)$

$=-9a$

※逆数を間違えないように！

乗法と除法の混じった計算もできる？

> $4y^2\div6xy\times12x$ の計算の仕方を考えよう

$4y^2\div6xy\times12x$

$=4y^2\times\dfrac{1}{6xy}\times12x$

$=\dfrac{4y^2\times12x}{6xy}$

$=\dfrac{4\times y\times y\times 12\times x}{6\times x\times y}$

$=8y$

※乗法だけの式に直して計算すればよい！
　→分母，分子が分かりやすい。
　　乗法の交換法則，結合法則が使える。

3　$-\dfrac{2}{3}b$ の逆数はどうなる？

T：(2)は答えが2通りあるみたいだけど，どうしてだろう？　式はどうなるかな？

S：$6ab\times\left(-\dfrac{3}{2}b\right)$ です。

S：いや，$6ab\times\left(-\dfrac{3}{2b}\right)$ じゃないの。

T：$-\dfrac{2}{3}b$ の逆数はどうなるかな？

文字を含んだ分数の逆数は生徒が間違えやすい部分である。2通りの式を比較し，どちらが正しいかを考えさせ，$-\dfrac{2}{3}b=-\dfrac{2b}{3}$ と表せることを説明させたい。

4　乗法だけの式にするよさって？

T：$4y^2\div6xy\times12x$ の計算で，まず何をしたらよいかな。

S：わり算を，逆数にしてかければよい。

T：わり算をかけ算に直して，乗法だけの式にするとどんなよいことがあるかな？

S：分母と分子が分かりやすくなる。

S：乗法だけの式にすると，交換法則，結合法則が使えて計算が簡単にできる。

本時案

文字の個数が
増えたときの
式の値を求めよう

本時の目標

・式を簡単にしてから代入するよさを実感し，式の値を求めることができる。

文字の個数が増えたときの式の値を求めよう

> 式の値 ⇒ 文字に数を代入する

［復習］$x=2$ のとき，$3(5x-2)$ の ☐ を求めなさい。　$3\times(5\times2-2)=24$

> 式の値を確認した後，本時の問題を出すときに，課題を板書する。

［問題］$x=2$，$y=-1$ とき，$(5x-3y)-2(x-2y)$ の値を求めなさい。

解き方①

$$(5x-3y)-2(x-2y)$$
$$=\{5\times2-3\times(-1)\}-2\{2-2\times(-1)\}$$
$$=10+3-2(2+2)$$
$$=13-2\times4$$
$$=13-8$$
$$=5$$

※そのまま数を代入する。
　先に代入して，その後計算している。

↓

・数だけの計算で答えが出せる。暗算でもできる。
・文字式の計算をしなくてよい。

解き方②

$$(5x-3y)-2(x-2y)$$
$$=5x-3y-2x+4y$$
$$=3x+y$$
$$3\times2-1 \quad ←ここでx=2, y=-1を代入！$$
$$=6-1$$
$$=5$$

※先に文字式を計算をして，その後代入している。

↓

・代入する回数が少なくて済む。
・数の計算が少ない。

> どちらの解き方がよいか考えさせ，それぞれの解き方のよさに注目させる。

授業の流れ

1 | 文字の個数が増えても求められる？

T：1年生のとき，こんな問題をやったの覚えてる？　☐ にどんな言葉が入るかな？

S：えーなんだっけ？　「値」だっけ？

T：そうそう，「式の値」っていう言葉あったよね。式の値ってどうやって求めるの？

S：文字のところに数を代入して計算する。

T：2年生になって文字の個数が増えたり，式が複雑になったりしたけど，同じように式の値を求められるかな？

2 | それぞれの解き方の違いは何？

T：どうやら，2通りの解き方があるみたいだね。ちょっと2人の人に紹介してもらおうかな。

S：（解き方①，②の考え方を板書する。）

T：答えはどちらも同じになるみたいだけど，それぞれの解き方の違いは何かな？

S：①はそのまま数を代入している。

S：②は先に計算してから代入している。

　2通りの解き方を取り上げ，それぞれの方法を比較して，違いを確認する。

1
式の計算

2
連立方程式

3
一次関数

4
図形の調べ方

5
図形の性質と証明

6
場合の数と確率

7
箱ひげ図とデータの活用

本時の評価

・そのまま代入した式と，式を計算してから代入した式を比較して，式を簡単にしてから代入するよさに気付くことができたか。
・式を簡単にして，式の値を求めることができたか。

[練習] $x = -\dfrac{1}{3}$，$y = 4$ のとき，次の式の値を求めなさい。

①の解き方で計算したものがあれば，タブレット端末などを用いて全体で確認する。

(1) $(5x - 3y) - 2(x - 2y)$

$= 5x - 3y - 2x + 4y$

$= 3x + y$

$3 \times \left(-\dfrac{1}{3}\right) + 4$ ← $x = -\dfrac{1}{3}$，$y = 4$ を代入

$= -1 + 4$

$= 3$

答え　3

(2) $6x^2y \div 2xy$

$= \dfrac{6x^2y}{2xy}$

y がなくなった！

$= 3x$

$3 \times \left(-\dfrac{1}{3}\right)$ ← $x = -\dfrac{1}{3}$ を代入

$= -1$

答え　-1

なんで②の解き方で計算したの？
・分数があると，そのまま計算するのは大変。
・代入する回数が少ないから，計算が楽。
・(2)の除法は，代入して計算するのが大変。
・(2)は計算すると，y の値を代入しなくてすむ。

[まとめ] 式の値の求め方
　式を簡単にしてから数を代入すると，計算しやすくなることがある。

---

3 どっちの方法がよいかな？

T：2通りの解き方があるけど，みんなはどっちの方法がよいかな？
S：②の方がよい。計算が簡単。
T：簡単？　どこの計算が？
S：代入した後の数の計算が簡単にできる。
T：①がよいっていう人はいない？
S：私は，そのまま計算したほうが，数の計算でできるから①の方がよいです。
S：私は，すぐ代入して暗算でやりました。

4 なんで②の解き方で計算したの？

T：今，(1)，(2)も②の解き方で解いた計算を黒板に書いてもらったんだけど，②の方で解いたって人どれくらいいる？
S：（多くの生徒が挙手）
T：なんで②の解き方で計算したの？
S：分数が入ると，数の計算がすごく大変。
S：計算してから代入すると，代入する回数が少なくて計算が楽になった。
S：特に(2)は除法だから代入するのは大変。しかも，y の値を代入しなくてよくなった。

本時案

カレンダーの数の秘密を探ろう

8 / 12

本時の目標

・連続する３つの整数が真ん中の数の３倍になることを，文字式を用いて説明できることを理解している。

授業の流れ

本時の問題

（まずはカレンダーをモニターで提示する。）

---

1 ３つの数の和はいくつ？

T：ここを囲んだら，３つの数の和はいくつ？（横並びの３つの数を □ で囲む）

S：12。

T：じゃあ，ここだったら和はいくつ？（何度か繰り返す）

T：じゃあ，逆に和が45になるとき，どこの３つの数を囲んでいるか分かる？

S：えーっと……14，15，16。

　何度か計算を繰り返すことで，真ん中の数の３倍になるという性質に気付かせたい。

カレンダーの数の秘密を探ろう

$3+4+5=12$

$5+6+7=18$

$6+7+8=21$

$12+13+14=39$

$20+21+22=63$

$\bigcirc+\bigcirc+\bigcirc=45$

カレンダーの横並びの３つの数の和にはどんな性質があるだろうか。

・和はすべて３で割り切れる　・３の倍数
・真ん中の数を３倍すると３つの数の和になる

どんな数でも成り立つ？

↓

◎文字式を利用することで，すべての数で成り立つかどうかを確かめることができる。
（１年生のとき，円の周りの柵の長さ　なども）

---

2 どんな数でも成り立つ？

T：３つの数の和について，気付くことは？

S：３の倍数。真ん中の数の３倍。

T：これって，どんな数でも成り立つ？

S：成り立つと思います。

T：本当に？　調べなくてもそういえる？

　生徒はこれまでの経験から，帰納的に見いだした性質は正しいと考える。そこで，「どんな数でも成り立つのか」という一般性に踏み込んだ問いかけで，帰納的な説明での限界や文字を用いた説明の必要性に気付かせたい。

3 これで真ん中の３倍といえる？

T：３つの数を足すとどういう式になる？

S：$3n+3$になります。

T：これ以上計算できないけど，これで真ん中の３倍になっているといえるのかな？

S：うーん。最初の数の３倍に３足した数になるっていう式になるかな。

　計算した結果を振り返らせ，自分が説明したい内容になっているかを考えさせる。そして，どんな式の形になっていればよいかを考えさせ，目的に応じた式変形の必要性を強調したい。

本時の評価

・連続する3つの数を文字を用いて表し、その和が3×(自然数)の形で表せることで3の倍数になることを理解しているか。

準備物

・カレンダー（紙でもスライドでもよい）
・ワークシート
・モニター
・タブレット端末

文字式を使って確かめよう！

横並びの3つの数の和が、真ん中の数の3倍になることを説明してみよう。

横並びの3つの数のうち、もっとも小さい数を n とすると、3つの数は n, $n+1$, $n+2$ と表すことができる。

真ん中の数をnとすると
$n-1$, n, $n+1$
→和は $3n$

$n+(n+1)+(n+2)$
$=n+n+1+n+2$
$=3n+3$
$=3(n+1)$

※「真ん中の3倍」であることが分かるように、式変形をする！

$n+1$ は真ん中の数なので、$3(n+1)$ は真ん中の数の3倍である。

したがって、横並びの3つの数の和は真ん中の数の3倍になるといえる。

条件を変えると……？

縦並びの3つの数の和だったら、どんな性質があるだろうか？
性質を見いだして、それが成り立つかどうか調べてみよう。

$1+8+15=24$ ・3の倍数
$3+10+17=30$ ・真ん中の3倍
$10+17+24=51$

式を用いた説明は板書するのに時間がかかるため、ノートにかいたものをタブレット端末で撮影して、複数の生徒のものをモニターなどで映して全体で共有する。

4 ここを変えたらどうなる？

T：他にもカレンダーに秘密はないかな？
S：うーん……分からない。
T：例えば、この「横並び」のところを変えるとしたら、どんな風に変えられる？
S：「縦並び」とか？
T：縦並びの3つの数だと和はどうなるだろう？

生徒たちが自分で新たな性質を見いだし、発展的に考えられるよう、命題の一部を変更するような視点を与える。

証明をモニターで提示

縦並びの3つの数のうち、もっとも小さい数を n とすると、3つの数は n, $n+7$, $n+14$と表すことができる。
$n+(n+7)+(n+14)$
$=n+n+7+n+14$
$=3n+21=3(n+7)$
$n+7$は真ん中の数なので、$3(n+7)$は真ん中の数の3倍である。
したがって、縦並びの3つの数の和は真ん中の数の3倍になるといえる。

1 式の計算
2 連立方程式
3 一次関数
4 図形の調べ方
5 図形の性質と証明
6 場合の数と確率
7 箱ひげ図とデータの活用

本時案

偶数＋奇数 ＝○○？

9/12

本時の目標
・偶数と奇数の和が奇数になることについて，すべての数で成り立つことを文字式を用いて説明できる。

授業の流れ

1 当たり前のことって説明できる？

T：この前，突然娘から「なんで空は青いの？」って聞かれたんだけど，みんなだったらなんて答える？

S：え，難しい。宇宙の色？

S：空は青いから……じゃ答えにならないか。

T：先生も，当たり前のことすぎて，うまく説明できなかったんだよね。当たり前だと思っていることって，実は説明するのが難しいのかもしれないね。今日の授業では，そんな当たり前のことを，論理的に説明することに挑戦しようと思います。

　本時で学習する偶数・奇数の和が奇数であることは，生徒にとっては当たり前のことである。その「当たり前のことを説明すること」の動機付けとして，導入での生徒とのやりとりを大切にしたい。

偶数・奇数の和について考えよう

↓　　　　↘

2で割り切れる数　　2で割り切れない数
2の倍数　　　　　　2の倍数より1大きい

```
（偶数）＋（奇数）＝ ［　　　　］
［　　　］に当てはまる言葉は？
```

偶数0人，奇数35人，どちらもある0人

なんで和が奇数になるといえるの？

・どんな数で計算しても奇数にしかならない。

・偶数になることはないから

↓

いつでも成り立つことを，文字式を使って説明してみよう。

> 当たり前のことを数学的に説明する手段として，文字を使って説明することの必要性を生徒から引き出したい。

2 なんで和が奇数になるといえるの？

T：（偶数）＋（奇数）の和はどんな数になる？

S：奇数。

T：全員奇数？　偶数の人はいない？

S：絶対奇数になります。

T：なるほど。そりゃそうだよね。でも，なんで和が奇数になるといえるの？

S：そう言われると難しいな……。

S：偶数になることはないから。

T：それ，どうやったら説明できるかな？

S：文字式で表してみればよいと思う。

3 奇数を文字でどう表す？

T：偶数は $2 \times$（整数）の形になるから，$2n$ と表せそうだね。奇数を文字でどうやって表したらよいだろう？

S：先生，違う文字使ってもよいですか？

T：え，違う文字？　n 以外の文字ってこと？　もし必要だったら使ってもよいですよ。

S：偶数より1大きいから，$2n+1$ かな。

S：整数 m を使って，$2m+1$ にしよう。

T：じゃあ，それぞれが表した文字を使って，和が奇数になることを，説明してみよう。

本時の評価

- 偶数，奇数をそれぞれ異なる文字を用いて式で表し，その和が 2×(整数)＋1 の形で表せることを説明できたか。

- モニター
- タブレット端末

〈偶数〉＋〈奇数〉＝〈奇数〉 になることを説明しよう。

2種類の文字を使う！

[説明] n を整数とすると，偶数，奇数は，
$2n$，$2n+1$ と表せる。

これだと連続した数しか表せない

$2n+(2n+1)$
$=4n+1$
$=2 \times 2n+1$

$2 \times 2n$ は偶数だから，$2 \times 2n+1$ は奇数

(→連続する2つの数の和は奇数である)

n, m を整数とすると，偶数，奇数は，
$2n$，$2m+1$ と表せる。

$2n+(2m+1)$
$=2n+2m+1$
$=2(n+m)+1$

$n+m$ は整数だから，$2(n+m)+1$ は奇数

※複数の文字を使うことで，連続しない偶数，奇数を表すことができる。

次のことも同じように説明できるかな？

(偶数)＋(偶数)＝(偶数)

(奇数)＋(奇数)＝(偶数)

説明の際、奇数を $2n+1$, $2m-1$ など工夫して表しているものがあれば取り上げ，文字を用いた説明の方法について考えを深めさせる。

---

4 どちらの説明でもよいかな？

T：奇数を $2n+1$ と表した説明と，$2m+1$ と表した説明を両方黒板にかいてもらったけど，どちらの説明でもよいかな？

S：どちらでもよいと思う。

S：いや，和は奇数にはなるけど……。

T：なるけど？　何か言いたそうだね。

S：同じ文字を使うとダメだと思う。

T：え，どちらも (偶数)＋1 だから奇数でいいんじゃないの？　みんなはどう思う？

5 この説明からはどんなことがいえる？

T：2種類の文字を使わないと，偶数と奇数の和が奇数になることを正しく説明したことにはならないようだね。でも，せっかくかいてもらったこの説明を見ると，どんな説明ができてるっていえるかな？

S：「連続する2つの数の和は奇数である」っていうことは説明できているんじゃない？

　誤答から新たな発見に繋げたり，価値を見いだしたりして，数学を発展的に考えようとする態度を育みたい。

2 連立方程式

3 一次関数

4 図形の調べ方

5 図形の性質と証明

6 場合の数と確率

7 箱ひげ図とデータの活用

本時案

2桁の自然数の秘密

本時の目標

・2桁の自然数と，その十の位の数と一の位の数を入れかえてできる数の和が11の倍数になることを，文字式を用いて説明することができる。

授業の流れ

1　2つの数の和にはどんな性質がある?

T：2桁の自然数を1つ思い浮かべてください。その十の位の数と一の位の数を入れかえた数を求めてください。その2つの数の和はいくつになりますか?

S：33, 88, 66, 121, 165……。

T：これらの和にはどんな性質があるかな?

S：ゾロ目の数，11の倍数。

S：十の位の数と一の位の数を足した数の11倍。

T：なるほど。これはどんな数でもいえるかな?

　和を見ると，11の倍数になることを予想できる生徒は多い。中には，十の位の数と一の位の数の和の11倍など，計算の規則性に踏み込んだ予想をする生徒もいる。生徒から出た考えについて，その都度具体的な数で考えながら，予想したことの正しさについて帰納的に確認する。

2桁の自然数の秘密

2桁の自然数と，その十の位の数と一の位の数を入れかえてできる数の和はいくつ?

12 + 21 = 33
53 + 35 = 88
33 + 33 = 66
65 + 56 = 121　　→11 × 11
78 + 87 = 165　　→11 × 15

どんな性質があるかな?
・ゾロ目の数になる　・11の倍数
・十の位の数と一の位の数を足した数の11倍
・和が3桁になるときは，百の位と一の位の数を足すと十の位の数になる

2　2桁の数はどうやって表せるかな?

T：もとの数の十の位の数を a，一の位の数を b とすると，2桁の数はどう表せる?

S：ab, $10ab$, $10a+b$

T：どれが正しいかな?　確かめるにはどうしたらよい?

S：具体的な数を入れてみればよい。

　2桁の整数を文字を使って表すことは，今後も活用していく重要な内容である。具体的な数を代入して，2桁の自然数が正しく表せているか確認する機会を大切にしたい。

3　和が11の倍数になるというには?

T：2つの式を計算すると和はいくつ?

S：$11a+11b$

T：和が11の倍数になるというためにはどうしたらよい?

S：分配法則を使って，$11(a+b)$ の形に式変形すればよい。

　前時までの学習を思い出させながら，目的に応じた式変形をする必要性について考えさせる。

本時の評価

・2桁の自然数と，その十の位の数と一の位の数を入れかえてできる数を，文字を用いて式で表し，その和が11×（自然数）の形で表せることを説明できたか。

「2桁の自然数と，その十の位の数と一の位の数を入れかえてできる数の和が11の倍数になる」ことを説明しよう。

[説明] 2桁の自然数の十の位の数を a，一の位の数を b とすると，もとの数は $10a+b$，入れかえてできる数は $10b+a$ と表せる。

この2数の和は，

$(10a+b)+(10b+a)$

$=10a+b+10b+a$

$=11a+11b$

$=11(a+b)$　←11の倍数の形に式変形

十の位の数と一の位の数を足した数の11倍になることも説明できている

$a+b$ は整数だから，$11(a+b)$ は11の倍数。したがって，2桁の自然数と，その十の位の数と一の位の数を入れかえてできる数の和は 11 の倍数である

条件を変えると…？

この2つの数の「差」にはどんな性質があるだろうか？

$12-21=-9$
$51-15=\ 36$
$83-38=\ 45$

・9の倍数
・3の倍数

※十の位の数から一の位の数を引いた数の9倍だ！

この2数の差は，

$(10a+b)-(10b+a)$

$=10a+b-10b-a$　←符号に注意！

$=9a-9b$

$=9(a-b)$　←9の倍数の形に式変形

$a-b$ は整数だから，$9(a-b)$ は9の倍数。したがって，2桁の自然数と，その十の位の数と一の位の数を入れかえてできる数の差は9の倍数である

---

4 条件を変えるとどうなるかな？

T：この2数の和は11の倍数になったね。これまでみたいに，この問題の条件を変えたら，違う性質が見えてくるかな？

S：何かありそう。

T：例えば，どんな風に変えられるかな？

S：和を差に変えてみる。

S：2桁を3桁に変えてみる。

T：じゃあ，今日は和を「差」に変えて，何か性質があるか調べてみようか。

　条件を変更し，発展的に考える視点を与える。

5 この式から，他にどんなことが分かる？

T：2数の差が9の倍数になることが説明できたけど，この式を見て，他にどんなことが分かるかな？

S：$(a-b)$ の9倍になっている。

S：十の位の数から一の位の数を引いた数の9倍になっている！

　生徒が説明した式を振り返り，式について発展的に考えられるよう，「他にどんなことが分かる？」と，新たな性質が見いだせるような問いかけをする。

1 式の計算
2 連立方程式
3 一次関数
4 図形の調べ方
5 図形の性質と証明
6 場合の数と確率
7 箱ひげ図とデータの活用

本時案

どちらの曲線が長い？

本時の目標

・2 つの曲線の長さが等しくなることを見いだし，文字式を用いて説明することができる。

授業の流れ

1 どちらが長いと思いますか？

T：これまでは数の性質について考えてきたけど，今日は図について考えていこう。
　この①と②の 2 つの曲線の長さはどちらが長いと思う？

S：先生，点 O は線分 AB の中点ですか？

T：あ，そうだね。じゃあ，中点にしようか。

S：うーん……同じになるかな。

S：いや，①の方が長いんじゃないかな？

T：どちらが長いかを比べるには，何が分かればよいかな？

S：円の直径か半径の長さが分かればよい。

　まず，2 つの曲線についてどちらが長いかを予想させ，「どっちが長いのだろう」，「どうやったら確かめられるだろう」という問題意識をもたせる。さらに，何が分かれば長さが求められるかを考えさせ，問題解決の見通しをもたせる。

どちらの曲線が長い？

[問題] 次の図で，①の AB と②の ⌒AO + ⌒BO ではどちらが長いでしょうか？

※点 O は線分 AB の中点

[予想]
①が長い　5 人，②が長い　4 人，同じ　26 人

どうやって長さを比べたらいい？
　具体的な数で計算する，文字で長さを表す
→半径が 15 cm の図
　　①は 15π cm　②は 15π cm

半径の長さが変わっても同じになるかな？

2 どうやって長さを比べたらよい？

T：どちらが長いかをどうやって比べたらよいかな？

S：具体的な数で計算してみる。

S：文字で長さを表す。

T：じゃあ，まず具体的な数で計算してみようか。この半円の半径を測ってみるね……。えーっと，15 cm だね。

S：半円の長さを求めるには……。
　　（具体的な半径の長さを基に計算する）

3 長さが等しくなることを調べてみよう

T：どんな大きさの円でも成り立つことをいうにはどうしたらよい？

S：文字を使って考える。

T：この場合は，何を文字で表したらよい？

S：半径を文字にすれば，それぞれの長さは公式を使って表せそう。

T：じゃあ，AO の長さを r cm として①，②の曲線の長さを表してみようか。

1
式の計算

2
連立方程式

3
一次関数

4
図形の調べ方

5
図形の性質と証明

6
場合の数と確率

7
箱ひげ図とデータの活用

本時の評価

・文字を使って曲線の長さを表し，2つの曲線の長さが等しいことを文字式を用いて説明することができたか。

準備物

・モニター
・デジタル教科書

> 具体的な数で実際に長さを求め，2つの曲線の長さが等しくなるという性質を確認する。そのことで，この後の文字を用いた説明を「長さが等しくなることを説明する」という見通しをもってできるようにする。

> ①と②の長さが等しくなるかどうかを，文字を使って説明しよう。

AOの長さを r cm とする。

①の長さは……

$2 \times r \times \pi \times \dfrac{1}{2}$

$= \pi r$　　　　　① πr cm

②の長さは……

$r \times \pi \times \dfrac{1}{2} \times 2$

$= \pi r$　　　　　② πr cm

したがって，①と②は同じ長さになる！

※図形の性質も文字を使うことで説明することができる！

> 式の表記について，$r\pi$ ではなく，πr とかくことを意識付けるとよい。

> 条件を変えると…

> 点Oの位置を変えたとき，①と②の長さはどちらが長いだろうか？

AO=a cm，BO=b cm とする。

①の長さは…

$(a+b) \times \pi \times \dfrac{1}{2}$

$= \dfrac{1}{2}\pi a + \dfrac{1}{2}\pi b$　　　① $\left(\dfrac{1}{2}\pi a + \dfrac{1}{2}\pi b\right)$ cm

②の長さは…

$a \times \pi \times \dfrac{1}{2} + b \times \pi \times \dfrac{1}{2}$

$= \dfrac{1}{2}\pi a + \dfrac{1}{2}\pi b$　　　② $\left(\dfrac{1}{2}\pi a + \dfrac{1}{2}\pi b\right)$ cm

したがって，①と②は同じ長さになる！
※点の位置は中点じゃなくても成り立つ！

説明指導のポイント

　本時までの式を用いた説明では，1つの式を計算し，最後に出てきた式を目的に応じて式変形して，命題が成り立つことを説明してきた。（例えば，3の倍数になることなど）

　しかし，ここでは①の長さと②の長さをそれぞれ求めて，比較するという形で説明をしていく。生徒にその説明の仕方の違いに気付かせ，様々な説明の方法があることを意識させるとよい。

4 点Oの位置を変えても成り立つ？

T：この問題で条件を変えるとしたらどう変えられるかな？

S：うーん……点Oの位置を変えてみるとか？

T：なるほど，点Oの位置を変えてみようか。長さはどっちが長いかな？ ICT

S：①の方が長そう。

S：やっぱり同じになるんじゃない？

　デジタル教科書や数学アプリなどを用いて点の位置を動かしながら生徒に長さの関係を予想させる。

本時案

ニューヨークの気温は何度だろう？

・2つ以上の文字を含んだ等式を，ある文字について解くことができる。

ニューヨークの気温は何度だろう？

[予想]　35℃，20℃，28℃，10℃
　　ニューヨークの気温　　86度
　　　　　　　　　　→86°F

摂氏（℃）と華氏（°F）
ある温度が，摂氏だと x ℃，華氏だと y °F と表されるとき，x と y には次のような関係がある。

$$x = \frac{5}{9}(y-32)$$

※摂氏0℃＝華氏32°Fとなる。

日本の気温だと，86°Fは何℃だろう？

方程式の解き方について，先に分母をはらうもの，分配法則でかっこをはずすものがあれば，両方取り上げて比較する。

[問題] (1) 華氏86°Fは摂氏何℃だろう？

$x = \frac{5}{9}(86-32)$

$x = \frac{5}{9} \times 54$

$x = 5 \times 6$

$x = 30$

こっちのほうが計算しやすい！
→代入すると，答えがすぐに出る。
　$x=$ の式になっている。

答え　30℃

(2) 日本の20℃は，華氏で表すと何°Fだろう？

$20 = \frac{5}{9}(y-32)$

$180 = 5(y-32)$

$180 = 5y - 160$

$5y = 160 + 180$

$5y = 340$

$y = 68$

$20 = \frac{5}{9}(y-32)$

$20 = \frac{5}{9}y - \frac{160}{9}$

$\frac{5}{9}y = 20 + \frac{160}{9}$

$5y = 340$

$y = 68$

答え　68°F

授業の流れ

1 日本の気温だと何℃だろう？

T：夏休みにニューヨークに行きたくて，天気予報調べてみたんだけど，ニューヨークの8月の気温は何度くらいだと思う？

S：35℃，20℃，28℃，10℃

T：実は…（「86度」と書く）

S：えー？　86℃？　おかしい！　暑すぎる！

S：いや，確かアメリカって温度の単位違うんじゃなかったかな？

T：そう！　こんな関係があるみたいだよ。
　（摂氏と華氏の関係の紙を貼り，説明する）

2 実際に気温を求めてみよう！

T：この温度の関係の式があれば，実際に気温を求められるかな？

S：たぶんできる！

T：じゃあ，ニューヨークの86°Fが何℃になるかと，今教室が大体20℃だから，20℃が華氏何°Fになるか求めてみようか。

　与えられた式を基に，それぞれの温度を求める。数を代入した後の一次方程式の解き方では，等式の性質について丁寧に確認し，次の等式の変形につなげていく。

2 連立方程式

3 一次関数

4 図形の調べ方

5 図形の性質と証明

6 場合の数と確率

7 箱ひげ図とデータの活用

本時の評価

・2つ以上の文字を含んだ等式を，等式の性質を用いて目的に応じて変形することができたか。

準備物

・天気予報の図
・摂氏と華氏の関係を表した用紙（もしくはスライド）

華氏を表す関係の式に書き直そう！

$x = \dfrac{5}{9}(y-32)$ ←両辺を9倍

$9x = 5(y-32)$

$9x = 5y - 160$

$5y = 9x + 160$ ←左辺に y ！

$y = \dfrac{9x+160}{5}$　　$y = \dfrac{9}{5}x + 32$

※摂氏℃→華氏℉の公式

ちなみに……

摂氏 20℃ だったら華氏だと何℉になる？

$y = \dfrac{9}{5}x + 32$

$y = \dfrac{9}{5} \times 20 + 32$

$y = 36 + 32$

$y = 68$

さっきより
計算しやすい！

答え　68℉

[まとめ]

この問題のように，等式を変形して，

$y = \dfrac{5}{9}x + 32$ の形にすることを，

y について解くという。

[練習]

次の等式を [　] 内の文字について解きなさい。

(1) $y = 12 - 3x$ $[x]$　　(2) $S = \dfrac{1}{2}ah$ $[h]$

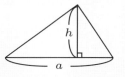

(2)のように，図形の公式を表すものは，図を一緒に提示してその意味を考えながら式変形をするとよい。

---

3 どっちが求めやすかった？

T：2つの問題を解いて，華氏と摂氏を両方求めることができたけど，どっちが求めやすかった？

S：86℉が分かっていて，30℃を求める方が簡単だった。

T：それはどうして？

S：代入すると，答えがすぐ出るから。

S：「$x=$」の式になっているから。

　2つの計算の違いに注目させ，どちらの計算がしやすいか，その違いは何かに気付かせる。

4 摂氏から華氏を求めやすくするには？

T：日本の気温をアメリカの気温に変えるよい方法はない？　摂氏から華氏を求めやすくするにはどんな式だったらよいかな？

S：「$y=$」の形にするとか？

T：この式を華氏を表す式，「$y=$」の形にできるかな？

　華氏を表す y を左辺にもってきた式にすることで，計算が簡単になりそうだということをイメージさせ，等式の性質を用いて等式を変形していく。

2 連立方程式 （13時間扱い）

単元の目標

・連立二元一次方程式についての基礎的な概念や原理・法則などを理解するとともに，数量の関係を考察する力，事象を数学化したり，数学的に解釈したり，数学的に表現・処理したりする技能を身に付ける。

評価規準

知識・技能	①連立二元一次方程式の必要性と意味及びその解の意味を理解している。 ②簡単な連立二元一次方程式を解くことができる。
思考・判断・表現	③一元一次方程式と関連付けて，連立二元一次方程式を解く方法を考察し表現することができる。 ④連立二元一次方程式を具体的な場面で活用することができる。
主体的に学習に取り組む態度	⑤連立二元一次方程式のよさを実感して粘り強く考え，生活や学習に生かそうとしたり，問題解決の過程を振り返り評価・改善しようとしている。

指導計画　全13時間

次	時	主な学習活動
第1次 連立方程式の導入 連立方程式とその解	1	連立二元一次方程式の必要性と意味を理解する。
	2	連立二元一次方程式の解の意味を理解する。
第2次 連立方程式の解き方	3	連立二元一次方程式の解き方について考える。
	4	加減法について理解する。
	5	代入法について理解する。
	6	かっこ，分数係数を含む連立二元一次方程式について考える。
	7	A＝B＝Cの形の連立二元一次方程式について考える。
第3次 連立方程式の利用	8	動物園の入園料について考える。
	9	入れたシュートの本数について考える。
	10	走った道のりについて考える。
	11	弁当とデザートの定価について考える。
	12	混ぜた食塩水の量について考える。
第4次［発展］ 3つの文字を含む 連立方程式	13	文字と式が3つの連立方程式について考える。

単元の基礎・基本と見方・考え方

⑴本単元でおさえる基礎・基本となる学習内容について

　本単元でおさえる基礎・基本となる学習内容の１つ目としては，二元一次方程式とその解の意味や，二元一次方程式を連立させることの必要性と意味及び連立二元一次方程式の解の意味を理解できるようにすることが挙げられる。本実践では，単元の導入の題材として，中国の算術書『孫子算経』に書かれている鶴亀算を扱い，その内容を段階的に読み解いていきながら，二元一次方程式を成り立たせる値の組が二元一次方程式の解であること，２つの二元一次方程式を同時に満たす値の組が連立二元一次方程式の解であることを順に理解させていくこととする。

　２つ目としては，連立二元一次方程式を解くことができるようにすることが挙げられる。具体的には，連立二元一次方程式を解くための手段として，加減法，代入法を扱う。また，かっこや分数係数を含んでいたり，A＝B＝Cの形をしているやや複雑な連立二元一次方程式についても扱い，既習内容である等式の性質を用いて，与えられた連立二元一次方程式について，適宜式変形をしたりしながら解を求めることができるようにしていく。

　そして３つ目として，連立二元一次方程式を身の回りの具体的な場面で活用することである。問題の中から数量の関係を見いだし，分からない数量を文字で置くことで連立二元一次方程式をつくり，それを基に具体的な場面における問題を解決できるようにしていく。

　以上に挙げた点を本単元でおさえる基礎・基本となる学習内容と捉え学習を進めていく。

⑵本単元で大切にしたい数学的な見方・考え方について

　本単元で大切にしたい数学的な見方・考え方の視点に１つに，既習の学習内容である一元一次方程式の学習と関連付けることが挙げられる。例えば，二元一次方程式の解の意味を理解する学習の場面では，二元一次方程式を成り立たせる２つの文字の値の組が解の意味であり，このことは一元一次方程式と本質的には変わらない。しかしながら，二元一次方程式の解は一つとは限らず，一元一次方程式の解が１つであったことと異なり，このことを既習の学習内容との関連付けの中から生まれた新たな学習内容として整理していくことが大切である。また，例えば，連立二元一次方程式を解く学習の場面においても既習の一元一次方程式に帰着できないかと考えることで，連立二元一次方程式の２つの文字の一方を消去すればよいことに気付かせ，その方法として加減法，代入法について新たに学習をしていく。

　もう１つは，与えられた課題に対して多様な視点で考察することが挙げられる。連立二元一次方程式の利用の場面では，身の回りにある具体的な場面の事象を扱うこととなるが，事象の中にある数量の関係を，例えば，代金の関係，時間の関係など，ある特定の量に着目して式をつくるようにしたり，数量関係を線分図や表などで表現して，その関係を明らかにすることを大切にしたい。また，同じ課題であっても，着目する数量によってさまざまな方程式をつくることができることも生徒に実感をもって考えさせたい。

　このような点に焦点を当てていく授業を，単元を通して実践していくことを本単元では大切にしていきたい。

1 式の計算
2 連立方程式
3 一次関数
4 図形の調べ方
5 図形の性質と証明
6 場合の数と確率
7 箱ひげ図とデータの活用

本時案

『孫子算経』を読んでみよう

本時の目標

・二元一次方程式とその解の意味を理解することができる。
・連立二元一次方程式の必要性と意味を理解することができる。

授業の流れ

1 『孫子算経』はいつ書かれた？

T：これは，中国の算術書『孫子算経』に書かれている文の一部ですが，今からおよそ何年前に書かれた書物だと思いますか？

S：1000年くらい前だと思います。

T：『孫子算経』は今からおよそ1600年前に書かれたもので，日本では古墳時代の頃です。中国では，こんな古い時代から算術のことを考えていました。今日は，その『孫子算経』を，実際に読み解いていこう。

　単元の導入として，『孫子算経』に記されている鶴亀算を題材として扱う。『孫子算経』の歴史に触れた上で，実際の文（漢文）を生徒に提示し，その意味を考えさせる活動を通して，題材への興味・関心を持たせながら，連立方程式の学習の導入を展開していきたい。

○『孫子算経』を読んでみよう。

→中国の算術書　　いわゆる鶴亀算!!

① ［今有雉兔同籠　上有七頭］

今，雉と兔が同じ籠の中にいる　合わせて7つの頭がある

文字で表すと

籠の中に雉が x 羽，兔が y 羽いるとすると

$x + y = 7$ （二元一次方程式）

---

2 文字を使って表してみよう

T：「雉と兔の頭が合わせて7つある」ことを式で表すにはどうすればよいのかな？

S：雉と兔の数をそれぞれ文字を使って表せばよいと思います。

S：雉の数を x 羽，兔の数を y 羽とすると，合わせて7つだから，$x + y$ という式をつくることができます。

　数学の事象として捉えるためには，文字式が有効であることを確認し，雉の数，兔の数をそれぞれ文字で表し，その関係を考えさせる。

3 文字式が成り立つときって？

T：$x + y = 7$ を成り立たせる x，y の値はどんなときかな？

S：$x = 4$，$y = 3$ のときです。

S：待って！ $x = 1$，$y = 6$ など他のときにも成り立つ場合があるよ。

　式を満たす具体的な値を考えさせることを通して二元一次方程式の解が複数あることを実感させる。x，y の対応表を板書しておきたい。

　また，本題材では変数 x，y は，それぞれ自然数の範囲で考えることも確認しておく。

1 式の計算

2 連立方程式

3 一次関数

4 図形の調べ方

5 図形の性質と証明

6 場合の数と確率

7 箱ひげ図とデータの活用

本時の評価

・『孫子算経』において，与えられた条件の組を見つけることを通して，二元一次方程式とその解の意味，連立二元　次方程式とその解の必要性と意味を理解することができたか。

---

x の値が 1，2，…と変化したとき
① $x+y=7$ を成り立たせる y の値はどうなるだろうか？

x	1	2	3	4	5	6
y	6	5	4	3	2	1

解
$(x, y)=(1, 6)\ (2, 5)\ (3, 4)$
$\quad\quad\quad (4, 3)\ (5, 2)\ (6, 1)$

③ 問雉兎各幾何　雉と兎は何羽ずついるか？

① $x+y=7$　② $2x+4y=24$ を
同時に満たす x，y の組を見つける

$$(x, y)=(2, 5)$$

---

② 下有二十四足　合わせて 24 本の足がある。

$2x+4y=24$　（雉の足 2，兎の足 4）

x	1	2	3	4	5	6	7	8	9	10	11	12
y	$\frac{11}{2}$	5	$\frac{9}{2}$	4	$\frac{7}{2}$	3	$\frac{5}{2}$	2	$\frac{3}{2}$	1	$\frac{1}{2}$	0

解
$(x, y)=(1, \frac{11}{2})\ (2, 5)\ (3, \frac{9}{2})$
$\quad\quad\quad (4, 4)\ (5, \frac{7}{2})\ (6, 3)$
$\quad\quad\quad (7, \frac{5}{2})\ (8, 2)\ (9, \frac{3}{2})$
$\quad\quad\quad (10, 1)\ (11, \frac{1}{2})\ (12, 0)$

・連立方程式：2つの方程式を1組と考えたもの
$$\begin{cases} x+y=7 \\ 2x+4y=24 \end{cases}$$ （連立二元一次方程式）
・連立方程式の解：2つの方程式を同時に成り立たせる文字の組
・連立方程式を解く：解を求めること
・解の書き方：
$(x, y)=(50, 100)$，$x=50$，$y=100$，$\begin{cases} x=50 \\ y=100 \end{cases}$

---

4 答えが 1 つになるには？

　孫子算経の続き，「下有二十四足」を提示し，その意味を確認した後，先ほどと同様に，二元一次方程式を立式させ，それを満たす x，y の値を調べさせ，表にまとめる。その際，「雉と兎の頭が合わせて 7 つあることから，解を 6 つ求めましたが，孫子算経では，答えは 1 つです。何が足りないか分かりますか？」などと生徒に問いかけ，答えが 1 つになるためには他にも条件が必要となることを生徒から引き出し，「下有二十四足」を提示できるとよい。

5 2 つの式を同時に満たすのは？

T：2 つの二元一次方程式を同時に満たす x，y の組はあるかな？
S：$x=2$，$y=5$ のときだけです。
S：共通する解は 1 つ求められたけど，たくさん確かめないといけないから大変。
T：すべてを確かめる必要はあったのかな？

　この活動を通して，連立方程式の必要性と意味を理解させたい。また，授業の最後に，「すべて確かめる方法はあったか？」と問いかけ，次時の学習への関連付けを図りたい。

本時案

連立方程式の解の確かめ方について考えよう

○めあて
連立方程式の解の確かめ方について考えよう

次の⑦〜⑦のうち，x，y の値の組（2, 1）が解となる連立方程式はどれですか。

⑦ $\begin{cases} 4x+y=18 \\ 2x+3y=14 \end{cases}$ ⑦ $\begin{cases} x+y=3 \\ 3x+2y=5 \end{cases}$ ⑦ $\begin{cases} 2x+3y=7 \\ x+2y=4 \end{cases}$

[方針]
連立方程式の各式に $x=2$，$y=1$ を代入して等式が成り立つかを確認する

⑦ $\begin{cases} 4x+y=18 \quad\cdots\cdots\cdots ① \\ 2x+3y=14 \quad\cdots\cdots ② \end{cases}$

① (左辺) $4\times2+1=\underline{9}$，　(右辺) $\underline{18}$
② (左辺) $2\times2+3\times1=\underline{7}$，(右辺) $\underline{14}$

⑦ $\begin{cases} x+y=3 \quad\cdots\cdots\cdots ① \\ 3x+2y=5 \quad\cdots\cdots ② \end{cases}$

① (左辺) $2+1=\underline{③}$，　(右辺) $\underline{③}$
② (左辺) $3\times2+2\times1=\underline{8}$，(右辺) $\underline{5}$

授業の流れ

1 解かどうかを確かめるには？

T：前回の授業では，連立方程式の解を求めるために式を満たす x，y の値をすべて調べたけど大変だったよね。ほかの方法で，解を見つけることはできるのかな？

S：x，y の組の値を 2 つの二元連立方程式に代入して，どちらの式も等式が成り立つかで判断できると思います。

　連立方程式の解は，与えられた x，y の組を代入してそれぞれの等式が成り立てばよいことを生徒の発言から引き出すようにする。

2 実際に代入して確かめてみよう

T：実際に代入して，連立方程式の解かどうかを確認してみよう。

S：⑦の連立方程式では，両方の式で，x，y に数値を代入しても等式が成り立たないから，連立方程式の解とはいえないです。

S：⑦は，x，y に数値を代入したとき，片方の方程式だけは等式が成り立つよ。

T：この場合は，連立方程式の解と考えてよいのかな？

S：いえ，連立方程式の解ではないと思います。

1 式の計算

2 連立方程式

3 一次関数

4 図形の調べ方

5 図形の性質と証明

6 場合の数と確率

7 箱ひげ図とデータの活用

本時の評価

・与えられた連立方程式に x, y の値の組をそれぞれ代入して計算し，2つの二元一次方程式を同時に満たす x, y の値の組が連立方程式の解であることを理解することができたか。

ウ $\begin{cases} 2x+3y=7 \cdots\cdots ① \\ x+2y=4 \cdots\cdots\cdots ② \end{cases}$

次のⓐ～ⓒのうち連立方程式 $\begin{cases} 2x+y=16 \cdots\cdots ① \\ x+y=9 \cdots\cdots\cdots ② \end{cases}$
の解はどれですか。

ⓐ $(x, y)=(6, 3)$　ⓑ $(x, y)=(7, 2)$
ⓒ $(x, y)=(5, 3)$

① (左辺) $2\times2+3\times1=\underline{⑦}$, (右辺) ⑦
② (左辺) $2+2\times1=\underline{④}$, (右辺) ④

ⓐ $x=6$, $y=3$ を代入
①
(左辺) $2\times6+3=\underline{15}$, (右辺) 16
②
(左辺) $6+3=\underline{⑨}$, (右辺) ⑨

ⓑ $x=7$, $y=2$ を代入
①
(左辺) $2\times7+2=\underline{⑯}$, (右辺) ⑯
②
(左辺) $7+2=\underline{⑨}$, (右辺) ⑨

$x=2$, $y=1$ を代入したとき
<u>2つの式でともに等式が成り立つ</u>
のは，ウ の連立方程式

　答え　ウ

ⓒ $x=5$, $y=3$ を代入
①
(左辺) $2\times5+3=\underline{13}$, (右辺) 16
②
(左辺) $5+3=\underline{8}$, (右辺) 9

適当な数を2つの式の x, y の組に代入して等式が成り立てば連立方程式の解
　でも，代入は面倒…

　　　　　答え　ⓑ

T：なぜ，連立方程式の解ではないのかな？

S：連立方程式の解は，2つの方程式を同時に成り立たせる文字の組のことなので，ⓑの連立方程式の解ではないと思います。

T：ⓒについてはどうですか？

S：ⓒは2つの方程式とも x, y に数値を代入したとき等式が成り立つので，連立方程式の解だと思います。

　生徒に実際に数値を代入させ，2つの方程式が同時に成り立つかどうかを確かめさせる。その際，数値を代入したとき左辺がどのように計算されるのかを丁寧に確認し，連立方程式の解の意味を実感をもって理解させたい。

3 連立方程式の解はどれかな？

T：連立方程式の解として正しいものを見つけるには，x, y の組を代入して等式が成り立つかで判断すればよいですね。

S：確かにこの方法を使えば，連立方程式の解を見つけることができます。でも，毎回毎回，代入するのは大変だし，面倒です。

T：では，代入する以外の方法で連立方程式の解を求めることを次回考えてみましょう。

　本時の学習を振り返りつつ，連立方程式の計算の必要性に迫り，次時へつなげていく。

連立方程式の
解き方を考えよう

3/13

○連立方程式の解き方を考えよう

> ハンバーガー 3 個とジュース 1 本買ったときの代金の合計は 900 円，ハンバーガー 1 個とジュース 1 本を買ったときの代金の合計は 400 円でした。
> ハンバーガー 1 個，ジュース 1 本の値段はそれぞれいくらでしょうか？

・図を使って考える

```
🍔🍔🍔 🥤 = 900
🍔 🥤 = 400
```

差をとると
ハンバーガー 2 個で
500 円！

```
🍔🍔 = 500
🍔 = 250
```

答え　ハンバーガー 1 個 250 円，ジュース 1 本 150 円

・文字を使って表すと

ハンバーガー 1 個 x 円，ジュース 1 本 y 円

[方針]

連立方程式から
1 次方程式を
導く !!

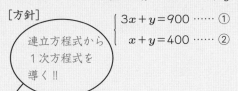
$$\begin{cases} 3x+y=900 & \cdots\cdots ① \\ x+y=400 & \cdots\cdots ② \end{cases}$$

差をとると　（①−②）

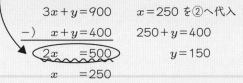

$$\begin{array}{r} 3x+y=900 \\ -)\ \ x+y=400 \\ \hline 2x\ \ =500 \\ x\ \ =250 \end{array}$$

$x=250$ を②へ代入

$250+y=400$

$y=150$

答え　ハンバーガー 1 個 250 円
　　　ジュース　　 1 本 150 円

授業の流れ

1 連立方程式の解き方の素地となる考えを生徒から引き出す

　表や代入から連立方程式の解を求めることは大変で面倒であることを振り返った上で本時を展開したい。本時では，文字式だけで考えていくことは抽象的なので，具体的な場面を通して考えていく。ハンバーガーの値段を求めるために，図を用いて考えさせ，差を取る操作のイメージをさせやすくし，実際の連立方程式の解決に関連付けていくという流れをつくりたい。

　なお，等式の性質については，本時では簡単に触れ，次時で深く扱うものとする。

2 連立方程式の解を求めてみよう

T：この連立方程式をどうやって解こうか？

S：図のときと同じように，上の式から下の式を引くと $2x=500$ で，一次方程式となるので，x の値を求めることができます。

T：y の値はどうやって求めればよいかな？

S：求めた x の値を，連立方程式のどちらかの式に代入して，y の一次方程式を解きます。

T：解が正しいかはどう確認しますか？

S：前回の学習の通り，x，y の組をそれぞれの式に代入して等式が成り立つかで確認します。

1 式の計算

2 連立方程式

3 一次関数

4 図形の調べ方

5 図形の性質と証明

6 場合の数と確率

7 箱ひげ図とデータの活用

本時の評価

・係数の絶対値が等しい簡単な連立二元一次方程式を加減法を用いて解くことができたか。

次の連立方程式を解いてみよう

(1) $\begin{cases} 4x+2y=24 \cdots\cdots ① \\ x+2y=\ 9 \cdots\cdots ② \end{cases}$　(2) $\begin{cases} 3x+2y=\ \ 4 \cdots\cdots ① \\ -3x-4y=-2 \cdots\cdots ② \end{cases}$　(3) $\begin{cases} 4x+3y=36 \cdots\cdots ① \\ x+\ y=10 \cdots\cdots ② \end{cases}$

①-②より　　　　$x=5$を②へ代入

$\ \ \ 4x+2y=24$　　$5+2y=9$

$-)\ \ \ x+2y=\ 9$　　$2y=4$

$\ \ \ \ \ 3x\ \ \ \ \ =15$　　$y=2$

$\ \ \ \ \ \ x\ \ \ \ \ =\ 5$

答え　$(x,y)=(5,2)$

$x=5$を①へ代入
もOK
$4×5+2y=24$
$20+2y=24$
$2y=\ 4$
$y=\ 2$

①+②より　　　　$y=-1$を①へ代入

$\ \ \ 3x+2y=\ 4$　$3x+2×(-1)=4$

$+)-3x-4y=-2$　$3x-2=4$

$\ \ \ \ \ -2y=\ 2$　　$3x=6$

$\ \ \ \ \ \ \ y=-1$　　$x=2$

答え　$(x,y)=(2,-1)$

①+②より　　　　①-②より

$\ \ \ 4x+3y=36$　　$\ \ \ 4x+3y=36$

$+)\ \ \ x+\ y=10$　　$-)\ \ \ x+\ y=10$

$\ \ \ 5x+4y=46$　　$\ \ \ 3x+2y=26$

文字が消えない

$x,\ y$ どちらかの係数が同じであれば，足したり引いたりすることで連立方程式が解ける。しかし，係数が同じでないときは解けない？

3 類題，解けるかな？

S：先生，上手くいかない問題があります。

T：どこかな？

S：(3)の問題で， 2つの式を足したり，引いたりしても，どちらの文字も消せません。

T：そうですね，今日の学んだ方法では上手くいきませんね。どうすればよいでしょうか？

　類題を解くことを通して，本時の学習を再確認させるとともに，係数が揃っていない連立方程式では，本時の学習では上手くいかないことを実感させ，次時の学習へとつなげたい。

思考を広げるための対話指導

　単元を通した学習では，各時間の学習内容を関連付けていくことが大切である。

　具体的には，本時では，前時の学習を通して生徒が感じた表や代入によって連立方程式の解を求めることの大変さや面倒さを振り返り，効率よく解を求める方法を学ぶ。また，類題を解く場面においても，既習内容の確認を行うことと合わせて，既習内容では解決できない連立方程式があることを実感させることで，次時の学習へ関連付けていく。このような教材，対話を通して，生徒の思考を広げていきたい。

連立方程式を
解いてみよう①

授業の流れ

1 係数が異なるときはどうする？

T：前回の授業で出てきた課題は何でしたか？

S：2つの二元一次方程式で和を取っても，差
　を取っても解決できない問題がありました。

T：そうでしたね。

S：解決できた問題と同じように，2つの二
　元一次方程式から一次方程式を作れればよ
　いけど……。

　本時は，前時で新たな課題として出てきた文
字の係数の異なる連立方程式を，加減法を用い
て解決できるようにすることを目的としてい
る。単純に2つの二元一次方程式の和や差を
考えるだけでは一次方程式に帰着できないこと
を生徒から引き出し，係数を揃えるためにはど
うすればよいのかを等式の性質を根拠にして生
徒に考えさせたい。

○連立方程式を解いてみよう①

次の連立方程式を解きなさい
$$\begin{cases} 5x+2y=11 \\ 2x+5y=-4 \end{cases}$$

［方針］

・x，y どちらかの 文字を消去して
　一次方程式をつくる

↓

加減法

> どちらかの文字の係数の絶対値をそ
> ろえ，左辺どうし右辺どうしを足し
> たり，引いたりして，文字を消去し
> て解く‼

左辺同士，右辺同士を引くとはどういう意味？
　A＝B のとき
　　A＋C＝B＋C　　A－C＝B－C（等式の性質）
　C＝D より
　　A＋C＝B＋D　　A－C＝B－D

> 左下，〈方針〉については，授業の
> 最後にまとめとして板書する。

既習内容と関連付けていく指導

　本時の導入では，前回の授業を踏まえ，「x，
y どちらかの文字を消去して一次方程式を導
く」ことを解決のための変わらない方針とし，
前時で新たな課題として出てきた文字の係数が
異なる連立方程式について，その解決方法を生
徒の説明や発表を通して全体で確認したい。

　また，その際，既習の「等式の性質」につい
ても丁寧に触れておきたい。新たな内容を学習
する際，既習内容をその根拠としたり，既習内
容を発展させたりする活動を授業の対話指導の
なかで積極的に取り入れたい。

2 係数を揃えてみよう

S：x の係数は，2と5だから10で揃えれば
　よいと思います。そのために，①の式は両
　辺を5倍，②の式は両辺を2倍します。

T：係数を揃えた後はどうしますか？

S：①'－②'で差をとればよいと思います。

T：左辺同士，右辺同士の差を取るというの
　は，どういう意味でしたか？

　文字の係数を揃えることで一次方程式が導か
れ解決できること，その根拠として等式の性質
が用いられていることを確認したい。

1 式の計算

2 連立方程式

3 一次関数

4 図形の調べ方

5 図形の性質と証明

6 場合の数と確率

7 箱ひげ図とデータの活用

本時の評価

・加減法を用いて連立方程式の解を求めることができたか。
・一元一次方程式で学習した等式の性質を用いることで，連立二元一次方程式から一元一次方程式が導かれることを考察し，表現することができたか。

[解答] $\begin{cases} 5x+2y=11 & \cdots\cdots ① \\ 2x+5y=-4 & \cdots\cdots ② \end{cases}$

①×2より
$10x+4y=22$ ─ ①′
②×5より
$10x+25y=-20$ ─ ②′
①′－②′より

$\begin{array}{r} 10x+4y=22 \\ -)\ 10x+25y=-20 \\ \hline -21y=42 \\ \underline{y=-2} \end{array}$

$y=-2$ を①へ代入
$5x+2\times(-2)=11$
$5x-4=11$
$5x\qquad=15$
$x\qquad=3$

答え
$(x, y)=(3, -2)$

[練習]

$\begin{cases} 6x-y=1 & \cdots\cdots ① \\ 3x-2y=-7 & \cdots\cdots ② \end{cases}$

②×2より
$6x-4y=-14$ ─ ②′
①－②′より

$\begin{array}{r} 6x-y=1 \\ -)\ 6x-4y=-14 \\ \hline 3y=15 \\ \underline{y=5} \end{array}$

$y=5$ を①へ代入
$6x-5=1$
$6x=6$
$\underline{x=1}$

答え
$(x, y)=(1, 5)$

$\begin{cases} 7x-3y=6 & \cdots\cdots ① \\ 2x+4y=26 & \cdots\cdots ② \end{cases}$

②×7－①×2より
$\begin{array}{r} 14x+28y=182 \\ -)\ 14x-\ 6y=12 \\ \hline 34y=170 \\ \underline{y=5} \end{array}$

$y=5$ を②へ代入
$2x+4\times5=26$
$2x+20=26$
$2x=6$
$\underline{x=3}$

答え
$(x, y)=(3, 5)$

$\begin{cases} 4x-3y=14 & \cdots\cdots ① \\ 6x+2y=8 & \cdots\cdots ② \end{cases}$

①×2＋②×3より
$\begin{array}{r} 8x-6y=28 \\ +)\ 18x+6y=24 \\ \hline 26x\qquad=52 \\ x\qquad=2 \end{array}$

$x=2$ を①へ代入
$8-3y=14$
$-3y=6$
$\underline{y=-2}$

答え
$(x, y)=(2, -2)$

---

3 類題を解いてみよう

類題として問題を解かせる。生徒が解いている間，教師は机間指導を行い，例えば，「左辺，右辺のすべての項に同じ数がかけられているか」，「2つの式の和や差を取るときに正負の計算が正しく行えているか」などの計算過程を細かく確認しておきたい。

解いた問題の確認については，実際に生徒を前に出させて黒板に書かせて，解が正しいを確認することだけではなく，解答の書き方指導を合わせて行うことも大切である。

4 何か気付いたことはあるかな？

T：3人に黒板に連立方程式を解いてもらいましたが何か気が付いたことはありますか？
S：最初に x の解を求めている人と y の解を求めている人がいます。
S：最初の問題は，私は x の解から求めましたが，同じ答えになりました。
S：解はどちらから求めてもよいのですね。

連立方程式の解は x，y のどちらから求めてもよいことも生徒との会話の中から導きたい。必要に応じて板書で比較させるのもよい。

本時案

連立方程式を
解いてみよう②

本時の目標

・代入法を用いて連立方程式の解を求めること
　ができる。
・一元一次方程式と関連付けて，連立二元一次
　方程式を解く方法を考察し表現できる。

○連立方程式を解いてみよう②

次の連立方程式を解きなさい。

$$\begin{cases} 2x+4y=24 \cdots ① \\ x=7-y \cdots\cdots ② \end{cases}$$

加減法以外の方法で解くことはできるか？

[方針] 代入を使って一次方程式をつくる‼

$$\begin{cases} 2x+4y=24 \cdots\cdots ① \\ x=7-y \cdots\cdots\cdots ② \end{cases}$$

式に応じて
解きやすい方を使う‼

加減法（前回の復習）

②の$-y$を左辺へ移項して

$x+y=7\cdots\cdots ②'$

①$-②'\times2$より

$2x+4y=24$

$-)\ 2x+2y=14$

$2y=10$

$y=5$

$y=5$を②へ代入

$x=7-5$

$\underline{x=2}$

答え　$(x, y)=(2, 5)$

代入法

$x=7-y$を①へ代入

分配
法則　$2(7-y)+4y=24$

$14-2y+4y=24$

$2y=10$

$\underline{y=5}$

$y=5$を②へ代入

$x=7-5$

$\underline{x=2}$

答え　$(x, y)=(2, 5)$

授業の流れ

1　加減法以外に解く方法は？

T：この連立方程式はどのように解きますか？

S：②の式で，まず，yを移項して，$x+y=7$として，その後xの係数を揃えてyの一次方程式を導いていきます。

T：そうですね。実は，この連立方程式は別の方法でも解くことができるのですが，分かりますか？

T：②の式は，「$x=$」の形になっていますね。それを上手く生かして解けないかな？

S：代入を使ったら解けるかも……。

思考を広げるための対話指導

　本時は，まず加減法で連立方程式を解かせた上で，「加減法以外の方法で解くことができるか？」と問い，代入法の学習につなげていきたい。その際，代入法の解き方だけではなく，1年生で学習した代入の考え方が連立方程式の解の求め方の素地となっていることを生徒との対話の中で確認したい。

　板書は加減法の解き方と比較できるようにする。また，加減法，代入法のどちらの方法で解いてもよいこと，式に応じて解きやすい方を用いてよいことも合わせて確認しておきたい。

連立方程式を解いてみよう②
058

1 式の計算

2 連立方程式

3 一次関数

4 図形の調べ方

5 図形の性質と証明

6 場合の数と確率

7 箱ひげ図とデータの活用

本時の評価

・代入法を用いて連立方程式の解を求めることができたか。
・連立二元　次方程式を加減法以外の方法ではどのように解くことができるかを考察し，表現することができたか。

○次の連立方程式を代入法で解きなさい

$$\begin{cases} 4x-3y=18 \cdots ① \\ y=-3x+7 \cdots ② \end{cases} \quad \begin{cases} y=2x-5 \cdots ① \\ y=5x+4 \cdots ② \end{cases} \quad \begin{cases} 3x+4y=6 \cdots ① \\ 5x+y=-7 \cdots ② \end{cases}$$

②を①へ代入

$4x-3(-3x+7)=18$

$4x+9x-21=18$

$13x=39$

$x=3$

$x=3$ を②へ代入

$y=-3\times3+7$

$y=-2$

答え $(x,y)=(3,-2)$

②を①へ代入

$5x+4=2x-5$

$3x=-9$

$x=-3$

$x=-3$ を①へ代入

$y=2\times(-3)-5$

$y=-11$

答え $(x,y)=(-3,-11)$

②を y について解くと

$y=-5x-7$

$y=-5x-7$ を①へ代入

$3x+4(-5x-7)=6$

$3x-20x-28=6$

$-17x=34$

$x=-2$

$x=-2$ を②へ代入

$5\times(-2)+y=-7$

$-10+y=-7$

$y=3$

答え $(x,y)=(-2,3)$

加減法でも解いてみよう!!

2 類題を解いてみよう

　類題として問題を解かせる。ここでは，代入法で解くことに制限した問題とする。また，与えた連立方程式の形も，①式の片方が「$y=$」の形，②式の2つともが「$y=$」の形，③片方の式をある文字について解くことで「$y=$」の形になるものとし，その定着を図りたい。

　また，加減法の授業と同様に，解答は実際に生徒を前に出させて書かせて，解の確認や解答の書き方の指導も合わせて行っておきたい。

3 加減法と代入法どちらを使う?

　前時と本時では，連立方程式の加減法，代入法の学習を行ってきたが，そのまとめとして，「加減法・代入法の学習をしてきましたが，どんな問題のときに加減法（代入法）を使いますか？」などと問いかけ，実際に生徒に両方法で解かせ，どちらの方法を用いることがよいのかといった見方も実感を伴って養いたい。

　その一方で，加減法・代入法はどちらも連立方程式を解くための基本となる知識・技能であり，どちらの方法も確実に定着させたい。

本時案

いろいろな連立方程式①

○いろいろな連立方程式を考えよう①

次の連立方程式を解きなさい。

$$\begin{cases} 5(x+y)-7y=2 & \cdots\cdots ① \\ x-y=-5 & \cdots\cdots\cdots ② \end{cases}$$

$$\begin{cases} 5x-2y=2 & \cdots\cdots ①' \\ x-y=-5 & \cdots\cdots\cdots ② \end{cases}$$

[方針] かっこをはずして式を整理する‼
①について

$$5(x+y)-7y=2$$
$$5x+5y-7y=2$$
$$5x-2y\quad =2\cdots\cdots①'$$

↙ 分配法則

代入法

②を x について解くと

$$x=y-5$$

$x=y-5$ を①'へ代入

$$5(y-5)-2y=2$$
$$5y-25-2y=2$$
$$3y=27$$
$$y=9$$

$y=9$ を②へ代入

$$x-9=-5$$
$$\underline{x=4}$$

加減法

①'-②×2 より

$$\begin{array}{r} 5x-2y=2 \\ -)\ 2x-2y=-10 \\ \hline 3x=12 \\ \underline{x=4} \end{array}$$

$x=4$ を②へ代入

$$4-y=-5$$
$$-y=-9$$
$$\underline{y=9}$$

答え $(x,y)=(4,9)$

授業の流れ

1 かっこがついてる場合は？

T：今日はいろいろな連立方程式について考えていきますが，「いろいろ」とは具体的にはどんなことを示しているでしょうか？

T：一次方程式では，「いろいろな場合」としてどのような場合を考えたか覚えていますか？

S：かっこがついた場合です。

S：文字の係数が小数や分数の場合です。

　1年生で学習したいろいろな一次方程式の内容を振り返りながら，連立方程式においても同様に考えていくことを関連付けておきたい。

2 かっこのある連立方程式は？

T：この連立方程式はかっこがついているね。この場合はどのように解けばよいのかな？

S：かっこがあるときは，かっこをはずして式を整理すればよいと思います。

S：一次方程式のときと，考え方が同じですね。

　導入で一次方程式との関連付けを行っているので，かっこのついた連立方程式の解き方についても生徒から積極的に引き出したい。また，分配法則の方法や加減法・代入法それぞれの連立方程式の解き方についても触れておきたい。

1	式の計算

| 2 | 連立方程式 |

| 3 | 一次関数 |

| 4 | 図形の調べ方 |

| 5 | 図形の性質と証明 |

| 6 | 場合の数と確率 |

| 7 | 箱ひげ図とデータの活用 |

本時の評価

・かっこや分数係数を含む連立方程式の解を求めることができたか。
・かっこや分数係数を含む連立二元一次方程式の解き方を一元一次方程式の学習と関連付けてを考察し，表現することができたか。

○次の連立方程式を解きなさい。

$$\begin{cases} 3x + 2y = 6 & \cdots\cdots ① \\ \dfrac{1}{4}x - \dfrac{2}{3}y = -1 & \cdots\cdots ② \end{cases}$$

［方針］係数が整数の方程式に直す！
②の両辺に 4，3 の最大公倍数 12 をかけると

$$12\left(\frac{1}{4}x + \frac{2}{3}y\right) = -12$$

$$3x + 8y = -12 \quad\cdots② '$$

②'－①より

$$3x + 8y = -12$$
$$\underline{-)\ 3x + 2y = \quad 6}$$
$$6y = -18$$
$$\underline{y = -\ 3}$$

$y = -3$ を①へ代入

$$3x + 2 \times (-3) = 6$$
$$3x \quad -6 = 6$$
$$3x \quad = 12$$
$$\underline{x \quad = 4}$$

答え $(x, y) = (4, -3)$

もし，y の係数を $\dfrac{2}{3}$ でそろえたとすると

①× $\dfrac{1}{3}$ －②より

$$x + \frac{2}{3}y = 2$$
$$\underline{-)\ \frac{1}{4}x + \frac{2}{3}y = -1}$$
$$\frac{3}{4}x \quad = 3$$
$$x \quad = 3 \times \frac{4}{3}$$
$$\underline{x \quad = 4}$$

係数が分数のままでも解くことはできるが，係数をそろえるための計算が複雑になる

係数を整数に直すよさ!!

$x = 4$ を①へ代入

$$3 \times 4 + 2y = 6$$
$$12 + 2y = 6$$
$$2y = -6$$
$$\underline{y = -3}$$

答え $(x, y) = (4, -3)$

---

3 係数が分数だったときは？

T：今度は，係数に分数が入っていて，さっきよりもさらに複雑ですが……。

S：係数を整数にできればよいので，分母の最小公倍数を両辺にかけて考えます。

T：ここも一次方程式と同様に考えられますね。

　文字の係数が分数の場合は，分母の最小公倍数をかけて係数が整数の連立方程式を導くことを確認する。また，式の計算では，同じ数をかけて分母をはらってはいけないことを 2 年生の文字式の学習と関連付けて確認しておきたい。

4 分数で係数を揃えると？

　次に，加減法を用いて文字の係数を分数で揃えて連立方程式を解かせる。係数を分数で揃える計算はその過程がより複雑となるので，特に丁寧に進めたい。

　文字の係数を分数で揃えても連立方程式を解くことができることを確認，さらに，最小公倍数を用いて解いた過程と比較させ，文字の係数を分数で揃えて解くよりも，最小公倍数を用いて式を整理してから解く方が解きやすいことを，そのよさとして生徒に実感させておきたい。

本時案

いろいろな
連立方程式②

本時の目標
・A＝B＝Cの形の連立方程式の解を求める
　ことができる。

○いろいろな連立方程式を考えよう②

次の方程式を解きなさい。
$$5x-3y=2x-5y=19$$
　Ⓐ　　　　Ⓑ　　　　Ⓒ

方程式が
2つできる!!

（ア）の形に直すと

$$\begin{cases} 5x-3y=19 \cdots ① \\ 2x-5y=19 \cdots ② \end{cases}$$

（イ）（ウ）でも
解は等しく
なるか？

[方針] これまで学習した
　　　　連立方程式の形に直す!!

・Ⓐ＝Ⓑ＝Ⓒ

（ア）$\begin{cases} Ⓐ＝Ⓒ \\ Ⓑ＝Ⓒ \end{cases}$　（イ）$\begin{cases} Ⓐ＝Ⓑ \\ Ⓐ＝Ⓒ \end{cases}$　（ウ）$\begin{cases} Ⓐ＝Ⓑ \\ Ⓑ＝Ⓒ \end{cases}$

①×2－②×5より
$$10x-6y=38$$
$$-)\ 10x-25y=95$$
$$\overline{19y=-57}$$
$$\underline{y=-\ 3}$$

$y=-3$を①へ代入
$$5x-3\times(-3)=19$$
$$5x+9=19$$
$$5x=10$$
$$\underline{x=2}$$

答え　$(x,y)=(2,-3)$

本時のめあて
連立方程式に直せることに
気がついたら書く。

左下〈方針〉は授業の最後に
まとめとして板書する。

授業の流れ

1　この方程式解けるかな？

T：$5x-3y=2x-5y$って，解けるかな？
S：1年生の一次方程式だから解けます。
S：え？　これって二元一次方程式だよ。
S：式が1つしかないから，解が1つに決ま
　　らないんじゃない？
T：では，ここに「＝19」を付けるとどうかな？
S：あっ，2つの方程式ができる!!
S：どういうこと？

　一次方程式にはなかった形であることを確認
した上で，本時のめあてを板書したい。

2　A＝B＝Cから連立方程式を　つくろう

T：A＝B＝Cの形から連立方程式をつくる
　　ときはどんな形になるかまとめておこう。
S：A＝B＝Cからは，（ア）A＝C，B＝C，
　　（イ）A＝B，A＝C，（ウ）A＝B，B＝C
　　であることが読み取れるので，3つの連
　　立方程式ができます。

　ここでは，①A＝B＝C，②A＝B，A＝C，
③A＝B，B＝C，④A＝C，B＝Cの4つが
同値関係にあることを理解させ，②③④の3通
りの形で連立方程式がつくれることを確認する。

1 式の計算

2 連立方程式

3 一次関数

4 図形の調べ方

5 図形の性質と証明

6 場合の数と確率

7 箱ひげ図とデータの活用

本時の評価

・A＝B＝C の形の連立方程式の解を求めることができたか。
・連立二元　次方程式を解く過程の中で，必要に応じてやり直したり，方法を修正したりと，粘り強く問題を解こうとしていたか。

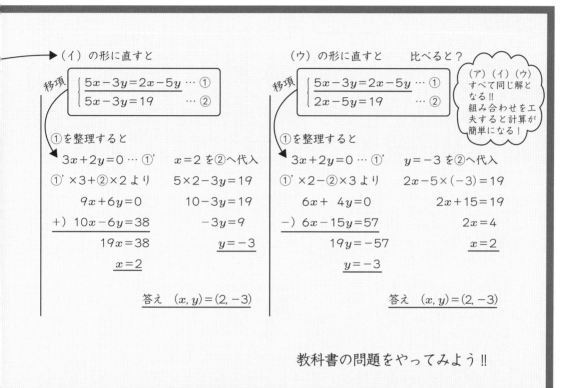

（イ）の形に直すと

移項 $\begin{cases} 5x-3y=2x-5y \cdots ① \\ 5x-3y=19 \quad\cdots ② \end{cases}$

①を整理すると

$3x+2y=0 \cdots ①'$　　$x=2$ を②へ代入

①'×3+②×2 より　　$5×2-3y=19$

$\quad\quad 9x+6y=0$　　　　$10-3y=19$

$+)\ 10x-6y=38$　　　　$-3y=9$

$\quad\quad 19x=38$　　　　　$y=-3$

$\quad\quad\quad x=2$

答え　$(x,y)=(2,-3)$

（ウ）の形に直すと　　　　比べると？

移項 $\begin{cases} 5x-3y=2x-5y \cdots ① \\ 2x-5y=19 \quad\cdots ② \end{cases}$

①を整理すると

$3x+2y=0 \cdots ①'$　　$y=-3$ を②へ代入

①'×2-②×3 より　　$2x-5×(-3)=19$

$\quad\quad 6x+\ 4y=0$　　　　$2x+15=19$

$-)\ 6x-15y=57$　　　　$2x=4$

$\quad\quad 19y=-57$　　　　$x=2$

$\quad\quad\quad y=-3$

答え　$(x,y)=(2,-3)$

（ア）（イ）（ウ）すべて同じ解となる‼組み合わせを工夫すると計算が簡単になる！

教科書の問題をやってみよう‼

3　3つの連立方程式を解こう

T：1つ目の連立方程式の解は確認しましたが，他の2つの連立方程式の解も本当に等しくなるのか，実際に計算して確認してみよう。

S：残りの連立方程式の解も等しくなりました。

　ここでは3つの連立方程式のうち，まずその中の1つを実際に解かせる。解を確認した後，「他の2つの連立方程式の解も本当に等しくなるか？」と問い，残り2つの連立方程式も解かせ，どの連立方程式を解いても解が等しくなることを実際に解かせ確認する。

4　何か気が付いたことは？

T：3つの連立方程式を解いてもらったけど，何か気付いたことなどはありますか？

S：計算過程が少し違っています。

T：具体的には？

S：つくった連立方程式にそのまま加減法が使えるものと移項して式を整理してから加減法を使うものがあります。

　連立方程式を解く過程を比較し，どういった連立方程式にするかによって，その後の計算が効率よくできることを確認させる。

本時案

入園料はいくら？

本時の目標

・連立方程式を利用して問題を解くための手順を理解することができる。

授業の流れ

1 一次方程式を利用した問題解決の手順を振り返ってみよう

　ここでは，連立方程式を利用して身の回りの問題を解決することを目的とする。そこで，一次方程式で学習した手順を振り返りながら，同じように連立方程式が解決できるかどうかを考える。一次方程式を利用して問題を解くための手順は下記の通りである。

① 問題の中の数量の関係を見つける。
② 分からない数量を文字で表し，方程式をつくる。
③ 方程式を解く。
④ 方程式の解が，問題にあっているかどうかを調べて答えを書く。

○具体的な問題に連立方程式を
　活用する方法を考えよう

> ある動物園の入園料は，大人3人と子供1人では 5400 円，大人2人と子供4人では 6600 円になります。このとき，大人1人と子供1人の入園料はそれぞれいくらになりますか。

(手順①) 問題の中の数量の関係を見つける

(大人3人の入園料)＋(子供1人の入園料)
＝5400

(大人2人の入園料)＋(子供4人の入園料)
＝6600

2 数量の関係を見つけよう

T：数量の関係を考えてみましょう。
S：ここでは，入園料に着目すればよいと思います。
T：入園料について具体的な関係は分かりますか？
S：大人3人と子供1人の入園料の合計は5400円になります。
S：大人2人と子供4人の入園料の合計は6600円になります。
T：そうですね。
S：入園料についての関係が2つあるので，連立方程式で解決できそうです。

3 連立方程式をつくってみよう

T：では，連立方程式をつくってみよう。
S：この問題で求めたいのは，大人1人，子供1人の入園料だから，それを文字で表して考えればよいね。
S：大人1人の入園料を x 円，子供1人の入園料を y 円とすると，$3x + y = 5400$，また，$2x + 4y = 6600$という式がそれぞれつくれるので連立方程式で解決できます。
T：そうですね。では，連立方程式を実際に解いてみましょう。

1 式の計算

2 連立方程式

3 一次関数

4 図形の調べ方

5 図形の性質と証明

6 場合の数と確率

7 箱ひげ図とデータの活用

本時の評価

・入園料を求める問題に取り組むことを通して，連立方程式を活用して問題を解決する方法を理解することができたか。

〈手順②〉分からない数量を文字で表し，連立方程式をつくる

・大人 1 人の入園料を x 円，子供 1 人の入園料を y 円とすると

$$\begin{cases} 3x + y = 5400 \cdots ① \\ 2x + 4y = 6600 \cdots ② \end{cases}$$

〈手順③〉連立方程式を解く

①×4−②より

$$12x + 4y = 21600$$
$$-)\ \ 2x + 4y = \ \ 6600$$
$$10x = 15000$$
$$x = 1500$$

$x = 1500$ を①へ代入

$$3 \times 1500 + y = 5400$$
$$4500 + y = 5400$$
$$y = 900$$

〈手順④〉連立方程式の解が問題に適しているか確かめ，適していれば答えとする

大人 1 人の入園料を 1500 円，子供 1 人の入園料を 900 円とすると

・大人 3 人の入園料と子供 1 人の入園料の合計は

$$3 \times 1500 + 900 = 5400\ （円）$$

・大人 2 人の入園料と子供 4 人の入園料の合計は

$$2 \times 1500 + 4 \times 900 = 6600\ （円）$$

となり，これは問題に適している。

答え　大人 1 人の入園料 1500 円，
　　　子供 1 人の入園料 900 円

---

4 解は問題に適していますか？

T：みんなが求めた連立方程式の解はこの問題に適しているといえるでしょうか？

S：確かめてみればよいと思います。

T：どうやって確かめればよいですか？

S：入園料だから求めた解がともに正の数になっていればよいと思います。

S：求めた解を，連立方程式にそれぞれ代入し，等式が成り立っていればよいと思います。

計算の誤りなどを防ぐ意味でも，解が問題に適しているかを確認する習慣をつけさせたい。

本時間のまとめ

連立方程式の解を求めることは，これまでの授業を通して学習をしてきており，本時では，問題文を読み，数量の関係を見いだし文字を用いて連立方程式をつくること，また，求めた解が問題に適しているかを確かめることに重点を置いて授業を展開していきたい。

その際，既習の一次方程式の利用の手順を振り返りながら，一次方程式とほぼ同じような手順（一次方程式を連立方程式に変えること）で解決していけることを確認し，一次方程式の利用との関連付けを行いたい。

本時案

入ったシュートの本数は？

本時の目標

・一元一次方程式を用いた方法と比較して，連立二元一次方程式を用いて文章題を解く方法のよさを実感することができる。

○連立方程式と一次方程式の解き方を比べよう

> 太朗くんはバスケットボールの試合で，2点シュートと3点シュートを合わせて10本入れ，その得点の合計は23点でした。太朗くんは2点シュートと3点シュートをそれぞれ何本ずつ入れたでしょうか。

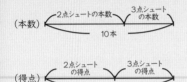

(本数) 10本
(得点) 23点

太朗くんが入れた2点シュートを x 本，3点シュートを y 本とすると

加減法
$$\begin{cases} x+\ y=10 \ \cdots\cdots ① \\ 2x+3y=23 \ \cdots\cdots ② \end{cases}$$

②－①×2 より
$$2x+3y=23$$
$$-)\ 2x+2y=20$$
$$\underline{y=3}$$

$y=3$ を①へ代入
$$x+3=10$$
$$\underline{x=7}$$

入れた2点シュートが7本
3点シュートが3本とすると
(本数) 7+3=10
(得点) 2×7＋3×3＝23 となり
問題に適している

答え　2点シュート7本，
　　　3点シュート3本

授業の流れ

1 数量の関係を見つけよう

T：今日はバスケットボールの2点シュート，3点シュートをそれぞれ何本入れたかという問題ですね。

S：数量の関係に着目すると，合計10本入ったから，入れた本数で式がつくれそうです。

S：得点の合計が23点とあるから，得点の合計でも式がつくれると思います。

T：連立方程式がつくれそうですね。

S：でもこれって，一次方程式でも解けると思うのですが……。

2 それぞれの方法で考えよう

T：どう考えるかな？

S：2点シュート，3点シュートの入った本数を x 本，y 本として，入れた本数，合計得点について連立方程式をつくります。

S：2点シュート，3点シュートの本数をともに1つの文字で表せば一次方程式でも解けます。

　異なる数量の関係から連立方程式が導かれる点，似た問題を一次方程式で扱ってきたことを確認しておく。

本時の評価

・連立二元一次方程式と一元一次方程式，それぞれの解き方を比較することを通して，連立二元一次方程式を用いることのよさを実感することができたか。

（別解）一次方程式で考える
2点シュートの本数を x 本すると，
3点シュートは（$10-x$）本
得点の合計が23点なので

$$2x+3(10-x)=23$$
$$2x+30-3x\ \ \ =23$$
$$-x=-7$$
$$x=\ \ 7$$

このとき3点シュートは $10-7=3$ （本）

答え　2点シュート7本，3点シュート3本

代入法

①で x を右辺へ移項すると
　　$y=10-x$ …… ①'
①' を②へ代入すると
　　$2x+3(10-x)=23$
　　$2x+30-3x\ \ \ =23$
　　　　　　　　$-x=-7$
　　　　　　　　　$x=\ \ 7$
$x=7$ を①へ代入して
　$7+y=10$
　　　$y=3$

連立方程式の代入法の考え方
→一次方程式の解決方法と同じ

3 共通点はあるかな？

T：連立方程式，一次方程式の解き方から何か気が付くことはありますか？

S：比べてみると，連立方程式の代入法と一次方程式の解決の過程で3点シュートの本数がともに $10-x$ で表されています。

　連立方程式，一次方程式の解決過程から，一次方程式での解決方法が連立方程式の代入法による解決方法であったことを見つけさせ，連立方程式では形式的な式の変形で問題解決していける点に利点があることを確認したい。

4 解き方を比べてみよう

T：連立方程式，一次方程式の解き方を比べてみるとどうでしょう？

S：連立方程式は式をつくるのは，そんなに苦労しないけど計算は手間がかかります。

S：一次方程式は，計算には手間がかからないけど，式をつくるのは難しいです。

T：このことを踏まえて，前回の入園料の問題を振り返ってみるとどうかな？

S：一次方程式で解けなくもないけど，連立方程式の方が式を考えやすいです。

本時案

走った道のりは どれだけ？

本時の目標

・具体的な事象の問題から，数量の関係を見いだし，連立二元一次方程式をつくり，解く過程について説明することができる。

○走った道のりの長さを求めてみよう。

花子さんは 40 km のジョギングコースを，はじめは時速 15 km，途中からペースを落として時速 10 km の速さで走ったところ，合計で 3 時間かかりました。時速 15 km，時速 10 km でそれぞれ何 km 走ったでしょうか。

図

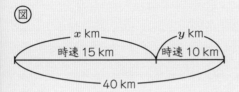

表

	はじめ	途中から	合計
道のり(km)	x	y	40
速さ(km/h)	15	10	
時間(h)	$\frac{x}{15}$	$\frac{y}{10}$	3

時速 15 km で走った道のりを x km，時速 10 km で走った道のりを y km とすると

$$\begin{cases} x + y = 40 & \cdots\cdots ① \\ \dfrac{x}{15} + \dfrac{y}{10} = 3 & \cdots\cdots ② \end{cases}$$

文字で置く対象をかえると…？？

②×30－①×2 より

$$\begin{array}{r} 2x + 3y = 90 \\ -)\ 2x + 2y = 80 \\ \hline y = 10 \end{array}$$

$y = 10$ を①へ代入

$$\begin{array}{r} x + 10 = 40 \\ x = 30 \end{array}$$

時速 15 km で 30 km，時速 10 km で 10 km 走ったとすると

（道のり）30 ＋ 10 ＝ 40

（時間）$\dfrac{30}{15} + \dfrac{10}{10} = 3$

となり問題に適している。

答え　時速 15 km で 30 km，
時速 10 km で 10 km
走った

授業の流れ

1 数量の関係を見つけよう

T：この問題を解決するために，何を x，y にして考えますか？

S：時速15 km で走った道のりを x km，時速 10 km で走った道のりを y km とします。

T：道のりを文字で置いて考えるのですね。

S：道のりを文字で表すのもよいけど，それぞれにかかった時間を文字で置いても考えられると思います。

T：では，連立方程式をそれぞれつくってみて，実際に確かめてみましょう。

2 道のりを文字で置いて考えよう

T：それぞれの道のりを文字で置いて考えよう。

S：時速15 km で走った道のりと時速10 km で走った道のりの合計が40 km だから，この関係で式がつくれます。

S：時速15 km で走った時間と時速10 km で走った時間の合計が 3 時間という関係でもう 1 つ式をつくることができます。

T：そうですね。ここでは，道のりの関係と時間の関係，2 つの関係に着目することで連立方程式がつくれることが分かりますね。

1	式の計算
2	**連立方程式**
3	一次関数
4	図形の調べ方
5	図形の性質と証明
6	場合の数と確率
7	箱ひげ図とデータの活用

本時の評価

・道のり・時間・速さについて，問題から数量の関係を見いだし，連立二元一次方程式をつくり，解く過程について説明することができたか。

練習 時速 15 km で走った時間を x 時間，時速 10 km で走った時間を y 時間とすると

	はじめ	途中から	合計
道のり(km)	$15x$	$10y$	40
速さ(km/h)	15	10	
時間(h)	x	y	3

$$\begin{cases} 15x+10y=40 & \cdots\cdots ① \\ x+y=3 & \cdots\cdots ② \end{cases}$$

①－②×10 より

$$\begin{array}{r} 15x+10y=40 \\ -)\ 10x+10y=30 \\ \hline 5x=10 \\ x=2 \end{array}$$

$x=2$ を②へ代入

$$y=1$$

よって時速 15 km で走った道のり

15×2＝30(km)

時速 10 km で走った道のり

10×1＝10(km) となり問題に適している。

答え　時速 15 km で 30 km，
　　　時速 10 km で 10 km 走った

一次方程式で考えると

$$15x+10(3-x)=40$$
$$15x+30-10x=40$$
$$5x=10$$
$$x=2$$
$$y=1$$

---

3 時間を文字で置いて考えよう

T：今度は，それぞれの時間を文字で置いて考えよう。時間を文字で置いたとき，どんな数量の関係に着目すればよいかな？

S：時間を文字で置いても，道のりを文字で置いて考えたときと同様に，時間と道のりの関係に着目して，それぞれの関係式から連立方程式をつくればよいと思います。

　導入での生徒とのやりとりから出てきた，「道のりを文字で置く」，「時間を文字で置く」という2つの考え方を並列して扱っていきたい。

　速さ・時間・道のりに関する問題は苦手な生徒も多いので，そのことも導入で生徒に伝えた上で授業を進めていきたい。その際，速さ・時間・道のりの関係を改めて表を用いて整理することを通して，数量の関係を明確にしておきたい。

　また，前時と同様に，一次方程式を用いて解決できることにも触れておきたい。

　さらに，本時のまとめとして，連立方程式では求める数量が2つあることから2つの式が必要となり，どの数量に着目して式を立てるかがポイントとなること，着目する数量の違いによって式の形が変わってくることを確認しておきたい。

本時案

弁当とデザートの定価はいくら？

11/13

・具体的な事象の問題から，数量の関係を見いだし，連立二元一次方程式をつくり解く過程について説明することができる。

○割合について考えてみよう

太朗くんは，夕方，弁当とデザートを買いにスーパーに行きました。弁当とデザートを定価で買うと 700 円ですが，タイムセール中で，弁当は定価の 3 割引き，デザートは定価の 2 割引きで，それぞれ購入することができ，合計で定価の 700 円より 197 円お得になりました。このとき弁当とデザートの定価はそれぞれいくらでしょうか。

購入した弁当の定価を x 円，デザートの定価を y 円とすると

$$\begin{cases} x + y = 700 \cdots\cdots ① \\ \dfrac{30}{100}x + \dfrac{20}{100}y = 197 \cdots\cdots ② \end{cases}$$

②×10−①×2 より

$$\begin{array}{r} 3x+2y=1970 \\ -)\ 2x+2y=1400 \\ \hline x=570 \end{array}$$

$x=570$ を①へ代入

$570+y=700$

$\underline{y=130}$

弁当の定価を 570 円
デザートの定価を 130 円とすると
（定価の合計）570＋130＝700
（安くなった金額）

$$\frac{30}{100}\times570+\frac{20}{100}\times130$$
$$=197$$

となり問題に適している。

答え　弁当 570 円，デザート 130 円

	弁当	デザート	合計
定価(円)	x	y	700
お得になった金額(円)	$x\times\dfrac{30}{100}$	$y\times\dfrac{20}{100}$	197

授業の流れ

1　よくあるね，こんな場面

S：夕方のスーパーでよくあるね，惣菜の割引。

S：定員さんが夕方になると値札を付け替えたりするよね。

S：作った時間や種類によって，この問題みたいに値引き率はバラバラだよね……。

　割合に関して，本授業では，日常の中によくある場面としてスーパーの値引きについて取り上げる。生徒の実体験などを聞きながら身の回りのことを数学の問題として取り上げていくことを意識させ，生徒の興味・関心を引きたい。

2　数量の関係を見つけよう

T：数量の関係を考えてみよう。

S：1 つは，弁当とデザートの定価を合わせると 700 円という関係があります。

T：ほかには関係は見いだせますか？

S：弁当が 3 割引き，デザートが 2 割引きだから，合わせると……。

S：待って！　197 円お得になったということが分かっているから，3 割引きの弁当，2 割引きのデザートの値段をそれぞれ使って表すことができないかな。

1 式の計算

2 連立方程式

3 一次関数

4 図形の調べ方

5 図形の性質と証明

6 場合の数と確率

7 箱ひげ図とデータの活用

本時の評価

・割合について，問題から数量の関係を見いだし，連立二元一次方程式をつくり解く過程について説明することができたか。

[別解] 割引き後の価格の合計で考える

・弁当を定価の3割引き，デザートを定価の2割引きで購入すると197円安い

→弁当を定価の7割，デザートを定価の8割で購入すると503円。

$$\begin{cases} x + y = 700 & \cdots\cdots ① \\ \dfrac{70}{100}x + \dfrac{80}{100}y = 503 & \cdots\cdots ② \end{cases}$$

②×10−①×7 より

$$\begin{array}{r} 7x + 8y = 5030 \\ -)\ 7x + 7y = 4900 \\ \hline y = 130 \end{array}$$

$y = 130$ を①へ代入

$x + 130 = 700$

$x = 570$

$(x, y) = (570, 130)$

[練習] 先月の古紙の回収量を x kg
新聞紙の回収量を y kg とすると

(Ⅰ) $\begin{cases} x + y = 1850 \\ \text{(先月の古紙，新聞紙の量の合計)} \\ \dfrac{15}{100}x + \dfrac{10}{100}y = 260 \\ \text{(今月，先月より増えた量)} \end{cases}$

(Ⅱ) $\begin{cases} x + y = 1850 \\ \dfrac{115}{100}x + \dfrac{110}{100}y = 1850 + 260 \\ \text{(今月の古紙，新聞紙の回収した} \\ \text{合計量)} \end{cases}$

連立方程式を解くと

$(x, y) = (1500, 350)$

答え　先月の古紙 1500 kg，
新聞紙 350 kg

---

3 割合の計算を確認しておこう

　割合の計算が曖昧な生徒は多いので，例えば，次のような問いを基に，計算方法をきちんと押さえておくことが本時のポイントである。

T：300円の40%はいくらか？

T：500円の3割はいくらか？

T：2000円の20%引きはいくらか？

　また，割引後の弁当とデザートの価格の合計金額に着目しても解決できることにも触れておきたい。

4 類題を解いてみよう

次の類題を解き，定着を図りたい。

【類題】

資源回収で，先月は，古紙と新聞紙を合わせて1850 kg 回収しました。今月は先月に比べ，古紙が15%，新聞紙が10%それぞれ増え，合わせて260 kg 増えました。先月の古紙，新聞紙の回収量は，それぞれ何 kg ですか。

食塩水どれだけ混ぜる？

12/13

・具体的な事象の問題から，数量の関係を見いだし，連立二元一次方程式をつくり解く過程について説明することができる。

○食塩水どれだけずつ混ぜる？

10%の食塩水と 5%の食塩水を混ぜて 8%の食塩水を 400 g つくります。それぞれ何 g ずつ混ぜればよいでしょうか。

予想

・10%の食塩水と 5%の食塩水 200 g を混ぜたらできた食塩水の濃度は 7.5%になると思う。

⇩

できる食塩水の濃度が 8%だから，10%の食塩水の量の方が多くなるだろう！

	10%	5%	8%
食塩水(g)	x	y	400
食塩(g)	$x \times \dfrac{10}{100}$	$y \times \dfrac{5}{100}$	$400 \times \dfrac{8}{100}$

〈確認〉 1年生　理科
・(食塩の量) = (食塩水全体の量) × (濃度)
　　　　　　　　　x g　　　　　　10%

例　15%の食塩水 200 g に含まれる食塩の量は？

$$\overset{2}{200} \times \dfrac{15}{\underset{}{100}} = 30 (g)$$

予想した通り!!

速さ・時間・道のりの問題と同様に表で整理することを生徒から引き出させたい。

授業の流れ

1 どれくらい混ぜるか予想しよう

T：10%，5%の食塩水をどれくらい混ぜるか予想しよう。

S：10%の食塩水を多めに混ぜると思います。

T：なぜ，そう思ったのかな？

S：10%，5%の食塩水を，もし200 gずつ混ぜるとできる食塩水の濃度は7.5%になるからです。

　生徒に結果の予想をさせる場面を設けて答えの見通しをもたせる。また，解の確かめで立てた予想がどうだったかを確認させたい。

2 理科の学習を思い出そう

T：この問題では，どんな数量の関係に着目すればよいでしょうか？

S：食塩水の合計と食塩の量の合計に着目します。

T：等しくなる 2 つの数量を見つければよいね。
　連立方程式では，式を 2 つつくる際，左辺と右辺が等しくなる数量を 2 つつくる必要があることを改めて押さえた上で，「等しくなる 2 つの数量は何か」を明確にし，問題の中から数量の関係を見出させるようにしたい。

1 式の計算

2 連立方程式

3 一次関数

4 図形の調べ方

5 図形の性質と証明

6 場合の数と確率

7 箱ひげ図とデータの活用

本時の評価

- 食塩水の濃度の関係について，問題から数量の関係を見いだし，連立二元一次方程式をつくり解く過程について説明することができたか。
- 連立二元一次方程式のよさを実感して粘り強く考えたり，連立二元一次方程式を利用した問題解決の過程を振り返って評価・改善しようとしたりしていたか。

10%の食塩水を x g，5%の食塩水を y g 混ぜるとすると

$$\begin{cases} x + y = 400 & \cdots\cdots ① （食塩水の量）\\ \dfrac{10}{100}x + \dfrac{5}{100}y = 400 \times \dfrac{8}{100} & \cdots\cdots ② （食塩の量）\end{cases}$$

①×10－②×100 より

$$10x + 10y = 4000$$
$$-)\ 10x + 5y = 3200$$
$$\overline{\qquad\qquad 5y = 800}$$
$$y = 160$$

$y = 160$ を①へ代入
$$x + 160 = 400$$
$$x = 240$$

10%の食塩水 240 g，
5%の食塩水 160 g とすると
（食塩水の量）
$$240 + 160 = 400$$
（食塩の量）
$$240 \times \dfrac{10}{100} + 160 \times \dfrac{5}{100} = 32$$
となり問題に適している

答え 10%の食塩水 ⟨240 g⟩
　　　5%の食塩水 ⟨160 g⟩

練習

(1) 12%の食塩水 x g，
　　20%の食塩水 y g とすると

$$\begin{cases} x + y = 200 & (x, y) = (125, 75)\\ \dfrac{12}{100}x + \dfrac{20}{100}y = 200 \times \dfrac{15}{100} \end{cases}$$

答え 12%の食塩水 125 g，
　　　20%の食塩水 75 g

(2) 5%の食塩水 x g，
　　加えた食塩を y g とすると

$$\begin{cases} x + y = 300 & （食塩水の量）\\ \dfrac{5}{100}x + y = 34 & （食塩の量）\end{cases}$$

$$(x, y) = (280, 20)$$

答え 5%の食塩水 280 g，
　　　加えた食塩 20 g

連立方程式の利用
（左辺）＝（右辺）となる式を2つ立てる
→等しくなる2つの数量を考える

---

3 食塩の量の関係をどう表しますか？

数量の関係を基に，連立方程式を考えていくが，食塩の量の関係から式を導く部分では，つまづく生徒が多いことが予想されることから，特に丁寧に扱っておきたい。具体的には，例えば，理科の学習を振り返り，（食塩の量）＝（食塩水全体の量）×（濃度）を確認した後，簡単な具体例を挙げて，実際に食塩水に含まれる食塩の量を求め，次に文字を含めた式で考えるなど，段階を経た指導していくことが大切である。

4 類題を解いてみよう

次の類題を解き，定着を図りたい。

(1) 12％の食塩水に20％の食塩水を混ぜて15％の食塩水を200gつくります。それぞれ何gずつ混ぜればよいですか？
(2) 5％の食塩水に食塩を混ぜたところ，食塩水の重さは300gになり，その中には34gの食塩が含まれていました。5％の食塩水，混ぜた食塩の量はそれぞれ何gですか？

本時案

3つの文字を含む連立方程式を考えよう

13/13

本時の目標

・3つの文字を含む連立方程式を，既習の連立方程式の考えを用いて解くことができる。

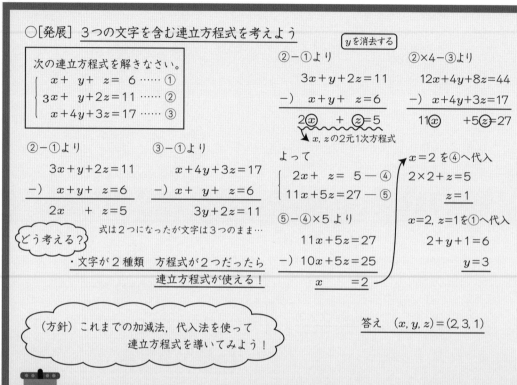

○ [発展] 3つの文字を含む連立方程式を考えよう

次の連立方程式を解きなさい。
$$\begin{cases} x+y+z=6 & \cdots\cdots① \\ 3x+y+2z=11 & \cdots\cdots② \\ x+4y+3z=17 & \cdots\cdots③ \end{cases}$$

②−①より
$$\begin{array}{r} 3x+y+2z=11 \\ -)\quad x+y+\ z=6 \\ \hline 2x\qquad+z=5 \end{array}$$

③−①より
$$\begin{array}{r} x+4y+3z=17 \\ -)\ x+\ y+\ z=6 \\ \hline 3y+2z=11 \end{array}$$

どう考える？

式は2つになったが文字は3つのまま…

・文字が2種類　方程式が2つだったら連立方程式が使える！

(方針) これまでの加減法，代入法を使って連立方程式を導いてみよう！

y を消去する

②−①より
$$\begin{array}{r} 3x+y+2z=11 \\ -)\quad x+y+\ z=6 \\ \hline 2\textcircled{x}\quad+\textcircled{z}=5 \end{array}$$

x, z の2元1次方程式

②×4−③より
$$\begin{array}{r} 12x+4y+8z=44 \\ -)\ x+4y+3z=17 \\ \hline 11\textcircled{x}\quad+5\textcircled{z}=27 \end{array}$$

よって
$$\begin{cases} 2x+z=5 & ─④ \\ 11x+5z=27 & ─⑤ \end{cases}$$

⑤−④×5より
$$\begin{array}{r} 11x+5z=27 \\ -)\ 10x+5z=25 \\ \hline x\qquad=2 \end{array}$$

$x=2$ を④へ代入
$$2×2+z=5$$
$$\underline{z=1}$$

$x=2, z=1$ を①へ代入
$$2+y+1=6$$
$$\underline{y=3}$$

答え　$(x, y, z)=(2, 3, 1)$

授業の流れ

1 文字が3つ，式が3つの時は？

S：この連立方程式は文字も式も3つもあるよ。どうやって求めることができるのかな？

S：これまでは文字も式も2つだったね。

S：どうにかして，今まで学習してきた連立方程式の形にできないかな……。

S：例えば②から①を引くと，$2x+z=5$ という式ができるね。

S：同じように，③から①を引くと，$3y+2z=11$ になるね。

S：ん，でもこれって解けるのかな……。

既習と関連付ける対話指導

　発展課題として，文字が3つ，式が3つの連立方程式について考える。生徒との対話の中で，既習の連立方程式と文字と式の数に違いがあることに着目させ，文字と式を1つずつ減らせばよいことを確認する。

　本時で提示する連立方程式は，意図的に x，y の係数を揃えているので，差を取ればよいことは気付きやすいが，式が2つで文字が3つ残ってしまうといった誤答も多く出てくることが予想される。そういった誤答を積極的に取り上げ，生徒の思考を促したい。

3つの文字を含む連立方程式を考えよう
074

1 式の計算

2 連立方程式

3 一次関数

4 図形の調べ方

5 図形の性質と証明

6 場合の数と確率

7 箱ひげ図とデータの活用

本時の評価

・3つの文字を含む連立方程式を，既習の連立方程式の考えを用いて解くことができたか。

○次の連立方程式を解きなさい。

(1) $\begin{cases} x+\ y+\ z=12 & \cdots\cdots ① \\ x-\ y+3z=14 & \cdots\cdots ② \\ 2x+2y+\ z=21 & \cdots\cdots ③ \end{cases}$

(2) $\begin{cases} x-4y+3z=6 & \cdots\cdots ① \\ 2x-3y+3z=5 & \cdots\cdots ② \\ 3x+2y-\ z=0 & \cdots\cdots ③ \end{cases}$

①+②より ［yを消去する］

$\begin{array}{r} x+y+\ z=12 \\ +)\ x-y+3z=14 \\ \hline 2x\quad+4z=26 \end{array}$

よって

$\begin{cases} 2x+4z=26 \\ 4x+7z=49 \end{cases}$

これを解くと

$(x, z)=(7, 3)$

②×2+③より ［yを消去する］

$\begin{array}{r} 2x-2y+6z=28 \\ +)\ 2x+2y+\ z=21 \\ \hline 4x\quad+7z=49 \end{array}$

$x=7, z=3$ を①へ代入

$7+y+3=12$

$y=2$

答え

$(x, y, z)=(7, 2, 3)$

②−①より

$\begin{array}{r} 2x-3y+3z=5 \\ +)\ x-4y+3z=6 \\ \hline x\quad+y\quad=-1 \end{array}$

よって

$\begin{cases} x+\ y=-1 \\ 11x+3y=5 \end{cases}$

これを解くと

$(x, y)=(1, -2)$

②+③×3より

$\begin{array}{r} 2x-3y+3z=5 \\ +)\ 9x+6y-3z=0 \\ \hline 11x+3y\quad=5 \end{array}$

$x=1, y=-2$ を①へ代入

$1-4\times(-2)+3z=6$

$3z=-3$

$z=-1$

答え

$(x, y, z)=(1, -2, -1)$

2 同じ文字を消去しよう

T：この連立方程式から文字と式を1つ減らしてみましょう。

S：②の式から①の式を引くと y が消去できます。

S：あとは，②の式の4倍から③の式を引くと y が消去できます。これで，今までの連立方程式の形になります。

T：これまでに学習した連立方程式の形にするためにも，加減法の考え方は使うことはできるんだね。

本時間のまとめ

本時間は，発展課題として文字が3つ，式が3つの連立方程式を扱った。

授業では，教師が単に解き方を教えるのではなく，対話の中で，その解決方法やこれまで学習して得た知識が活用できることを生徒から引き出し，既習内容と関連付けた展開を作っていきたい。

また，生徒の誤答を取り上げることで，どう考えれば上手くいったのかを実感を伴って考えさせる機会を大切にしていきたい。

3 一次関数 ⏵20時間扱い⏴

単元の目標

- 一次関数についての基礎的な概念や性質を理解し，表，式，グラフを用いてその特徴を表現することができる。
- 具体的な事象を一次関数として捉え，考察したり表現したりすることができる。
- 予測や判断の根拠となるよう一次関数を用いようとすることができる。

評価規準

知識・技能	・一次関数を $y = ax + b$ と表現したり，グラフから傾きや切片，グラフの交点の意味などを読み取ったりすることができる。 ・二元一次方程式を一次関数を表す式とみることができる。
思考・判断・表現	・一次関数として捉えられる2つの数量について，変化のようすや対応のきまりを見いだし，表，式，グラフを相互に関連付けて考察したり表現したりすることができる。
主体的に学習に 取り組む態度	・一次関数の必要性と意味を考え，一次関数について学んだことを学習や生活に生かそうとしたり，一次関数を活用した問題解決の過程を振り返り評価・改善しようとしたりすることができる。

指導計画　全20時間

次	時	主な学習活動
第1次 一次関数の 式とグラフ	1	標高と気温の関係について，一次関数として捉え，式で表す。
	2	式の形を根拠に一次関数を見いだすとともに，その変域を示す。
	3	一次関数の x, y の増加量を調べ，その関係を変化の割合として意味付ける。
	4	一次関数と反比例について，それらの変化の割合を比較して一次関数の変化の割合を特徴付ける。
	5	一次関数のグラフを比例のグラフの平行移動と捉える。
	6	一次関数のグラフの特徴をテクノロジーを利用して調べる。
	7	一次関数のグラフを手際よくかく方法を見出す。
	8	直線のグラフの傾きと切片をもとに一次関数の式を求める。
	9	2点を通る直線のグラフの式をいろいろな方法で求める。
	10	一次関数の式，表，グラフの表現を関連付ける。
第2次 一次関数と 方程式	11	二元一次方程式を一次関数とみて，そのグラフをかく。
	12	二元一次方程式の特殊な場合として，$y = k, x = h$ のグラフをかく。
	13	連立方程式とグラフの交点を比較し，その同値関係を理解する。

1 式の計算

2 連立方程式

3 一次関数

4 図形の調べ方

5 図形の性質と証明

6 場合の数と確率

7 箱ひげ図とデータの活用

	14	垂直に交わる 2 直線の傾きの積が－ 1 であることを見いだす。
第 3 次 一次関数の 利用	15	一定の割合で注水，排水する状況を一次関数として捉え，変域を考慮して表，式，グラフに表す。
	16	犬の年齢換算のグラフを読み，大型犬より小型犬が長生きする理由を説明する。
	17	一次関数とみなした姉弟の移動のグラフについて，条件に対応するようグラフを操作する（グラフの傾きの変更，平行移動）。
	18	日数とダムの貯水量の関係を一次関数とみなして，貯水量の変化を推測する。
	19	動点によって変化する三角形の面積を一次関数で捉え，表す。
	20	周長が一定の三角形の辺長の関係を一次関数として捉え，表す。

単元の基礎・基本と見方・考え方

⑴異なる表現を関連付けることや同値とみること

　既習の比例・反比例の学習を発展させ，一次関数では，表，式，グラフを相互に関連付けて学習することをより一層強調する（第10時）。全体的な変化のようすや傾向を捉えるためにグラフをかいたり，一方のある値に対応した他方の値を求めるために式に表したりするなど，目的に応じてこれらの表現を自由に往還できるような見方・考え方ができるようにしたい。また，二元一次方程式を関数の式とみること（第11時）や連立方程式とグラフの交点を同値とみること（第13時），図形の問題場面を関数的に捉えて解決すること（第14，19，20時）など，他領域の学習内容と関連付けた見方・考え方ができるようにしたい。

⑵一次関数とみなすことで，ものごとの判断や現象の予測をすること

　具体的な事象の中から観察や操作，実験などによって取り出した二つの数量について，事象を理想化したり単純化したりすることによって，それらの関係を一次関数とみなし，そのことを根拠として変化や対応のようすを考察したり予測したりできるようにしたい。このとき，判断や予測を振り返り，必要に応じて修正したり，場合によっては一次関数とみなすことが適切でないと気付いたりできるようにしたい。このため，身の回りの事象を問題場面に位置付けた（第 1，15，16，17，18時）。関数の表現を実際の場面に意味付けながら判断したり，予測したりする活動を通して，生活の中で関数的な見方・考え方を生かそうとする態度を涵養したい。

⑶グラフを使って考えること

　「グラフで表して終わり」，「グラフを式にして終わり」ではなく，グラフを使って考える場面を積極的に位置付けたい。グラフや座標を読むことで問題場面を捉えたり問題解決したりすること（第16，18時など），条件の追加や変更をグラフの操作（平行移動や傾きの変更）によって捉え直したり解釈したりすること（第17，18時など）を学習内容として扱う。グラフによる考察を通して，変化の全体的な傾向を捉えやすいというグラフのよさを味わう一方，正確な数値は式でないと求められないというグラフの限界を知ることなどによって，表，式，グラフ表現の往還の必要性を感得できるようにしたい。

本時案

山頂の気温を予想しよう

授業の流れ

1 山頂の気温を予想しよう

T：（表の山頂に隣り合う値に注目させ）山頂の気温は上がりますか？ それとも下がりますか？

S：標高が高くなるにつれて気温は下がっているので，下がると思います。

T：では，何℃下がりそうですか？

S：すぐには分かりません。

T：何が分かれば，（何度下がるか）分かるのですか？

S：（気温の）下がり方のきまりです。

T：では，表やグラフからきまりを発見して，予想してみましょう。

《数量はどんな関係？》

問 この日の富士山頂は何℃か予想しよう。

標高(m)	900	2100	2400
気温(℃)	24	16	14

−900 → +1200 → +300

−8 → −2

一直線上にならぶ

（℃）縦軸：32, 24, 16, 8, ?
横軸（m）：0, 1000, 2000, 3000, 4000
3750 m

2 標高と気温にはどんなきまりがある?

　自力解決では，まず表について，標高と気温の増加量（隣り合う値の差）に注目するよう支援する。そこで見出したきまりが，表のどこでも同じ割合になっていることから，問題解決を図ることができる。

　また，表の値を座標平面にプロットすると，直観的に直線のグラフを引くことができる。そのグラフを読み取ることでも問題解決できる。

3 どうやってきまりを見つけた?

　山頂の気温の予想結果を確認した後，どのようにきまりを見出したか共有を図る。

T：きまりはどのように見つけましたか？

S：表の変化に注目しました。隣の値との差を調べると，標高が300m高くなると気温は2℃下がっていることが分かりました。

S：表の値を座標として，点で表していきました。すると，点が一直線に並んでいることに気付きました。

1	式の計算
2	連立方程式
3	一次関数
4	図形の調べ方
5	図形の性質と証明
6	場合の数と確率
7	箱ひげ図とデータの活用

本時の評価

・表やグラフから2つの数量の変化の様子や対応のきまりを見出し，それらをもとにして他方の数量を求めることができたか。

・x の一次式「$y = ax + b$」と表される関数が一次関数であることを知ることができたか。

どんなきまりがある？

+300　+300　+300　+450　※3776

2700 → 3000 → 3300 → 3750

→ 12 → 10 → 8 → ?

−2　−2　−2　−3

+300mで−2℃

×3 $\left(\begin{array}{c} +150\,m で-1℃ \\ +450\,m で-3℃ \end{array} \right)$ ×3

8 − 3 = 5（℃）

3750 m の座標を読むと
(3750, 5)だから
　　　5℃

まとめ

・表には150m上がると1℃下がるきまりがあった。

・気温は標高の関数と考えられる。

では、ふもと(標高0 m)は何℃?

表・・・900 mから−900 m　900÷150＝6

24＋6＝30　　30℃

グラフ・・・0 mの座標から　30℃

つまり

この表では標高がきまれば，気温がきまる

m　　　　　℃

これは関数だ！！

式で表すと

＋300 m で−2℃

0 m のときが30℃だから

$y = 30 - \dfrac{2}{300} x$ ← 標高を代入すれば気温が求まる！

・式で表すと $y = \left(-\dfrac{2}{300} \right) x + 30$

　　　　　　　　　　　　a　　　b

◎ $y = ax + b$ で表される関数・・・一次関数

正しそうか，そうでないか議論する

　見出したきまりが本当に正しいかどうかを議論したい。表で，標高900→2100 m，気温24→16℃の変化も100 mあたりの変化で考えると同じきまりになっていることを引き出したい。また，点が一直線に並んでいることなどを総合して，きまりは正しそうであると合意したい。その上で，きまりをもとにふもとの気温を求めることにつなげていく。なお，気温減率は条件や状況によるため，「この表では」と限定的に示されたい。

4 **このきまり（関数）を式で表そう**

　まだ単元の導入であるので，教師主導で式に表していく。一問一答形式で進めていく。表した式を一次関数として特徴付ける。

T：この式の右辺に注目しましょう。この式は何次式ですか。

S：一次式です。

T：このように，y が x の一次式で表される関数を一次関数といいます。x の係数を a，数の項を b とすると，$y = ax + b$ と表せます。

本時案

一次関数を
見つけよう

本時の目標

・いろいろな事象で二つの変数の関係を式で表し，一次関数と判別したり，変域を示したりすることができる。

《一次関数を見つけよう》

問 次のとき，y を x の式で表しなさい。

①底辺 $x$cm，高さ6cmの
三角形の面積 $y$cm²

$y = x \times 6 \div 2$

$y = 3x \ (x > 0)$

$y = ax$　比例

②500円で1個80円の菓子を
x 個買うときのおつり y 円

$y = 500 - 80x$（xは自然数）

$y = \underset{a}{\boxed{-80}} x \underset{b}{\boxed{+500}}$

$y = \ \underset{a}{\ } x \ + \ \underset{b}{\ } b$　一次関数

どう見つける？

式が
$y = ax + b$ となれば一次関数

一次関数は②、④だけ？

① $y = 3x + 0$

$y = ax + b$ で $b = 0$ の場合

一次関数
比例

授業の流れ

1 式で表し，一次関数を見つけよう

冒頭に前時の立式を復習した後，問いを板書し，解決の見通しを立てていく。

T：今日は①から④の中から，一次関数を見つけます。どうすれば見つけられますか？

S：一次関数って何だっけ？

T：前回のノートを見てみましょう。

S：式の形で見つけられます。

S：式が $y = ax + b$ になっているかどうかで分かります。

T：では，式で表して，見つけましょう。

2 比例は一次関数？

T：一次関数は②と④だけでよいでしょうか。

S：私は①も一次関数だと思います。

T：違う意見の人ありますか。

S：①は比例だから，一次関数とは別だと思います。

T：みなさんはどう思いますか。ペアで話し合ってみましょう。

1 式の計算

2 連立方程式

3 一次関数

4 図形の調べ方

5 図形の性質と証明

6 場合の数と確率

7 箱ひげ図とデータの活用

本時の評価

・関数の式が x の一次式であることをもとに一次関数と判別でき，比例も一次関数の特殊な場合と考えることができたか。

・問題場面の意味を考え，変域のある関数で表すことができたか。

また，y が x の一次関数であるものはどれか。——→ ②と④と①も

③100mを x 秒で走るときの
　速さ←秒速 y m

$$y = \frac{100}{x} \quad (x \geqq 9.58)$$
※ボルト，2009 年

$$y = \frac{a}{x} \quad 反比例$$

④令和 x 年は西暦 y 年

令和 x	元	2	3	4
西暦 y	2019	2020	2021	2022

(令和 x の上に 1、矢印 +2018)

$$y = x + 2018 \quad (x は自然数)$$
レイワ

$$y = ax + b \quad 一次関数$$

どんな x でもいいの？

①長さ　　　②個数
正の数　　　自然数

つまり 変域がある

まとめ

・$y = ax$ も一次関数（$b = 0$ の場合）
・変域をつけて
　$y = ax + b \, (m < x < n)$
　のように表すこともある。

主張の根拠を明らかにする

　比例を一次関数に含めてよいかどうかを議論する。このとき，「何を根拠に一次関数といえるのか」を論点として示す。ax も $ax + b$ も x についての一次式であると式を読み，比例は一次関数の特殊な場合としてみることができるようにする。

　比例の式が $y = ax + b$ の表現になっていないことにこだわる生徒に対して，$y = ax + 0$ と表現し説得する生徒を期待する。また，板書に示したように，図的にそれらの包摂関係をまとめることも手立てとなる。

3 どんな x でもいいのかな？

T：ところで，これらの式はいつでもこの関数になりますか。（どんな x でもこの関数といえるでしょうか。）

S：マイナスのときはダメです。

S：x が正の数や自然数のときだけです。

S：変域をつけて表した方がいいです。

　このように問い直し，再び現象の意味を考えることで，その関数である（関数とみなせる）条件としての変域に気付かせたい。

本時案

一次関数の変化の ようすを調べよう

3/20

本時の目標

・増加量に着目して変化のようすを調べていくことを通して，一次関数の変化の割合について理解する。

《一次関数の変化のようすを調べよう》　　問 次の一次関数について，

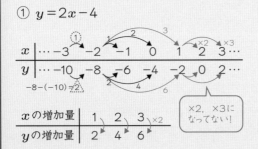

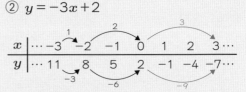

① $y=2x-4$

x	$\cdots$	-3	-2	-1	0	1	2	3	$\cdots$
y	$\cdots$	-10	-8	-6	-4	-2	0	2	$\cdots$

$-8-(-10)=2$

x の増加量	1	2	3
y の増加量	2	4	6

×2，×3になってない！

② $y=-3x+2$

x	$\cdots$	-3	-2	-1	0	1	2	3	$\cdots$
y	$\cdots$	11	8	5	2	-1	-4	-7	$\cdots$

x の増加量	1	2	3
y の増加量	-3	-6	-9

分かったこと

・比例でないとき，x の値が2倍，3倍，$\cdots$，n 倍になっても，
　y の値はともなって2倍，3倍，$\cdots$，n 倍にならない。

・どこで調べても x の増加量に対する y の増加量は同じ。

・y の増加量は x の増加量に比例している。→ 比例定数は関数の式の x の係数になっている。

・x の増加量が1のとき，y の増加量は関数の式の x の係数になっている。

授業の流れ

1 比例の変化のようすと同じかな？

T：前回，比例も一次関数であると学びました。一次関数は比例と同じで，x の値が2倍，3倍，$\cdots$になると，ともなって y の値が2倍，3倍，$\cdots$になるのでしょうか。$y=2x-4$ で調べてみましょう。

S：なっていません。

T：ではどんな変化をするのでしょうか。

　表で x の値が1増えるとき，y がいくら増えるか，$\cdots$といくつか具体的に調べ，「x の値が○増えるとき〜」と問題を提示する。

ランダムな指名でテンポよく進める

　授業の導入では，教師と任意の生徒との対話を教室で共有しながら進めていく。誰が指名されるのか分からないようにして，緊張感のある雰囲気で，テンポよく展開したい。始めに用語（x の増加量，y の増加量）を確認し，①を教室全体で解決していく。x の増加量に対する y の増加量を求めるように進め，暗に x，y の増加量の関係を調べていくようにする。このとき，式による意味付け（y の増加量：$(-8)-(-10)$ など）を確認し，次時以降の形式的な式操作の素地づくりを行う。

| 1 式の計算 |
| 2 連立方程式 |
| 3 一次関数 |
| 4 図形の調べ方 |
| 5 図形の性質と証明 |
| 6 場合の数と確率 |
| 7 箱ひげ図とデータの活用 |

本時の評価

・表で表した一次関数について，x，y の値をもとに増加量を求めるとともに，y の増加量と x の増加量の関係を調べることができたか。

・変化の割合が x の増加量に対する y の増加量の割合であることを理解できたか。

---

x の値が ◯ 増えるとき，y の値はいくら変化するか調べなさい。

x の増加量 ◯　　　　　　　　y の増加量 △

③ $y = \dfrac{1}{5}x + 1$

x	…	-3	-2	-1	0	1	2	3	…
y	…	$\dfrac{2}{5}$	$\dfrac{3}{5}$	$\dfrac{4}{5}$	1	$\dfrac{6}{5}$	$\dfrac{7}{5}$	$\dfrac{8}{5}$	…

x の増加量	1	2	3
y の増加量	$\dfrac{1}{5}$	$\dfrac{2}{5}$	$\dfrac{3}{5}$

$\times \dfrac{1}{5}$

これを a について解くと

$(y\text{の増}) = a \times (x\text{の増})$

$a \times (x\text{の増}) = (y\text{の増})$

$\boxed{a} = \dfrac{y\text{の増加量}}{x\text{の増加量}}$

変化の割合

つまり

$(y\text{の増加量}) = a \times (x\text{の増加量})$

$y = ax + b$

まとめ

・一次関数の y の増加量は x 増加量に比例する

・変化の割合 $= \dfrac{y\text{の増加量}}{x\text{の増加量}}$

⟶ $y = ax + b$ の変化の割合は a 一定！！

---

2 どんなことが分かったかな？

T：増加量についてどんなことが分かりましたか。

S：x の増加量が同じなら，y の増加量も同じになります。

S：x の増加量と y の増加量は比例しています。

T：その比例定数はどんな数になっているといえますか。

S：x の増加量が1のときの y の増加量です。

S：関数の式の x の係数と等しいです。

　第1時で「＋300m で，－2℃」と考えたことを振り返り，関連付けたい。

3 増加量の関係式を a について解こう

T：ところで，この式（y の増加量）$= a \times$（x の増加量）を a について解いてみましょう。…（中略）…すると，$a =$（y の増加量）/（x の増加量）となり，この値を「変化の割合」と言います。

　教師主導で用語を定義する。一般に変化の割合が一定であるかのような誤理解を招く可能性がある。そこで，次時では，一次関数以外の関数でも変化の割合を求めることを扱うことが望ましい。

本時案

変化の割合を
比べよう

本時の目標

・一次関数と反比例についての変化の割合を比較して，変化の割合の意味と一次関数の変化の割合の特徴について一層理解を深める。

授業の流れ

1 変化の割合を比べよう

T：今日の関数は，これ（① $y = 3x - 5$）とこれ（② $y = -\dfrac{6}{x}$）です。それぞれどんな関数といえますか。

S：①は一次関数，②は反比例です。

T：これらの変化の割合を比べてみましょう。ちなみに，変化の割合はどのように求めることができましたか。

S：「x の増加量」分の「y の増加量」です。

T：念のため，始めはみんなで解いてみます（(1) 1 から 2 について，解いていく）。

T：①と②の変化の割合は，同じ値になりましたね。これは偶然でしょうか。他の場合はどうなるか予想してみましょう。

T：A，B，C の 3 択です。A：①②の変化の割合はいつも等しい。B：①②の変化の割合は等しくならない。C：それ以外。（挙手にて生徒に意思表示をさせる。）

T：では求めましょう。（(2)，(3) を提示する。）

このように，対話的に既習事項を復習しながら，本時の導入を図る。

2 それぞれの変化の割合はどうなってる？

自力解決では，各問の変化の割合を求めるだけでなく，一次関数と反比例を対比することを促す。

《変化の割合を比べよう》

① $y = ③x - 5$ 〔③の上に a〕　(1) x が 1 から 2

※一次関数　a は一定

x	1	2
y	-2	1

変化の割合 $= \dfrac{③}{①}$
$= ③$ 〔a〕

② $y = -\dfrac{6}{x}$

※反比例　a は一定でない　変化する

x	1	2
y	-6	-3

$\dfrac{③}{①} = \underline{3}$

3 一次関数の変化の割合の特徴は？

T：反比例の変化の割合と比べて，一次関数の変化の割合はどんな特徴がありますか。

S：反比例の変化の割合はだんだん小さくなっていますが，一次関数の変化の割合はいつでも同じ値になっています。

T：本当にいつでも同じ値といえますか。それをどうすれば確かめられるでしょうか。

S：適当な値で調べてみればよいと思います。

S：文字で調べればよいと思います。

T：では，(4) m から n のときを考えてみましょう。

変化の割合を比べよう

本時の評価

・変化の割合を形式的に求めることができたか。
・一次関数の変化の割合の特徴を，反比例と比較して見出すことができたか。

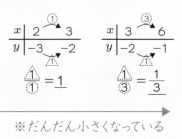

問 x の値が次のように増加するとき，変化の割合を求めなさい。

(2) 2 から 3

| x | 2 → 3 |
| y | 1　4 |

$\dfrac{3}{1} = \underline{3}^a$

※いつでも3

(3) 3 から 6

| x | 3 → 6 |
| y | 4　13 |

$\dfrac{9}{3} = \underline{3}^a$

(4) m から n

| x | m → n |
| y | $3m-5$　$3n-5$ |

$\dfrac{3(n-m)}{n-m} = \underline{3}^a$

$\triangle = (3n-5)-(3m-5)$
$= 3n-5-3m+5$
$= 3n-3m$
$= 3(n-m)$

| x | 2 → 3 |
| y | -3　-2 |

$\dfrac{1}{1} = \underline{1}$

| x | 3 → 6 |
| y | -2　-1 |

$\dfrac{1}{3} = \underline{\dfrac{1}{3}}$

※だんだん小さくなっている

| x | m → n |
| y | $-\dfrac{6}{m}$　$-\dfrac{6}{n}$ |

$\dfrac{\triangle}{\bigcirc} = \triangle \div \bigcirc$

$a = \dfrac{6(n-m)}{mn} \div (n-m)$

$= \dfrac{6(n-m)}{mn \times (n-m)} = \dfrac{6}{mn}$ つまり

$\triangle = -\dfrac{6 \times m}{n \times m} - \left(-\dfrac{6 \times n}{m \times n}\right)$
$= \dfrac{-6m+6n}{mn}$
$= \dfrac{6(n-m)}{mn}$

m, n によって変わる!!

対比を促し特徴を見出すようにする

　一次関数の変化の割合が一定であることが特徴的であることは，そうでないものとの対比によって明らかになる。そこで，生徒が特徴を説明する際には，反比例と対比して述べるよう支援したい。なお，冒頭の予想結果を確認する際には，単なる予想の当たり外れに終始せず，なぜ等しくならないのか，それぞれの関数の変化の割合の特徴を根拠に説明できるようにしたい。

　また，発展的な扱いとして，増加させる x の値を文字で表す発想を引き出したい。

4 m から n の場合で考えよう

　発展的な内容となるので，この場合は，教室全体で進めていく。式の操作を問いかけながら，丁寧な式変形を心がけたい。分配法則によって数をくくり出す変形は，ぜひ得意な生徒に任せ，活躍の機会としたい。導いた式について「この式は何を表しているでしょうか」と式の意味を問い，一次関数は x の増加量に依存しない（m, n が含まれない）ことが見出されることを期待する。

1 式の計算
2 連立方程式
3 一次関数
4 図形の調べ方
5 図形の性質と証明
6 場合の数と確率
7 箱ひげ図とデータの活用

一次関数の
グラフをかこう①

本時の目標
・一次関数のグラフを，比例のグラフをもとにかくことができる。

《一次関数のグラフをかこう（1）》

(問) 次の一次関数について，表をもとにグラフをかきなさい。

$y=2x$ …① ※比例　　　$y=2x+3$ …②　　　$y=2x-5$ …③

x	…	-3	-2	-1	0	1	2	3	…
①y	…	-6	-4	-2	0	2	4	6	…
②y	…	-3	-1	1	3	5	7	9	…
③y	…	-11	-9	-7	-5	-3	-1	1	…

①から②へ：+3、②から③へ：−5

①と比べてみると…？

②…同じ x の値に対応する y の値は いつでも+3
③…　　　〃　　　　　　　　　　　いつでも−5

つまり グラフでは

授業の流れ

1 表をもとにグラフをかこう

　3つの関数をまとめた表で，同じ x の値に対する y の値を比べやすくする。通常の表と異なるため，表の見方を丁寧に確認する。

T：3つの関数を1つの表にまとめます。まずは，この表を完成させます。①の $x=$ -3 のときの y の値はいくらですか。

S：-6 です。

T：では，②の $x=-3$ のときの y の値はいくらですか。

2 比例と一次関数を比べてみると…

　グラフをかいた後，表での比較と関係付ける。

T：表に注目して，①と②，③の値を比べてみるとどんなことが分かりますか。ペアで分かったことを伝え合いましょう。

T：（ペア活動に引き続いて）どんなことが分かりましたか。

S：②は①より3大きい数になっています。

T：そのことは，グラフではどのように表現されていますか。

S：上に平行移動しています。

1	式の計算
2	連立方程式
3	一次関数
4	図形の調べ方
5	図形の性質と証明
6	場合の数と確率
7	箱ひげ図とデータの活用

本時の評価

・比例のグラフを平行移動して一次関数のグラフをかくことができたか。
・一次関数のグラフの特徴を理解できたか。

準備物

・グラフ黒板

（練習）$y=-x$ のグラフをかいた。続けて④、⑤のグラフをかきなさい。
④$y=-x\boxed{+4}$切片　⑤$y=-x\boxed{-3}$

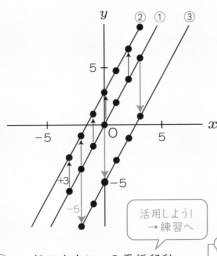

②…y軸の方向に＋3平行移動
③…　　〃　　　−5平行移動

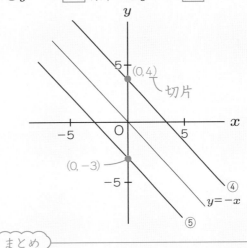

活用しよう！
→練習へ

まとめ
・$y=ax\boxed{+b}$ のグラフは $y=ax$ のグラフを
$(0,\boxed{b})$ を通るように平行移動させる。

ペアでの発表順はじゃんけんで

　ここでは比例との比較でグラフを特徴付けたい。そのため、まずは表の値について分かることをペアで確認した後、それがグラフでどのように意味づけられるかを読み取っていく。こうした生徒同士の対話は、表とグラフを関連付けて考えようとすることを期待して位置付けるものである。

　なお、ペアでの伝え合いの方法は、筆者の場合、じゃんけんで決めている。伝えるのはいつも得意な生徒から、とならないようにするための工夫である。

3 比例のグラフをもとにしてかこう

T：一次関数のグラフを比例のグラフをもとにしてかくとき、（比例のグラフを）どれだけ平行移動すればよいのですか。

S：関数の式の数の項に注目します。比例のグラフが原点を通ったように、一次関数のグラフは y 軸の値かその数の点を通るように平行移動させます。

　このようにして、切片（y切片）に焦点が当たった際に「なので、このポイントとなる点が切片と呼ばれます」と自然に用語を紹介する。

本時案

一次関数の グラフをかこう②

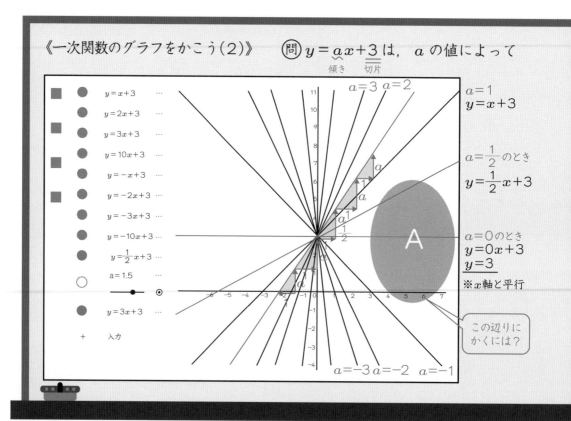

6/20

本時の目標

・テクノロジーを活用して，一次関数のグラフの傾きについて考察し表現することができる。

《一次関数のグラフをかこう(2)》 問 $y = \underset{傾き}{\underline{a}}x + \underset{切片}{\underline{3}}$ は，a の値によって

$y = x + 3$ ……
$y = 2x + 3$ ……
$y = 3x + 3$ ……
$y = 10x + 3$ ……
$y = -x + 3$ ……
$y = -2x + 3$ ……
$y = -3x + 3$ ……
$y = -10x + 3$ ……
$y = \frac{1}{2}x + 3$ ……
$a = 1.5$ ……
$y = 3x + 3$ ……
＋ 入力

$a = 3$ $a = 2$ $a = 1$ $y = x + 3$

$a = \frac{1}{2}$ のとき $y = \frac{1}{2}x + 3$

A

$a = 0$ のとき $y = 0x + 3$ $y = 3$

※x軸と平行

この辺りにかくには？

$a = -3$ $a = -2$ $a = -1$

授業の流れ

1 テクノロジーでグラフをかこう

　テクノロジーを使えば，多くのグラフを次々に簡単にかくことができるため，傾きの値とその傾き具合について帰納的に考察することができる。例えば数学ソフト GeoGebra ではスライダー機能（定数を変数のように連続して変化させる機能）を使って，グラフを動的に観察することも可能になる。なお，操作に不慣れな生徒が多い場合は，ペアやグループでの活動で進めてもよい。
　まずは，操作方法を確認しながら，$a = 1，2，3$ のときのグラフをかいていく。

2 A 周辺のグラフはかける？

T：a をどんな値にすれば，この辺り（上図A周辺）にグラフがかけますか。
S：a を0.5や−0.5などにすれば，かけます。
T：なぜですか？
S：a の値が大きくなると，傾きが急になっているので，小さくすればと考えました。
　この辺りを通るグラフをかきたいという具体的な目的から，生徒自身が傾きの大きさに着目するような展開にしたい。

1 式の計算

2 連立方程式

3 一次関数

4 図形の調べ方

5 図形の性質と証明

6 場合の数と確率

7 箱ひげ図とデータの活用

本時の評価

・一次関数のグラフの傾きについて，その傾き具合や位置について調べ，図やことばで表現することができたか。

準備物

・タブレット端末または PC
・プロジェクター

どんなグラフになるか。 テクノロジーを使って調べよう

・a の値が大きくなるにつれて
グラフの傾きは急になる。
　　　　　　　y 軸に近づく

・グラフは a の値が
正の数のとき，右上がり（ ↗ ）になり
負の数のとき，右下がり（ ↘ ）になる。

・$a = 0$ のとき，グラフは x 軸と平行。

・aをどれだけ大きくしても（小さくしても）
y 軸に重ならない。

・xの増加量が 1 のとき，yの増加量はa。

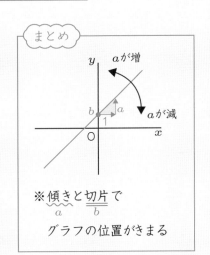

まとめ

※傾きと切片で
　a　　b
グラフの位置がきまる

---

3 グラフの特徴について説明しよう

T：a の値を「傾き」といいます。

T：分かったことを自分のことばや図に表してまとめましょう。（まとめる時間を確保する。）

T：それでは，今まとめたことをペアで情報交換しよう。

教室全体で共有する前に，ペアでの共有を図ることで，全員に対話の機会を保証する。

ICT を使ってもノートはしっかりとる

テクノロジーを使う場合，生徒はノートをかくことが疎かになりがちになる。そこで，活動を行う事前に，テクノロジーを使っている最中の気付きや疑問を記録していくことを強調しておきたい。机間指導の際に，そうした記録がなされているかについても見取り，適宜，指導したい。

また，テクノロジーを使った探究の場合，「a の値が正の数のとき，グラフは右上がり」のような静的なまとめだけでなく，「a の値が大きくなるにつれてグラフは y 軸に近づく」のような動的なまとめも期待したい。

本時案

一次関数の
グラフをかこう③

7/20

本時の目標
・様々な一次関数のグラフをかくことができる。

《一次関数のグラフをかこう（3）》

㋑次のグラフをかきなさい。

① $y = \underset{傾き}{①} x \underset{切片}{-2}$

② $y = -3 x +4$

③ $y = 0.5 x +1$

④ $y = -\dfrac{3}{4} x -3$

③ 傾き $0.5 = \dfrac{1}{2}$ ← yの増加量
変化の割合 ← xの増加量

（例）$x=2$のとき
$y=0.5×2+1=3$
よって$(2, 3)$を通る

④ $-\dfrac{3}{4} = \dfrac{-3}{4}$ ← yの増加量
← xの増加量

（例）$x=4$のとき
$y=-\dfrac{3}{4}×4-3=-6$
よって$(4, -6)$を通る

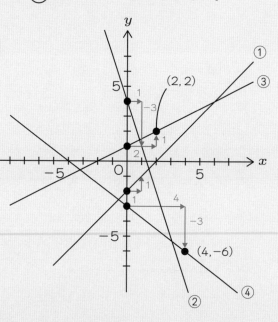

授業の流れ

1 どこをスタートにかき始める?

T：①のグラフはどこからかき始めますか。

S：一次関数は切片を通るので，切片のところy軸が−2の点からかきます。

T：（黒板の座標平面上の切片を指して）ここから，直線はどう伸ばしますか。

S：右に1，上に1進むように伸ばします。

「直線を伸ばす」と表現し，グラフが始点からある方向へ伸びている動的なイメージをほのめかす。これによって，グラフをかく方法が手順化されることを期待する。

2 傾きが整数でない場合はどうする?

傾きが整数でない場合で手が止まる生徒には，「（傾きは変化の割合と等しいので，）xとyの増加量から（直線が）どう伸びるだろうか」と支援する。それでも活動が進まない場合には，「では，丁寧に表をつくって通る点を調べよう」と支援する。

1 式の計算

2 連立方程式

3 一次関数

4 図形の調べ方

5 図形の性質と証明

6 場合の数と確率

7 箱ひげ図とデータの活用

本時の評価

・一次関数のグラフの傾きや切片，グラフが通る点に着目して，グラフをかくことができたか。

準備物

・グラフ黒板

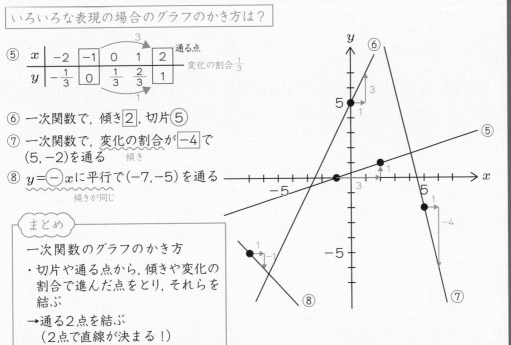

3 グラフをかく方法をまとめよう

　全体共有の場面では，グラフの傾きと変化の割合が等しくなることを再度確認する。併せて，傾きが等しい場合はグラフが平行になることも押さえたい。見かけの表現（表・式・ことば）が異なっていても，傾きと切片によってグラフが決定すること，すなわち，2点を結ぶことでグラフがかける（決定する）ことへまとめていく。

4 逆にグラフから式が分かる？

T：ところで，これらの一次関数のグラフが与えられたとき，その式が分かりますか？

S：グラフの傾きと切片を読み取れば，簡単に式をつくることができます。

T：そうですね。では，次回はこれに挑戦してみましょう。お楽しみに。

　授業の終末に，このようなやりとりを行い，次時への動機付けと接続を図っておく。

本時案

一次関数の式を
求めよう①

本時の目標

・一次関数のグラフについて与えられた条件か
らその関数の式を求めることができる。

授業の流れ

1 グラフを式に表せる?

T：(傾き$-\frac{1}{2}$，切片6のグラフを提示して)
　　このグラフの関数を式で表せますか。

S：$y = (-\frac{1}{2})x + 6$ です。

T：どうして式が分かったのですか。

S：グラフは切片が6で，傾きが$-\frac{1}{2}$となって
　　いるからです。

T：グラフの傾きと切片が分かれば，そのグラ
　　フの式が求められました。では，グラフが
　　次のような一次関数の式を求めましょう。

　このような導入に引き続き，②～⑤の条件を
示して，自力解決へ展開する。

2 簡単なグラフをかいて考えよう

　条件は文章で提示する。その条件を満たすグ
ラフの概形をかき，切片や傾きを読み取り，式
に表すことにつなげていく。

T：②はどんなグラフか，およそのグラフをか
　　いてみましょう。グラフ用紙ではなく，こ
　　のように座標軸だけをきめて簡単なグラフ
　　で構いません。(板書して示す)

T：この図で点（0，5）は，どこになりますか。

S：切片の座標です。

T：これで式が求められますか。

S：このグラフは$y = 4x$と平行なので傾きは
　　4です。だから，式は$y = 4x + 5$です。

　この後，教室全体で2通りの方法（後述）
を共有したい。このため意図的指名ができるよ
うに，生徒の解決活動の見取っていく。

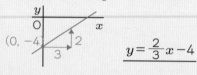

《一次関数の式を求めよう(1)》

① 傾きが$-\frac{1}{2}$，切片6
$$y = -\frac{1}{2}x + 6$$

② $y = 4x$に平行で点$(0, 5)$を通る。
$$y = 4x + 5$$

③ 変化の割合が$\frac{2}{3}$で，
　$x = 0$のとき，$y = -4$である。
$$y = \frac{2}{3}x - 4$$

3 どんな方法で式を求めた?

T：(④のグラフについて) この条件から，式
　　をどのように求めましたか。(次の二人の
　　生徒を意図的に指名する)

S：傾きを逆向きに見て，切片を求めました。
　　点（5，1）から，4下がって，5左に
　　戻ればちょうど切片になります。

T：他にどんな方法がありますか。(意図的指
　　名をする)

S：傾きは分かっているので，$y = \frac{4}{5}x + b$とし
　　て，この式に$x = 5$，$y = 1$を代入します。

1
式の計算

2
連立方程式

3
一次関数

4
図形の調べ方

5
図形の性質と証明

6
場合の数と確率

7
箱ひげ図とデータの活用

本時の評価

・与えられた条件から一次関数のグラフの傾きと切片を読み取り，関数の式を求めることができたか。
・傾きや切片が分かっていない一次関数の式について，そのグラフ上の点の座標を代入することで，傾きや切片を未知数とした方程式になることを理解できたか。

問 グラフが次のような一次関数の式を求めなさい。
$y=ax+b$

④ 傾きが $\frac{4}{5}$ で，点 $(5, 1)$ を通る。

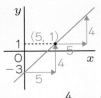

図より $y=\frac{4}{5}x-3$

(例) 求める式は $y=\frac{4}{5}x+b$ と表せる。
　　点 $(5, 1)$ を通るので，$x=5$，$y=1$ を代入して

$$1=\frac{4}{5}\times5+b$$
$$1=4+b$$
$$b=-3$$

　　よって $y=\frac{4}{5}x-3$

⑤ 図の直線

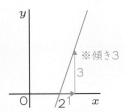

※傾き3

求める式は $y=3x+b$ と表せる。
点 $(2, 0)$ を通るので，$x=2$，$y=0$ を代入して

$$0=3\times2+b$$
$$b=-6$$　　よって $y=3x-6$

まとめ
傾きと切片を・座標平面から読み取る。
　　　　　　・関数の式に座標を代入して求める。

解決方法の好みの違いを認め合う

⑤の問題について，どちらの方法で解いたのかペアで対話していく。このとき，なぜその方法を選択したのか理由を説明するように促す。図を読むことで直観的に切片を求められることのよさや方程式によって形式的に求められるよさを互いに味わえるようにする。

なお，それぞれの方法を名付けていくこと（ラベル付け）もオススメである。自分たちなりの方法を見出したことが強調されるであろう。

4 一次関数の式の求め方をまとめよう

最後に，それぞれの方法を言語化してまとめる。生徒に問いかけて，キーワードを引き出したり，生徒の言葉でまとめたりするとよい。

引き続いて，練習問題に取り組むようにして，まとめの活用や定着を図っていく。

本時案

一次関数の式を求めよう②

授業の流れ

1 2点を通る直線の式を求めよう

問題はシンプルなので，そのまま提示する。
前回の学習内容を振り返り，傾きと切片を求め
ればよいという解決の方針の確認をする。

2 前回まとめた求め方が活用でき
ない?

手が止まっている生徒へ安易にヒントを出さ
ない。前回のまとめを振り返ることを促し，自
力で本時の問題に適応できるようにする。

T：傾きや切片を座標平面から読み取ることは
　　できませんか。関数の式に座標を代入して
　　（傾きや切片を）求められませんか。

3 どんな方法で考えた? (方法1)

様々な解決方法を共有していく。事前に共有
したい解決方法の生徒に板書を任せておく。
方法1は，傾きと切片を座標平面から読み
取る方法である。生徒の解説に続き，次のよう
に，方程式で解く方法へつなげる。

T：切片を別の方法で求められませんか。

S：$y = -2x + b$ の式に，$x = 1$，$y = 2$
　　を代入すれば求められます。$2 = -2 + b$
　　で，$b = 4$ と求められます。

S：$x = 6$，$y = -8$ を代入してもできます。

S：2点のどちらかを代入すればできます。

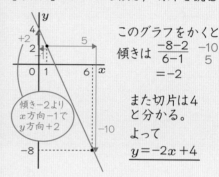

《一次関数の式を求めよう(2)》

[方法1]グラフから傾き，切片を読む

このグラフをかくと
傾きは $\dfrac{-8-2}{6-1} = \dfrac{-10}{5}$
$= -2$

また切片は4
と分かる。
よって
$y = -2x + 4$

(練習) 次の直線の式を求めなさい。

(1) 2点 (4，3)，(6，4) を通る。

$y = \dfrac{1}{2}x + 1$

既習に帰着し教えることを少なくする

問題で与えられた条件が異なっているが，関
数の式を求める方法は，前時の方法を活用して
考えることができる。「この条件の場合はこの
方法で，また別の条件ならこの方法で」のよう
にそれぞれを別の場合として教えるのではな
く，与えられた条件を既習の方法に適応させて
みることを勧める。この時点では，生徒はうま
くいくかどうかは分かっていないが，既習事項
をもとに試行錯誤する態度は，数学の学習にお
いて肝要である。

1

式の計算

2

連立方程式

3

一次関数

4

図形の調べ方

5

図形の性質と証明

6

場合の数と確率

7

箱ひげ図とデータの活用

本時の評価

・与えられた条件について，既習の一次関数の式を求める方法（グラフの傾きと切片を読み取る，グラフが通る点を代入した方程式を解く）を活用して，関数の式を求めることができたか。

(問) 2点(1, 2)，(6, −8)を通る<u>直線の式</u>を求めなさい。 | 傾きと切片を求め方は？ |
$y=ax+b$

[方法2] 2点を$y=ax+b$に代入して連立方程式とする

(1, 2)，(6, −8)をそれぞれ代入して

$\begin{cases} 2=a+b & \cdots\cdots① \\ -8=6a+b & \cdots\cdots② \end{cases}$

②−① $5a=-10$
$a=-2$

$a=-2$を①に代入
$2=-2+b$
$b=4$
よって $\underline{y=-2x+4}$

[方法3] もう1点とも変化の割合は等しい
この直線上の点を(x, y)とすると，
変化の割合は一定だから

$\dfrac{y-2}{x-1}=\dfrac{-8-2}{6-1}$

$\dfrac{y-2}{x-1}=-2$

$y-2=-2(x-1)$

$y-2=-2x+2$

$\underline{y=-2x+4}$

(1, 2)
$x-1$
5
−10
$y-2$
(6, −8)
(x, y)
$y=ax+b$

※3通りの方法で。どの方法が解きやすい？

(2) $x=-500$のとき$y=-500$，$x=500$のとき$y=500$ である。

$\underline{y=x}$

4 どんな方法で考えた？（方法2）

方法2は，関数の式に2点の座標を代入し，a，bの値を連立方程式で求める方法である。このとき，連立方程式を解く過程の式読みをしていき，傾き（変化の割合）と同じ計算をしていることに気付けるようにする。

なお，これらの方法をラベル付けして，板書するとよい。

5 こんな方法も考えられるよ

変化の割合が一定という一次関数の特徴から，2点のうちの1点とある点(x, y)の変化の割合で等式をつくる。この等式変形によって直線の式を求める方法もぜひ紹介したい。

またこの後に，練習問題に取り組むようにする。練習問題では，3通りの方法で解くことにして，どの方法が自分にとって解きやすいか振り返るよう促す。

表・式・グラフ を関連づけよう

本時の目標

・表，式，グラフの表現を相互に関連づけ，一次関数について理解を深めることができる。

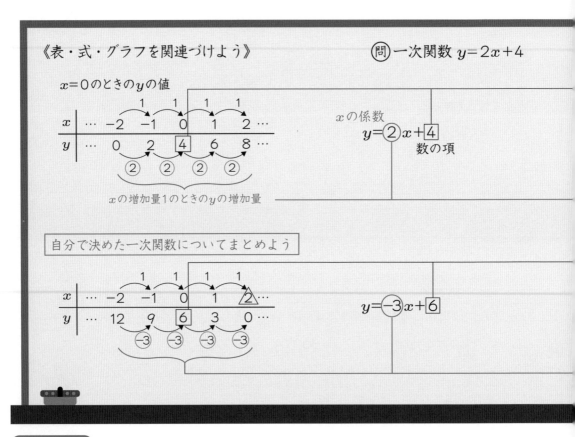

授業の流れ

1 関数はどんな表現で表せる？

T：関数はどのように表現できますか。

S：「式」や「グラフ」です。

S：「表」でも表すことができます。

T：今日はその3種類の表現を関連づけてみましょう。（問題を提示し，表，式，グラフをかく。適宜，問いかけながら，数値を記入していく。）

T：式の x の係数は「表」や「グラフ」ではどこに現れますか？

2 自分の好きな一次関数でやってみよう

T：では，次に自分の好きな一次関数で同じように関連づけてみましょう。どんな傾きや切片にしても構いません。自分の「推し一次関数」を，後で紹介してもらいます。

S：比例にしてもよいですか。

T：一次関数なら，どんな数値でも OK です。

S：反比例は，よいですか。

S：反比例は一次関数じゃないよ。

1	式の計算
2	連立方程式
3	一次関数
4	図形の調べ方
5	図形の性質と証明
6	場合の数と確率
7	箱ひげ図とデータの活用

本時の評価

・自分で選んだ一次関数について，その表，式，グラフを相互に関連付けてまとめようとしていたか。
・一次関数の表，式，グラフの表現を相互に関連づけてまとめ，一次関数についての理解を深めることができたか。

について表・式・グラフを関連づけてまとめよう。

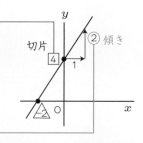

〔発展〕式を（左辺）＝1に変形すると…

$$-2x + y = 4$$
$$\frac{-2x}{4} + \frac{y}{4} = \frac{4}{4}$$
$$\frac{x}{\triangle 2} + \frac{y}{4} = 1$$

この値は何？

つまり

グラフの位置が式から分かる！
きまった形の式中の値で分かる！

・$y = ax + b$ …… a が傾き，b が切片

・$\dfrac{x}{m} + \dfrac{y}{n} = 1$ …… m は x 軸，n は y 軸との交点

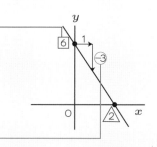

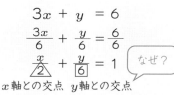

$$3x + y = 6$$
$$\frac{3x}{6} + \frac{y}{6} = \frac{6}{6}$$
$$\frac{x}{\triangle 2} + \frac{y}{6} = 1$$

x軸との交点　y軸との交点

なぜ？

※座標軸との交点は

・$y = 0$ のとき，$\dfrac{x}{2} = 1$
$x = 2$

・$x = 0$ のとき，$\dfrac{y}{6} = 1$
$y = 6$

生徒のやる気を引き出す言葉選びをする

後に紹介したくなるような「推し一次関数」を選ぼうと指示する。「推し」という表現は，流行的な言葉遣いであるが，ここ近年であれば筆者の経験上，極端な数値を選んだり，ごく簡単な $y = x$ を選んだり，特殊な一次関数で関連づけようとすることがより促進される。また，そうした個性的な一次関数であるほど，ペアや教室での対話的な共有活動が活性化する。そして，共有された後には，いかなる一次関数であっても，3つの表現が関連づけられることに関心を持つことができる。

3 式を（左辺）＝1に変形すると…

T：ところで，関数の式を（左辺）＝1の形に等式変形してみます。
$$\frac{x}{2} + \frac{y}{4} = 1$$
分母の値をグラフと関連づけられませんか。

S：y の項の分母は切片，x の項の分母は，x 軸との交点になっています！つまり，それぞれ座標軸との交点です！

発展的な内容であるが，等式変形を扱い，第2次につなげる。なお，本時で第1次を終えるので，次時の冒頭に小テストを実施する。

本時案

方程式を
グラフで表そう

本時の目標

・二元一次方程式の解全体が一次関数のグラフとして表現されることを理解する。

授業の流れ

1 二元一次方程式の解を求めなさい

　授業冒頭に，第1次の知識・技能を評価する10分程度の小テストを実施する。これに続き，前単元の復習問題で導入する。解を表で整理して表していけば，x，yに関数関係がありそうなことが見通せる。ある程度，解が求められたら問題文後半を提示し，自力解決へ。

2 方程式の解をすべて点で表すと…

　自力解決を短時間で切り上げ，練り上げへ。
T：解はこれで全部ですか？
S：他にもあります。$x=6$，$y=-6$とか。
S：解は無数にあるので，何個でも点が取れます。
T：解をすべて点で表すと，どうなりますか。
S：一直線になります。
S：一次関数のグラフになります。
T：つまり，二元一次方程式の見方を変えると一次関数と見ることができますね。

3 方程式のグラフをかこう

　授業後半は練習問題に取り組む。まずは①を全体で解く。前回の授業を振り返り，二元一次方程式を等式変形し，yについて解けば，関数の式としてみることができる。その上で，グラフの傾きや切片が分かることを確認し，②以降は，個々で取り組むようにする。

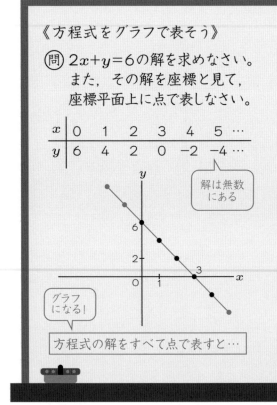

《方程式をグラフで表そう》

問 $2x+y=6$ の解を求めなさい。
また，その解を座標と見て，座標平面上に点で表しなさい。

x	0	1	2	3	4	5	…
y	6	4	2	0	-2	-4	…

解は無数にある

グラフになる！

方程式の解をすべて点で表すと…

誰かとするも一人でするも認める

　学校や学級の実態にもよるが，一般的に「勝手な立ち歩きはしない」との授業規律がある。しかし，練習問題に取り組む際は，自由に得意な生徒から学べるようにしたい。言うまでもなく，数学的な対話以外は厳に指導する。また一方で，一人でじっくりと考えたい生徒の学習も保障したい。対話を断る権利も認められることを教室全体で確認しておきたい。

　なお，意図的に③のような，切片が整数でないものを取り上げたい。単純な適応題でない問題を入れることで対話の機会が生じる。

（練習）次の方程式のグラフをかきなさい。

① $-2x+y=3$
$\qquad y=2x+3$

② $3x+4y=-12$
$\qquad 4y=-3x-12$
$\qquad y=-\dfrac{3}{4}x-4$

［別②-1］通る2点を求める
$\qquad x=0$ のとき $y=-3$
$\qquad y=0$ のとき $x=-4$

［別②-2］（左辺）＝1に変形
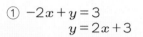

③ $x-3y=7$
$\qquad -3y=-x+7$
$\qquad y=\dfrac{1}{3}x\boxed{-\dfrac{7}{3}}$ 切片とりにくい！

［別③-1］1点と傾きで
$\qquad x=0$ のとき $y=-\dfrac{7}{3}$
$\qquad x=1$ のとき $y=-2$

$(1, -2)$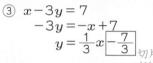

［別③-2］x について解く
$\qquad x=3y+7$
$\qquad y=0$ のとき $x=7$ $(7, 0)$
$\qquad y=-1$ のとき $x=4$ $(4, -1)$

まとめ　見方によって
$$変形 \begin{cases} ax+by=c & \cdots 二元一次方程式 \\ y=-\dfrac{a}{b}x+\dfrac{c}{b} & \cdots 一次関数 \end{cases}$$

4 他にどんな方法がある？（1）

解答・解説は教室全体で進める。

T：②は他に，どんな方法がありますか。

S：始めにやったように，方程式の解を調べる方法です。簡単に分かる場合で，$x=0$ を代入して，$y=-3$。$y=0$ を代入して，$x=-4$。これらの点を結びます（別②-1）。

S：前回の授業でやった（左辺）＝1の等式変形で座標軸の交点を求めます（別②-2）。

5 他にどんな方法がある？（2）

T：③はどのようにグラフをかきましたか。

S：$(1, -2)$ をとり，傾きから，右に3，上に1になるようグラフをかきました。

S：方程式の解を地道に調べて，$(x, y)=$ $(1, -2)$，$(4, -1)$ を結びました（別③-1）。

S：もとの方程式を，x について解きました，y に整数を代入すれば，整数になる x が簡単に分かります（別③-2）。

1 式の計算

2 連立方程式

3 一次関数

4 図形の調べ方

5 図形の性質と証明

6 場合の数と確率

7 箱ひげ図とデータの活用

本時案

$ax + by = c$ のグラフをかこう

本時の目標

・二元一次方程式 $ax + by = c$ について，定数 a，b，c のいずれかに 0 を代入したグラフをかくことを通して，特殊な場合のグラフの特徴について理解する。

《$ax + by = c$ のグラフをかこう》

① $a = 0$，$b = 1$，$c = 3$
$\underline{y = 3}$　　$y = 0x + 3$
　　　　※傾き0 $\underline{x 軸に平行}$

② $a = 0$，$b = -2$，$c = 4$
　　　$-2y = 4$
　　　$\underline{y = -2}$

③ $a = 12$，$b = -4$，$c = 0$
　　$12x - 4y = 0$
　　　$-4y = -12x$
　　　　$\underline{y = 3x}$ ※比例

問 方程式 $ax + by = c$ で

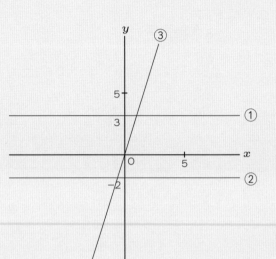

授業の流れ

1 どんなグラフになる？

T：$a = 0$，$b = 1$，$c = 3$ を代入すると，どんな式になりますか。

S：$y = 3$ です。

T：このグラフはどんなグラフになりますか。

S：x 軸に平行になります。

S：テクノロジーを使ったとき（第 6 時）にかきました。

T：今日はテクノロジーを使わず，次の場合でのグラフをかきましょう。

②以降の場合を提示して，自力解決へ。

2 方程式と見て考えてみよう

④のような $b = 0$ の場合に，手が止まる生徒へ，次のように支援する。

T：この式を方程式と考えてみましょう。x と y の解は，どうなりますか。

S：……。

T：$x + 0 \times y = 5$ で，$y = 0$ のときの x の値は？

S：$x = 5$ です。

T：つまり，グラフは（5，0）を通るんですね。同じように他の解も求めてみましょう。

1
式の計算

2
連立方程式

3
一次関数

4
図形の調べ方

5
図形の性質と証明

6
場合の数と確率

7
箱ひげ図とデータの活用

次の場合のグラフをかきなさい。　係数が0の場合，どんなグラフになる？

④ $a = 1$, $b = 0$, $c = 5$
　$x = 5$　※ $x + 0 \times y = 5$

x軸に垂直　$y = 1$のとき $x = 5$ …(5, 1)
(y軸に平行)　$y = 2$のとき $x = 5$ …(5, 2)
　　　　　　　$y = 3$のとき $x = 5$ …(5, 3)
　　　　　　　　　⋮

⑤ $a = 6$, $b = 0$, $c = -18$
　　$6x = -18$
　　$x = -3$

まとめ
・$y = k$ のグラフは x軸に平行
・$x = h$ のグラフは y軸に平行

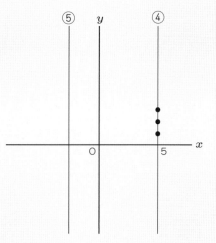

ちなみに，x軸は $y = 0$
　　　　　y軸は $x = 0$

生徒への支援は二段構えで

　手が止まった生徒に対する支援は2つの水準を考えたい。まずは，考え方に関わる一般的な支援である。**2** の場合では，「この式を方程式と考えてみましょう」である。この支援で生徒の活動が促進しなければ，実際の活動を促すより特殊な支援を行う。「$x + 0 \times y = 5$ で，$y = 0$のときの x の値は？」である。考え方に関わる一般的な支援は，本時以外でも機能するもので，ある単元や年間を通じて行なっていくことで，数学的な見方・考え方を働かせる態度を育んでいきたい。

3　ちなみに，座標軸を表す式は？

T：ちなみに，x 軸も式で表すことができます。どう表せるか分かりますか。
S：$y = 0$ です。
T：では，y 軸はどうですか。
S：$x = 0$ です。

　このように，当たり前のように扱っていた座標軸を方程式のグラフと見ることも確認する。残った時間は練習問題にあてる。

本時案

連立方程式とグラフの関係について調べよう

本時の目標
・2つの方程式のグラフの交点とそれらの連立方程式の解が同値関係にあることを理解する。

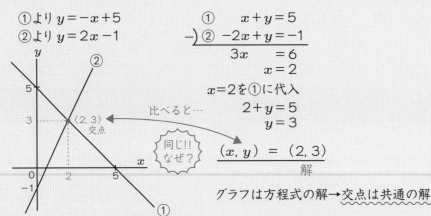

《連立方程式とグラフの関係について調べよう》

㊟ 連立方程式 $\begin{cases} x+y=5 & \cdots\cdots① \\ -2x+y=-1 & \cdots\cdots② \end{cases}$ のグラフの 交点の座標 と 解 を比べなさい。

①より $y=-x+5$
②より $y=2x-1$

$$\begin{array}{ll} ① & x+y=5 \\ -)② & -2x+y=-1 \\ \hline & 3x=6 \\ & x=2 \end{array}$$

$x=2$ を①に代入
$2+y=5$
$y=3$

比べると…
同じ!! なぜ？

$(x,\ y)=(2,\ 3)$ … 解

グラフは方程式の解→交点は共通の解

まとめ グラフの交点 ⇄（同じ） 連立方程式の解

授業の流れ

1 交点と解を求めよう

T：グラフの交点と連立方程式の解を見て，何か気づきましたか。

S：同じになっています。

T：これはたまたま（偶然）ですか？

S：必然です！ 交点と解は同じ意味です。

T：なぜ，同じと言えますか。

S：交点は2つの関数の共通する x と y の値で，連立方程式の解も2つの方程式の共通する解を表しているからです。

テンポよくまとめ，練習問題へ移る。

2 交点が読み取れない……

練習問題は，格子のない座標平面で提示し，必然的に連立方程式の解で求める方法へ誘う。

T：交点の座標が読み取れませんか。

S：(1)は，x が1.5くらい，y は-2.5くらい。

S：正確には分かりません。

T：(2)はどの辺りで交わりそうですか。

S：右下の方。グラフを伸ばさないと交わりません。

T：交点の座標の見積もりはできましたね。では正確に，求めてみましょう。

1 式の計算

2 連立方程式

3 一次関数

4 図形の調べ方

5 図形の性質と証明

6 場合の数と確率

7 箱ひげ図とデータの活用

本時の評価

・連立方程式の解は座標平面上の 2 直線の交点の座標であることを理解できたか。
・座標平面上の 2 直線の交点の座標が直接読み取れない場合，2 直線の連立方程式の解として交点の座標を求めることができたか。

（練習）直線 ℓ, m の交点 P の座標を求めなさい。

（1）

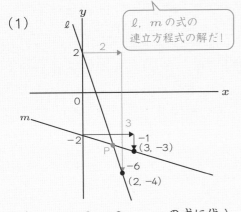

ℓ, m の式の連立方程式の解だ！

$$\begin{cases} \ell : y = -3x + 2 \\ m : y = -\dfrac{1}{3}x - 2 \end{cases}$$

m の式に代入

$-3x + 2 = -\dfrac{1}{3}x - 2$

$-9x + 6 = -x - 6$

$-8x = -12$

$x = \dfrac{3}{2}$

$y = -\dfrac{1}{3} \times \dfrac{3}{2} - 2$

$= -\dfrac{1}{2} - \dfrac{4}{2}$

$= -\dfrac{5}{2}$

$\underline{P\left(\dfrac{3}{2}, -\dfrac{5}{2}\right)}$

（2）

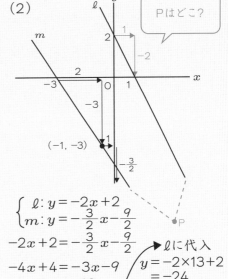

P はどこ？

$$\begin{cases} \ell : y = -2x + 2 \\ m : y = -\dfrac{3}{2}x - \dfrac{9}{2} \end{cases}$$

$-2x + 2 = -\dfrac{3}{2}x - \dfrac{9}{2}$

$-4x + 4 = -3x - 9$

$-x = -13$

$x = 13$

ℓ に代入

$y = -2 \times 13 + 2$

$= -24$

$\underline{P(13, -24)}$

3 これまでの学習を振り返ってみよう

グラフから傾きや切片を読み取って関数を式に表すことやそれらを連立方程式と見て，解を求めることは既習事項である。図から増加量を直観的に読み取ること，また，一次関数の式は $y = ax + b$ で表現されるため，代入法により簡単に y が消去できることなど，改めてその方法のよさを感得できるようにしたい。

教科書や副教材，プリント等で同様の問題に取り組むようにし，習熟を図る。

4 交点のない場合の連立方程式は？

発展的な内容として，連立方程式の解がない場合や 1 組に定まらない場合を，グラフで説明させることも扱うことができる。

解が 1 つ⇄直線は交わる

解がない⇄直線は平行

解が無数⇄直線は重なる

このように 2 直線の位置関係と対応させてまとめることができ，領域横断的な学習の機会となる。

本時案

垂直に交わる2直線の傾きを求めよう

本時の目標

・テクノロジーを活用して，垂直に交わる2直線の傾きの関係を見出し，説明することができる。

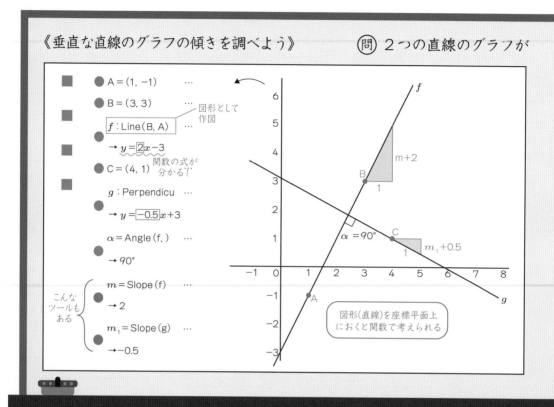

《垂直な直線のグラフの傾きを調べよう》　　問 2つの直線のグラフが

■　● A = (1, −1)　　…

■　● B = (3, 3)　　…　図形として作図

f : Line (B, A)

→ $y = \boxed{2}x − 3$　関数の式が分かる！

■　● C = (4, 1)　…

g : Perpendicu …

→ $y = \boxed{−0.5}x + 3$

α = Angle (f,)　…

→ 90°

こんなツールもある

m = Slope (f)　…

→ 2

m_1 = Slope (g)　…

→ −0.5

α = 90°

m+2　1

m_1+0.5　1

図形(直線)を座標平面上におくと関数で考えられる

授業の流れ

1 垂直に交わる直線の式は?

発展的な内容だが，テクノロジーを使うことで扱うことができる。本時は GeoGebra を使う。

T：平行な2直線の傾きは等しいです。では，垂直に交わる2直線の傾きはどんな関係でしょうか?

S：もとになる直線の式は分かりますが，垂直な直線の式は分からないです。

T：まずは図形として座標平面上に垂直に交わる直線を作図してみましょう。

2 読み取りやすい位置に動かそう。

GeoGebra での作図は，ツールメニューより「2点を通る直線」「垂線」で簡単にできる。そして，数式メニューにはこれらの式が表示される。

T：どこに動かせば，傾きが読み取りやすくなりますか。

S：f（もとにする直線）の傾きが整数になるような位置に動かします。

T：では，色々な位置に動かして，それらの関係を調べてみましょう。

1 式の計算

2 連立方程式

3 一次関数

4 図形の調べ方

5 図形の性質と証明

6 場合の数と確率

7 箱ひげ図とデータの活用

本時の評価

・垂直に交わる 2 直線の傾きの積が−1 になることを理解できたか。
・テクノロジーを活用して，様々な場合の 2 直線の傾きを読み取り，それらの関係を帰納的に推論することができたか。

準備物

・タブレット端末または PC
・プロジェクター

<u>垂直</u>に交わるとき，これらのグラフの傾きの関係を調べなさい。
※平行のとき…傾きは等しい

テクノロジーを使って調べよう

GeoGebra で
（1）図形として作図する。※「ツール」で
（2）表示される式から傾きを調べる。※「数式」で
（3）グラフを動かして様々な位置で調べる。

※ f の傾きが整数のとき

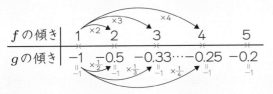

f の傾き	1	2	3	4	5
g の傾き	−1	−0.5	−0.33…	−0.25	−0.2

f，g の傾きの積は−1（一定）
→反比例だ！

ナゼ？

図で説明しよう

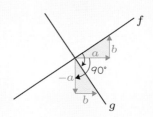

g が f の90°の回転移動とみれば
図より f，g の傾きは

f の傾き $\dfrac{b}{a}$，　g の傾き $\dfrac{-a}{b}$

よって，これらの積は
$$\dfrac{b}{a} \times \dfrac{-a}{b} = -1$$

まとめ ）垂直に交わる 2 直線のグラフの傾きは積が−1

---

3 なぜ積が−1 になるのかな？

T：f と g の傾きはどんな関係にありますか。

S：反比例です。f の傾きが 2 倍， 3 倍， 4 倍， …になると，g の傾きは $\frac{1}{2}$ 倍，$\frac{1}{3}$ 倍，$\frac{1}{4}$ 倍，…になっています。

S：f の傾きと g の傾きの積は，どこでも−1 になっています。

T：なぜ，積が−1 になるのでしょうか。直線 g が f の移動と見ることで説明できませんか。

4 傾きはどこに移動する？

T：f の傾きを直角三角形で表すと，これが g ではどこに移動しますか？

S：f，g の交点を回転の中心として，右回りに90°の回転移動させた位置です。

g が f の90°の回転移動と考えれば，f の傾きを $\frac{b}{a}$ とするとき，g の x の増加量は b，y の増加量は $-a$ となることを，図から読み取ることができる。図形の見方と関数の見方を自然に往還することができる。

本時案

現象を関数で
表そう

15/20

本時の目標

・一次関数とみなした事象について，表，式，グラフで表現することができる。

授業の流れ

1 どんな場面かな？

　一次関数の利用として，まずは現象を関数的に表現することから始める。本時では，既に理想化，単純化された問題場面であるが，身の回りの現象として実感が持てるように具体的な場面を想起してから，自力解決に移る。

T：②はどんな場面でしょうか。
S：水槽の水換えです。
T：メダカとか，金魚とかを飼っているのでしょうね。では，③はどういう状態ですか。
S：水を入れすぎたので，減らしています。

2 こんな状態はあり得るの？

　①の表で，$x > 15$の場合をかく生徒がいる。

T：（$x = 16$のところを指して）このとき，水槽はどんな状態ですか。
S：水が42cm溜まった状態です。
T：そんな状態はあり得るの？
S：そうか，（$x = 16$のとき）水は溢れています。

3 グラフはノートにかきましょう。

S：グラフは，グラフ用紙を使うのですか。
T：ノートに直接かく方法に挑戦しましょう。
　グラフの見た目の傾きや位置関係が不正確でも，座標平面上に書き添える座標の値によって理論上正確であれば十分であることを押さえる。

《現象を関数で表そう》 問 深さ

① 始め10cmの深さまで水が入っていて，毎分2cmずつx分間水を入れるときの水の深さ$y$cm

(表)

x	0	1	2	3	4	…	14	15	16
y	10	12	14	16	18	…	38	40	42

ない

(式) $y = 2x + 10$ （$0 \leq x \leq 15$）

(グラフ)

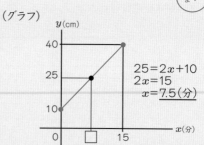

$25 = 2x + 10$
$2x = 15$
$x = \underline{7.5}$（分）

ちょうどいい水の深さ(25cm)になるのはいつ？

4 かきながら説明してくれる？

　教室全体で解答を共有するとき，事前に板書させず，その場でかきながら解説できるようにしたい。まだ不慣れな場合は，次のように支援する。

T：座標平面をかいたので，ここにかき入れてください。グラフはまずどこからかき始めますか。
S：切片が10のところからです。
T：では，そこに10と書いて，点をとりましょう。次は？

1 式の計算

2 連立方程式

3 一次関数

4 図形の調べ方

5 図形の性質と証明

6 場合の数と確率

7 箱ひげ図とデータの活用

本時の評価

・一次関数とみなした現象を式，表，グラフを用いて表現することができたか。

・問題場面の文脈の意味を考え，式，表，グラフを相互に関連づけて読み取ることができたか。

40cmの水そうがある。次の場合にx，yの関係を表・式・グラフで表しなさい。

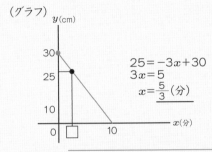

② 始め30cmの深さまで水が入っていて，
毎分3cmずつx分間水を抜くときの
水の深さ$y$cm

（表）

x	0	1	2	3	4	…	9	10
y	30	27	24	21	18	…	3	0

（式）$y=-3x+30$ $(0≦x≦10)$

（グラフ）

$25=-3x+30$
$3x=5$
$x=\dfrac{5}{3}$（分）

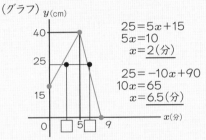

③ 始め15cmの深さまで水が入っていて，
毎分5cmずつ水を入れ，満水になった瞬間
毎分10cmずつ水を抜くときの水の深さ$y$cm

（表）

x	0	1	2	3	4	5	6	7	8	9
y	15	20	25	30	35	40	30	20	10	0

入れる　　抜く

（式）$y=5x+15$ $(0≦x≦5)$
　　　$y=-10x+90$ $(5≦x≦9)$

（グラフ）

$25=5x+15$
$5x=10$
$x=2$（分）

$25=-10x+90$
$10x=65$
$x=6.5$（分）

まとめ　現象を関数で表すとき，現実場面に合うように変域を考えて表す。

発表指導は聞き方指導から

　教室全体で説明をする機会も積極的に位置付けていきたい。このとき，聞き方の指導も重要である。「まずは好意的に解釈しようとする」ことを伝えたい。誰もが上手く説明できるわけではなく，むしろ，言葉足らずであったり，表現が不正確だったりすることの方が多いであろう。それを聞き手側がフォローする態度を大事にすることである。「分かった人，フォローしてくれる？」などと間の手を入れ，話し手側が安心して説明できる雰囲気をつくることが，集団での対話的な活動には欠かせない。

5 ちょうどいい深さはいつかな？

T：水槽の水は普通，満タンにはしませんね。
　　そこで深さが25cmまで水を入れることにします。それは，①から③それぞれの場合，何分のときになりますか。

S：表で，yの値が25のときを探します。

S：グラフを読めばおよそ分かります。

S：式に$y=25$を代入しても分かります。

　表・式・グラフで求める方法を関連づける。また，現実場面を表現する上で変域が重要となることを引き出し，まとめていく。

本時案

人でいえば
何才か推測しよう

本時の目標

・一次関数とみなした事象のグラフを読み取り，その事象の変化のようすを解釈することができる。

《人でいえば何才か推測しよう》 グラフを読みとって考えよう

問 犬が人でいえば何才かを換算するには次の方法がある。

方法①：1年間に7オずつ歳をとる。

方法②：生後1年で16才になり，
その後は1年間に4オずつ歳をとる。

（1）犬が生後x年のとき，人でy才にあたるとして
yをxの式で表しなさい。また，グラフで表しなさい。

（式）① $y = 7x \ (0 \leqq x \leqq 14?)$

② $y = 16 + (x - 1) \times 4$

$y = 4x + 12 \ (1 \leqq x \leqq 14?)$

※ $y = 16x \ (0 \leqq x \leqq 1)$

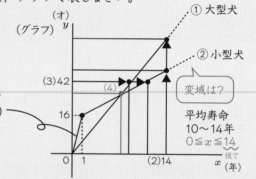

（グラフ）

① 大型犬

② 小型犬

変域は？

(3)42

(4)

16

平均寿命
10〜14年
$0 \leqq x \leqq 14$

0 1 (2)14 （年）
仮で

授業の流れ

1 この犬，何才？

T：（成犬の写真を提示して）この犬，何才に見えますか。手を挙げて予想します。5才未満と思う人。ちょうど5才の人。5才より上だと思う人。

T：正解は，42才です。

S：えー！

T：ちなみに，「人でいえば」の年齢です。犬と人は成長の早さが違います。犬の一生を人の年齢に換算してみたいと思います。

2 換算方法を式とグラフを関連づけよう

（1），（4）までを一気に提示し，自力解決とする。（1）について，机間指導で，変域が考えられているか見取り，必要に応じて支援を行う。また，グラフは座標平面を適当にとって書けばよいことを前回に引き続き，声かけしていきたい。（2），（3）は，xに代入するのか，yに代入するのか，適切に意味づけられているか評価することができる問題である。全体共有の場面では，式とグラフとを関連づけていくことで，意味理解を確認していく。

1 式の計算

2 連立方程式

3 一次関数

4 図形の調べ方

5 図形の性質と証明

6 場合の数と確率

7 箱ひげ図とデータの活用

本時の評価

・グラフの変化のようすを事象の文脈（犬の成長のようす）として意味づけ解釈したり，別のグラフと比較したグラフの読み取りをしたりすることができたか。

（2）生後14年は人で何才か？

① $y=7×14$
 $=\underline{98才}$

② $y=4×14+12$
 $=56+12$
 $=\underline{68才}$

（3）人で42才にあたるのは生後何年？

① $42=7x$
 $x=\underline{6年}$

② $42=4x+12$
 $4x=30$
 $x=\underline{7.5年}$

（4）どちらの方法でも同じ年齢に換算されるのは生後何年？また，そのとき人で何才？

$\begin{cases} y=7x & \cdots① \\ y=4x+12 & \cdots② \end{cases}$ →①に代入
$y=7×4$
$=28$

$7x=4x+12$
$3x=12$
$x=4$

生後4年で
$\underline{28才}$

（5）小型犬は大型犬より早く成犬となり，長生きすることを説明しなさい。

※用語を使って!!
グラフの位置，傾き，…など

（例）グラフの位置は生後4年まで①より②の方が上にある。つまり，yの値が大きいので早く成犬になると言える。
また，グラフの傾きは①より②の方が小さい。よって生後4年以降はyの値が小さくなるので高齢になるのが遅く長生きすると言える。

3　どちらのグラフが小型犬かな？

①は大型犬，②は小型犬に当てはめられることが多い。（4）までを解決し，（5）を提示する前に，どちらが小型犬を表すかを予想を行い，再び関心をもってグラフを読む活動につなげる。

T：（②が小型犬である）理由がグラフで説明できませんか。グラフの位置や傾き，切片などの用語を使って，説明しましょう。

T：まずは，自分のノートに書きましょう。

T：では，ペアで説明し合いましょう。

図がなくても伝わる表現にさせる

ここでは，グラフの位置や形状を読み取り，それを根拠として文脈の意味づけを用語を用いて説明できるようにしたい。また，ペアでの説明を事前にノートに書かせておくことで，「ここがここより上だから……」のような図が目の前にあることを前提とした説明から，図が実際にはなくても意味の通る説明ができるようになる。これは，図形の論証での素地にもなり得る。そして，ペアでの活動の後に，説明を修正する機会を保障し，より意味が正確で，洗練された表現となることを期待する。

帰宅のようすを
一次関数で考えよう

17/20

・事象のようすが表されたグラフについて、そのようすの変更に対応するようにグラフを操作することができる。

《帰宅のようすを一次関数で考えよう》

問 弟は学校から、姉は駅から家へ帰る。駅から家までの道のりは1200mで、その途中、駅から400mのところに学校はある。
下の図は弟が学校から家へ帰るようすをグラフに表したものである。
(1)姉は弟が学校を出てから4分後に分速150mで家へ帰る。どちらが早く家に着くか。

<u>弟の方が早く着く</u>

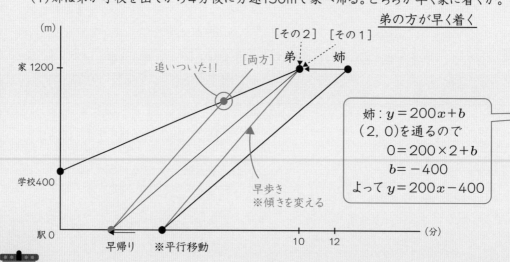

追いついた!!　[両方]　[その2] [その1]
弟　姉

$$姉：y = 200x + b$$
$$(2, 0)を通るので$$
$$0 = 200 \times 2 + b$$
$$b = -400$$
$$よって y = 200x - 400$$

早歩き
※傾きを変える

早帰り　※平行移動

授業の流れ

1 | 姉のグラフをかき入れよう

グラフの操作に焦点化するために、座標軸を入れたワークシートを配付する。グラフをかく負担の軽減や時間の短縮を図る。

T：姉の帰宅の様子を表すグラフは、どこがスタート地点になりますか。

S：駅です。でも、4分後です。

S：座標で言えば、(4, 0)です。

T：傾きはどうなりますか。

S：分速が傾きです。右に1、上に150進めばよいです。

2 | 2人が同時に家に着くには?

T：姉が弟と同時に家に着くには、問題の条件をどう変えればよいでしょうか。

S：姉が早く帰り始めればよいです。

S：姉が進む速さを速くすればよいです。

T：そのときもとの姉のグラフをどう変えればよいか、実際にかき入れて考えましょう。

条件が変わったグラフを新たにかき加え、もとのグラフを動かすという見方へつなげていく。

1 式の計算

2 連立方程式

3 一次関数

4 図形の調べ方

5 図形の性質と証明

6 場合の数と確率

7 箱ひげ図とデータの活用

本時の評価

・問題場面の文脈や条件が表されたグラフについて，その文脈や条件が変更されることに対応するようにグラフの傾きを変えたり，グラフを平行移動したりして問題解決をすることができたか。

・問題場面の文脈や条件変えに対応するように，グラフを操作しようとしていたか。

（2）姉が弟と同時に家につくには，どうすればよいか？　条件変え

[その1] 早帰りする
弟の2分後に着くので
駅を2分早く出発する
（弟が学校を出てから2分後に帰る）

[その2] 早歩きする
6分で家に帰ればよいので
$1200 \div 6 = 200$

分速200mで帰る

[その1] と [その2]

（3）両方すると，姉は弟にいつ，どこで追いつくか？　グラフを操作して考えよう

弟が帰り始めてからx分後に駅からym地点にいるとすれば，

姉：$y = 200x - 400$　　弟：$y = 80x + 400$

これらの交点が追いつくところだから連立方程式として解けば

$$200x - 400 = 80x + 400$$
$$120x = 800$$
$$x = \frac{80}{12} \quad \frac{20}{3}$$

$$y = 80 \times \frac{20}{3} + 400$$
$$= \frac{1600}{3} + \frac{1200}{3}$$
$$= \frac{2800}{3}$$

ナイス!!

6分40秒

$\frac{20}{3}$分のとき$\frac{2800}{3}$m地点
（933.3m）

3 いつ，どこで弟に追いつく？

グラフを操作することを強調するために，指示棒などをグラフに見立てるとよい。それを座標平面のグラフに重ねてから動かして（平行移動，傾きを変える）見せていく。そして，指示棒で見せたグラフの操作を，座標平面上にグラフをかき入れることで再現させる。

このとき，2つの条件変え（姉の帰宅時間と進む速さの変更）によって，姉の方が弟より早く帰宅するようになる。そこで，姉が弟に追いつくのは，いつ，どの地点なのかを問う。

4 ストーリーを加えてみよう。

授業の終末では，この問題場面にストーリーを加えて楽しむ。例えば，「家から父が迎えに来た」「弟は忘れ物を学校に取りに戻った」「電車で通学した。」など，豊かな発想を期待したい。このとき，問題場面と無関係に考えさせるのではなく，そうした人物の動きの様子をグラフで座標平面にかき加えさせ，グラフを操作しようとしているかを評価する。また，このように，ものごとの動きをグラフで表現し捉える事例としてダイヤグラムを紹介したい。

本時案

水不足の対策が
始まる日を推測しよう

《水不足の対策が始まる日を推測しよう》

(問) 貯水量が400万m³未満になるのはいつ？

同じように変化を続けると仮定しよう

x日後の貯水量y万m³とすると，

x	0	1	2	3	4
y	648	630	609	589	570
およそ	650	630	610	590	570

-20　-20　-20　-20

x	日にち	貯水量(万m³)	
0	7月20日	648	-18
1	7月21日	630	-21
2	7月22日	609	-20
3	7月23日	589	-19
4	7月24日	570	$-20?$
	7月25日	550?	

このまま続くの？

どう推測すればよい？

・貯水量の減り具合を調べる
・減り方のきまりで

$y = -20x + 650$　　$y=400$を代入して推測

$400 = -20x + 650$
$20x = 250$
$x = 12.5$　　12日後？ その日のうちになるので，13日後？ 12日後としよう！

ほぼ20ずつ減　　　ほぼ一直線上

yはxの一次関数とみなす

推測できる！
12日後と推測できるので8月1日

授業の流れ

1 どう推測すればいい？

　平成29年度全国学力学習状況調査で出題された問題の改題である。水不足の対策は河川の水量やダムの貯水量が基準となっていることを紹介する。方眼紙を配付し，後にグラフがかけるようにしておく。

T：7月25日はどうなりそうですか。

S：550万㎥くらいです。だいたいの減り方で推測しました。

T：もしもその後も同じように変化を続けると仮定すれば，推測できそうですね。

2 正確でないけど，いいのかな？

　一次関数とみなすことが直ちに受け入れらない生徒もいる。次のように問い，一次関数とみなすことで推測可能になることを再確認する。これらのやりとりを通して，関数とみなして考えることを方法知としてまとめる。

T：正確でないのに，一次関数と考えていいのですか。

S：そう考えないと推測ができません。だから，推測するために一次関数とみなします。

本時の評価

・事象の中から取り出した2つの数量の関係について，およその増加量や座標平面に表した点の並び
を根拠として，一次関数とみなすことができたか。
・みなした一次関数の変化や対応のようすから，事象における未知の値を推測することができたか。

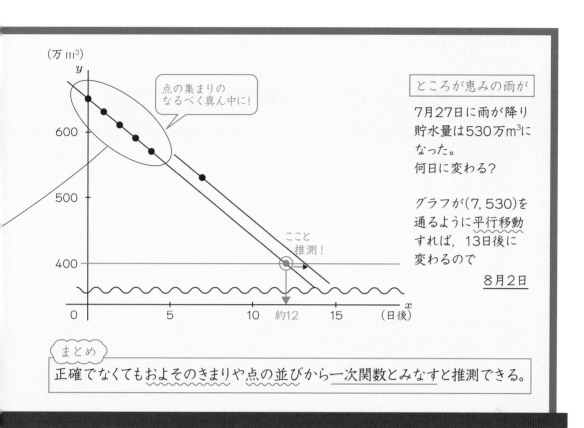

3 どこに直線を引けばいい?

この問題のデータは加工してあり，点の散らばりを意図的に少なくしている。そのため，生徒は安易に直線を引くことが予想される。このように感覚に頼って直線をひく場合であっても，「点の集まりのなるべく真ん中に引く」といった最小二乗法につながる考え方を確認しておきたい。そこで，全体共有の場面では，「どこに直線を引けばいいでしょうか。」と発問し，検討していく。

4 恵の雨が。推測はどう変わる?

T：7月27日に530万㎥になりました。推測は
　　どう変わりますか。
S：グラフをずらせば推測できます。
S：グラフが（7，530）を通るように平行移
　　動させればいいです。
　このように関数とみなした式やグラフの修正や適用の制約を考える場面を扱い，モデルの修正を行うことで探究を深めていく。

1 式の計算

2 連立方程式

3 一次関数

4 図形の調べ方

5 図形の性質と証明

6 場合の数と確率

7 箱ひげ図とデータの活用

面積の変化の ようすを調べよう

・事象の変化に応じて場合分けをして，それぞれを関数で表すことができる。

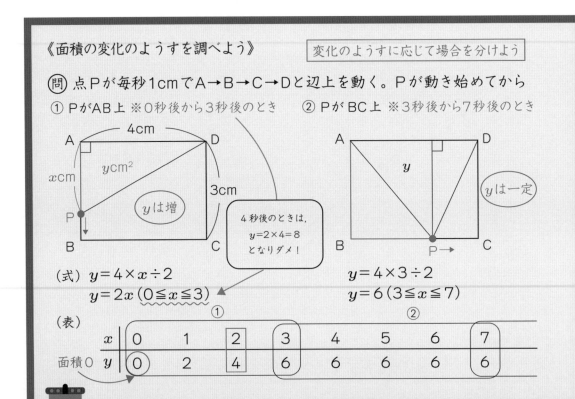

《面積の変化のようすを調べよう》　変化のようすに応じて場合を分けよう

問 点Pが毎秒1cmでA→B→C→Dと辺上を動く。Pが動き始めてから

① PがAB上 ※0秒後から3秒後のとき

② PがBC上 ※3秒後から7秒後のとき

4cm

ycm²

xcm

yは増

3cm

P

4秒後のときは，
y=2×4=8
となりダメ！

yは一定

P→

(式) y＝4×x÷2
　　 y＝2x（0≦x≦3）

y＝4×3÷2
y＝6（3≦x≦7）

(表)

		①					②
x	0	1	2	3	4	5	6	7
面積0 y	0	2	4	6	6	6	6	6

授業の流れ

1 y の値はどう変わるのかな？

　ここではあえてテクノロジーを使わず，念頭で△APDの面積（y）がどう変化するのか見通しをたてるようにし，場合分けにつなげる。

T：PはAからこのように動きます。（磁石で見立てた点Pを動かして見せる。）

T：yはどう変化するか想像しましょう。

S：段々と大きくなって，また段々と小さくなると思います。

T：その変わり目はどこですか？

場合分けは何を分けるかに着目させる

　こうした問題の場合，教師が場合分けを示してしまってないであろうか。それでは，生徒自身で場合分けしていく機会が失われてしまう。そこで，教師がクラス全体で対話的に場合分けを行うことから始める。この問題場面での場合分けの困難さの一つは，△APDの形が変わり続けることであろう。**1** であるように，形そのものでなく，「面積の変化のようす」の変わり目に着目していく。すると自然と点Pの位置での場合分けの必要性に気付くことができる。

1 式の計算

2 連立方程式

3 一次関数

4 図形の調べ方

5 図形の性質と証明

6 場合の数と確率

7 箱ひげ図とデータの活用

本時の評価

・事象の変化のようすを表した関数の限界を調べ，その適応範囲を変域で示すことができたか。

・事象の変化のようす（動点の位置とそのときできる三角形の面積）をいくつかの関数の組み合わせで表すことができたか。

まとめ 変化のようすは，その場合分けを変域で示し，それぞれの場合を式で表す。

x秒後の△APDの面積をy cm²とするとき，yをxの式で表しグラフをかきなさい。

③ PがCD上 ※7秒後から10秒後のとき

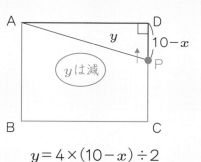

$$y = 4 \times (10 - x) \div 2$$
$$y = -2x + 20 \quad (7 \leqq x \leqq 10)$$

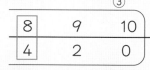

6秒後のときは，
$y = -2 \times 6 + 20 = 8$
となりダメ！

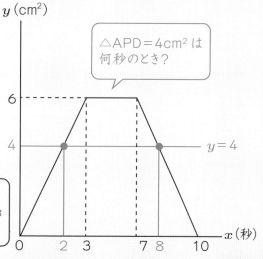

2 ③の場合，PD はどう表される？

③の場合，具体的な数値から表を完成させることは比較的容易だが，関数の式に表すことは困難である。そこで，「$x = 7$のときは？」「PD $= 3$ cm」，「$x = 8$なら？」「PD $= 2$ cm」，…のように，動点 P の移動距離（スタート（点 A）からの距離）と，ゴール（点 D）まで残り何 cm かを一問一答形式で進める。すると，PD $= $（AB $+$ BC $+$ CD）$- x$ の関係に気づいて，PD $= 10 - x$ を導くことができる。

3 △ APD $= 4$ cm²は，何秒のとき？

T：△ APD $= 4$ cm²となるのは，何秒のときですか。

S：2秒と8秒のときです。

T：どのように求めましたか。

S：表を見れば，分かります。

S：グラフで $y = 4$ との交点を見れば，分かります。

グラフを用いることで，2回あることが視覚的に確認できるというよさを共有したい。

本時案

三角形の辺の長さ の関係を調べよう

20/20

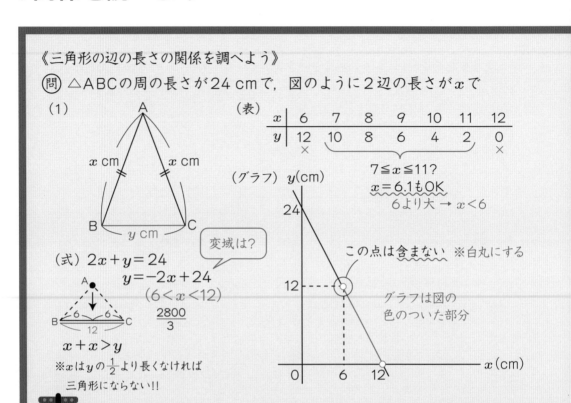

《三角形の辺の長さの関係を調べよう》

問 △ABCの周の長さが24cmで，図のように2辺の長さがxで

（1）

（表）

x	6	7	8	9	10	11	12
y	12	10	8	6	4	2	0

$7 \leqq x \leqq 11$?
$x = 6.1$もOK
6より大 → $x < 6$

（グラフ） y(cm)

変域は？

この点は含まない ※白丸にする

（式）$2x + y = 24$
$y = -2x + 24$
（$6 < x < 12$）

$\dfrac{2800}{3}$

$x + x > y$

※xはyの$\dfrac{1}{2}$より長くなければ
　三角形にならない!!

グラフは図の
色のついた部分

授業の流れ

1　変域はどうなる？

　式は比較的容易に立式できる。具体的な数値で考えることで，変域を考えることへつなげる。

T：（(1)の場合）実際，3辺はどんな長さが
　　考えられますか？

S：10cm，10cm，4cmです。

S：8cm，8cm，8cmです。

S：5cm，5cm，14cmです。

S：それは無理だよ。辺が届かない。

T：三角形にならない場合もありますね。では，
　　三角形になる場合を変域で表しましょう。

2　この場合は含む？含まない？

T：（(1)の場合）xの変域は$7 \leqq x \leqq 11$でよ
　　いですか。では，7より短い場合，例えば，
　　6.5cmのときは三角形にならないのですね。

S：いや，できます。

T：6.1cmのときはどうですか。6.0001cm
　　のときはどうですか。

S：6cmより少しでも長くなれば，できます。

T：ぴったり6cmのときはどうですか。

S：それは三角形になりません。だから，変域
　　は$6 < x < 12$になります。

本時の評価

・変数の大小関係（辺の長さによって三角形ができる／できない）に着目して，変数の変域を示すことができたか。

・自分で条件変えをした図形について，数量関係を捉えて表現しようとしていたか。※レポートで評価する

（レポート課題）自分で条件変えをしよう。［Ⅰ］どう条件を変えたか。［Ⅱ］式とグラフで表す
（自分にできそうな／しっかり考えられる）
きまるとき，残りの一辺の長さyの関係を式とグラフで表しなさい。

（2）

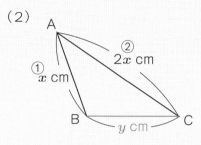

（表）

x	3	4	5	6	7
y	15	12	9	6	3
	×	×	◯	×	×

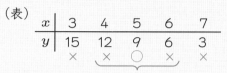

（式）$x + 2x + y = 24$
$y = -3x + 24 \ (4 < x < 6)$

$x + 2x > y$
※$x + 2y$の方が
長くないとダメ

$2x < x + y$
※$x + y$の方が
長くないとダメ

（グラフ）

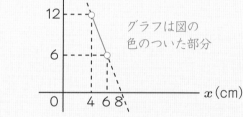

グラフは図の
色のついた部分

---

3 一方の x cm を $2x$ cm に変えてみると？

（1）の解決を共有した後，（1）の条件変えとして（2）を提示する。このとき，辺の長さの関係を不等式でも表現しておくと変域を考える手立てとなる。安易に $4 < x < 8$ としている生徒に対しては，具体的な数値で実際に概形をかいて調べていくよう支援したい。より一般的な支援として「図をかいて考えよう。」，より特殊な支援として，「$x = 6$ のとき，どんな三角形になるかかいてみよう。」などの支援がある。

4 レポートに挑戦してみよう！

さらに，主体的に問題場面の条件変えをすることをレポート課題とする。例えば，次のような条件変えが考えられる。

・周の長さを変える

・2辺の比を変える

・2辺を x，$x + a$（定数）にする

・三角形を平行四辺形に変える

この評価の観点を「考察に適度な条件設定か（学習の調整）」，「粘り強く考えられているか」とし，事前に生徒に示しておく。

1 式の計算

2 連立方程式

3 一次関数

4 図形の調べ方

5 図形の性質と証明

6 場合の数と確率

7 箱ひげ図とデータの活用

1 教材の旬

　一次関数の定番教材の一つに「桜の開花予想」がある。何社かの教科書教材として掲載され続けており，ウェブで「桜の開花予想」「学習指導案」キーワードに検索すれば，115万件以上ヒットする（2021年7月25日最終確認，Google 検索による）。数学的内容としても方法としても学習するに申し分ない。気象庁のウェブサイトから，自分たちの住む地域のデータも得られる。生徒にとって真に日常の事象の問題解決となろう。しかし，筆者は今回提案した単元計画には位置付けていない。その理由は一次関数を学習指導する時期による。一般的な年間指導計画では一次関数は6〜9月頃に対して，桜の開花は3〜5月。時期がミスマッチである。もし可能であれば年度末に学年のまとめとして実践したい教材である。桜の開花が年度末から大きくずれる地域では，トピック教材として適切な時期に扱うことがよい。ちなみに，本稿では学習の時期を考慮した「水不足対策の開始日予測」を提案している。季節は夏。猛暑にともなう水不足の話題は自然である。取水制限等の水不足の対策は，河川の流量やダムの貯水量をもとに決定されるため，現実場面を扱う教材である。また，降雨による貯水量が増加する条件を付加することで，当初の予測を修正する活動を位置付けることもできる。桜の開花日予想のように予想した結果と実際との比較はできないが，時節柄，生徒にとって日常の問題として自然に受け止められ，考える価値が見出される教材である。

2 消えた教材

　教科書から消えてしまった一次関数の教材がある。「携帯電話の料金プランの検討」。消えた理由は言うまでもなく，現在（令和3年度時点）において，多くの人が携帯電話からスマートフォン（以下，スマホ）の所有に変わり，そうした料金プランは一般的でないからである。同様な料金体系のサービス（水道料金，電気料金，家賃など）に変更することは容易だが，生徒にとっての魅力は携帯電話であったことに違いない。そこで，時代に合うように携帯電話からスマホに修正・変更して扱うことを考える。例えば，ある会社のスマホの料金プランはデータ通信量に応じて定額の料金が段階的に設定されている。つまり，データ通信量と料金の関係は階段関数（この例は天井関数）とみなすことができ，中学校第3学年における「いろいろな事象と関数」の教材となりうる。また「ウェブ動画の視聴時間とデータ通信量の関係」のように，一次関数の問題場面の教材化もできる。つまり，スマホ時代に対応した問題場面・教材に修正・変更して学習指導することが可能となる。日常の問題場面は時代とともに変化するが，ともなってそうした教材も変化させていくことで，新たな教材を開発することができる。今回の提案ではこうした教材は扱っていないが，生徒にとっての魅力的な教材として「犬の年齢換算」（第16時）を位置付けた。この教材の魅力は，生徒の興味関心に応じた発展可能性である。ウェブで調べると，他の年齢換算の仕方や他の動物の換算方法，さらには架空のキャラクターの年齢の考察までも見つけられる。こうしたことを少し紹介すれば，授業後に生徒が自主的に調べ考察することが期待できる。

3 他領域の教材

　教科や領域は，便宜上の分類であり，問題場面や教材をどう捉えるかが決まっているわけではない。つまり，通常，他領域や単元で扱う教材を関数領域や単元で位置付けることも可能である。平成

29年7月に示された中学校学習指導要領解説数学編で「これまでの数学の学習の捉え直しやこれからの学習において重要な役割を果たすこと」（p.50）と述べられているように，領域横断的な学習にも意義がある。例えば，「数と式」領域で学習した連立二元一次方程式の解が，2つの一次関数の交点の座標としても求められることもそれにあたる。これに加えて，筆者は垂直に交わる2直線を教材とした（第14時）。ある直線に垂直な直線のグラフを関数の式として求めることは生徒とって未知である。しかし，「図形」領域で直線とその垂線の作図は既習である。そこで，テクノロジーを活用して，図形として作図した垂線を関数の式として求める。その式の観察を通して，まずは傾きの積が−1になることを見出し，これを図形の回転移動の見方によって解釈したり説明したりする。こうした数学的活動は，先の解説等で示されている「算数・数学の学習過程のイメージ」（p.23）における数学の世界での統合的・発展的な探究となろう。

4 教材の選択から見た授業改善

　最後に，自分らしい授業を大切にしつつ授業改善をしていくための視点を示したい。それは，教材を選択した教師の立場を客観視して，ある教材がなぜ指導計画に位置づけられたか／位置づけられなかったのかを明らかにすることである。つまり，扱った教材を通して教師の指導観を捉える視点である。この視点で筆者の指導観を分析すると，①生徒にとって考える価値が見出せたり（先述1），魅力的であったりすること（先述2）を重視した現実場面の教材を選択すること，②座標平面での考察が強調される教材を選択すること（先述3）が指摘される。これを踏まえると，「場合によっては当初から数学の問題の教材を提示し，問題の把握しやすさを優先すること（①に対する改善案）」，「座標平面での考察を補完するための式表現や処理の習熟を一層図る必要性があること（②に対する改善案）」が考えられよう。

4 図形の調べ方 （16時間扱い）

指導計画　全16時間

次	時	主な学習活動
第1次 平行線と角	1 2	対頂角の性質，同位角の意味と平行線との関係を理解する。 錯角の意味と平行線との関係を理解する。
第2次 三角形の角	3 4	三角形の内角や外角に関する性質を，平行線の性質などを用いて論理的に考察し，説明する。
	5	平行線や角の性質を用いて，角の大きさを求める。
第3次 多角形の角	6 7	多角形の内角の和や外角の和を求める方法を，三角形の角の性質などを基にして見いだし表現する。
	8 9	星形多角形の先端の角の和など，いろいろな角の大きさを求める。
第4次 合同な図形と三角形の合同条件	10 11	合同な図形の性質を理解する。 2つの三角形が合同になるための条件を調べる。 三角形の合同条件を用いて2つの三角形が合同であるかどうかを調べ，記号≡を用いて表す。
第5次 図形の性質の確かめ方	12	仮定と結論について知る。
	13 14	図形の性質を証明する手順を理解し，簡単な図形の性質を証明する。
第6次 まとめの問題	15 16	まとめの問題を解いたり説明したりする。

1
式の計算

2
連立方程式

3
一次関数

4
図形の調べ方

5
図形の性質と証明

6
場合の数と確率

7
箱ひげ図とデータの活用

単元の基礎・基本と見方・考え方

(1)直観から論理，帰納から演繹へ

本単元で学習する対頂角が等しいことや三角形の内角の和が180°になることは，小学校算数科で学習している。四角形や五角形の内角の和を，三角形の内角の和を基にして求めることや，次の単元で扱う三角形や四角形の性質についても，小学校で学習済みの内容である。そのため，例えば「対頂角が等しいことを説明しよう」と投げ掛けても，多くの生徒は「分かっていることをなぜ説明するのか」という疑問を抱き，そこに必要感が生まれない。

図形の性質について説明する必要感が生まれるようにするために，演繹的に推論（証明）する必要性やその意味と方法を，対頂角の性質や三角形の内角の和について説明するときから理解できるようにすることが大切になる。その際，対頂角の性質や，三角形の内角の和について小学校で学習したときにどのように調べたのか想起させ，その方法では常に成り立つことを説明したことにはならないことを，生徒たちが理解できるようにする必要がある。同時に，小学校で経験した帰納的な推論では，そこから導き出せることはあくまで推測であるのに対し，演繹的な推論は，同じ条件を満たすすべての場合においてその事柄が成り立つことを説明することができるというよさがあることも理解できるようにする。そして，直観的・帰納的に捉えたことを根拠にするのではなく，推論を進めるに当たり根拠として用いてよいことは何か，どのように用いればよいのかといったことを判断し，論理的に考察する数学的な見方・考え方を育成していきたい。

ただ，演繹的に推論することは，本単元で初めて経験することではない。小学校でもその素地となる経験をしてきているし，第1学年における平面図形の作図の場面や他の領域でも経験する機会がある。証明について本格的に学習するのは本単元からであるが，本単元までの学習が，単に公式や作図の手順を覚えて問題を解く練習をするというようなものではなく，理由を考察し表現することも重視したものになっていることが大切である。

(2)図形の合同と証明

図形の合同については，その意味を小学校算数科（5年生）で学習している。本単元では，合同の意味を振り返りつつ，記号「≡」を使って表すことやその表し方について新しく学ぶ。三角形の合同条件についても，小学校5年生で三角形の決定条件に着目して合同な三角形のかき方を学ぶ場面で触れている。本単元では，合同な三角形をかくために必要な条件を振り返り，他の条件ではいけないのか，同じ条件で複数の異なる三角形がかけてしまうことはないのかということを追究し，三角形の合同条件を考察していく。

証明については，証明を書く前に，まずはその方針を立てることが大切になる。その際，条件から導かれることだけでなく，結論を導くために必要なことを結論からさかのぼって考え，結び付けていくことが必要になる。

証明の書き方については，次の単元や第3学年を見通して段階的に指導していく。本単元では，証明を読んだり，証明の穴埋めをしたり，間違い探しをしたりする活動を通して，簡単な証明の書き方に慣れるようにしたい。証明の書き方に必要以上にこだわらず，根拠を明らかにして説明し伝え合う活動や，証明の方針を立てることを重視し，演繹的に推論する能力を伸ばせるようにする。

本時案

直線と直線が交わると？

・対頂角が等しくなることを説明するとともに，同位角，錯角について理解することができる。

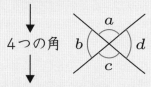

直線と直線が交わると？

2つの直線が交わる

↓

4つの角

向かい合っている2つの角
（∠aと∠c，∠bと∠d）　対頂角

$\angle b = \boxed{}°$のとき，<aと<cの大きさは？

∠b＝60°のとき

∠a＝120° 180－60　60°

∠c＝120° 180－60　60°

対頂角のときも含め，直線が回転して，交わる角度を変えられる図を提示する

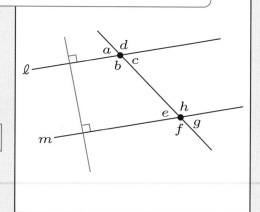

ℓに垂直な直線をかき，mとも垂直になっていることを調べ，$\ell /\!/ m$を確かめる。

授業の流れ

1　2つの直線が交わると？

T：（スクリーンに直線を映す）直線が1つあります。ここにもう1つ別の直線が交わると……。（もう1つ直線を映す）角がいくつできますか？ ICT

S：4つできます。

T：4つの角のうち，∠aと∠cのように，向かい合っている2つの角を対頂角と言います。∠bの対頂角はどの角ですか？

S：∠dです。

2　対頂角はいつでも等しい？

T：∠bの大きさが何度でも∠a＝∠cですか？

S：はい。

T：どうしてそのように言えますか？　となりの人に説明しましょう（ペアで説明し合った後，全体で確認する）。

　具体的な数値を用いて調べ，説明する段階をふむことで，演繹的に説明する方法を理解しやすくするとともに，演繹的な説明のよさに触れられるようにしたい。

1 式の計算

2 連立方程式

3 一次関数

4 図形の調べ方

5 図形の性質と証明

6 場合の数と確率

7 箱ひげ図とデータの活用

本時の評価

・対頂角について知り，それらが等しくなることを説明することができるとともに，同位角と錯角についても知り，平行線と同位角の関係を理解することができたか。

準備物

・書画カメラ
・プロジェクター
・スクリーン
　（PC，電子黒板でも可）

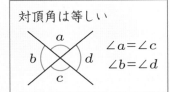

∠b＝100°のとき
∠a＝ 80° （180－100）
∠c＝ 80° （180－100）

∠a＝180°－∠b
∠c＝180°－∠b ｝同じ
（∠bが何度でも）∠a＝∠c

∠b＝∠dであることを説明しよう

対頂角は等しい
∠a＝∠c
∠b＝∠d

2つの直線に1つの直線が交わる

同位角（どういかく）　∠aと∠e，∠bと∠f　∠cと∠g，∠dと∠h

錯角（さっかく）　∠bと∠h，∠cと∠e

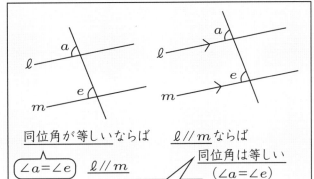

同位角が等しいならば　∠a＝∠e　ℓ//m

ℓ//mならば　同位角は等しい（∠a＝∠e）

平行でない場合は等しくない

---

3 2つの直線に1つの直線が交わると？

T：（2つの直線に1つの直線が交わっている図を映し，角が8つあることを確認する）ICT
∠aと∠eのような位置にある角を「同位角」と言います。∠bの同位角はどの角ですか？

S：∠fです。

T：∠bと∠hのような位置にある2つの角を「錯角」と言います。∠cの錯角はどの角だと思いますか？

4 同位角を等しくすると？

T：直線 m を回転させます。同位角が等しくなるとき，直線 ℓ と m はどのような関係になるでしょうか？ICT

S：平行になります。

T：逆に，直線 ℓ と m が平行になるようにします。このとき，同位角はどうなりますか？

　生徒が手元で図を操作して，同位角が等しくなったり，2直線が平行になったりする瞬間をとらえられるようにしたい。

本時案

分かっていることを
もとに説明しよう

2/16

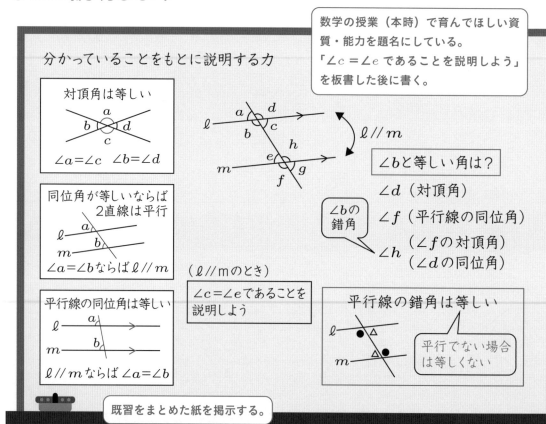

数学の授業（本時）で育んでほしい資質・能力を題名にしている。
「$\angle c = \angle e$ であることを説明しよう」を板書した後に書く。

分かっていることをもとに説明する力

対頂角は等しい

$\angle a = \angle c$ $\angle b = \angle d$

同位角が等しいならば2直線は平行

$\angle a = \angle b$ ならば $\ell /\!/ m$

平行線の同位角は等しい

$\ell /\!/ m$ ならば $\angle a = \angle b$

$\ell /\!/ m$

$\angle b$ と等しい角は？

$\angle d$ （対頂角）

$\angle f$ （平行線の同位角）

$\angle b$ の錯角

$\angle h$ （$\angle f$ の対頂角）（$\angle d$ の同位角）

（$\ell /\!/ m$ のとき）
$\angle c = \angle e$ であることを説明しよう

平行線の錯角は等しい

平行でない場合は等しくない

既習をまとめた紙を掲示する。

授業の流れ

1 $\angle b = \angle h$ と言える理由は？

T：直線 ℓ と m は平行です。このとき $\angle b$ と等しい角はどれですか？

S：$\angle d$ です。$\angle b$ の対頂角だからです。

S：$\angle f$ です。平行なとき，同位角は等しくなるからです。

S：$\angle h$ も等しいと思います。

T：$\angle b = \angle h$ が出てきましたが，これは，みなさん，説明できるでしょうか？

　錯角の考えが引き出された後で，これを問題提起して，各自で考える時間を設ける。

2 平行に見えるけど本当に平行？

T：今度は $\angle a$ と $\angle b$（錯角）が等しいことが分かっています。このとき，直線 ℓ と m はどのような関係でしょうか。

S：平行です。

T：確かに平行に見えるけど，本当に平行でしょうか。$\angle a = \angle b$ ならば直線 ℓ と m は平行であると言えることを説明しましょう。

　直観的にとらえていることを演繹的に説明する必要性を感じられるようにしたい。

1 式の計算

2 連立方程式

3 一次関数

4 図形の調べ方

5 図形の性質と証明

6 場合の数と確率

7 箱ひげ図とデータの活用

本時の評価

・既習の知識をもとに平行線の錯角が等しくなることを説明することができたか。
・平行線と同位角・錯角の関係などを根拠にして，必要な角の大きさを求めることができたか。

準備物

・書画カメラ
・プロジェクター
・スクリーン
（PC，電子黒板でも可）

$\angle a = \angle b$ ならば
$\ell /\!/ m$ となることを説明

↳同位角が等しい（$\angle a = \angle c$）

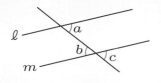

条件より $\angle a = \angle b$ …①
対頂角は等しいから
　　　　$\angle b = \angle c$ …②

①②より $\angle a = \angle c$
同位角が等しいので $\ell /\!/ m$

錯角が等しいならば
　　2直線は平行

教科書の練習問題を解いて学習内容の定着を図る。

$\ell /\!/ m$ のとき，$\angle x$ $\angle y$ の大きさを求めなさい。

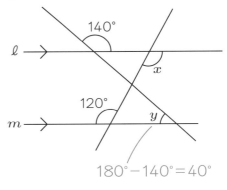

問題をスクリーンに映し，考え方を書き込んで確認していく。

---

3 「平行」を説明するためには？

T：平行であることを説明するためには，何を説明すればよいでしょうか。

S：同位角が等しいことを言えればよいんじゃないかな？

T：（全員を起立させて）$\angle a$ の同位角を $\angle c$ とします。このとき，$\angle a = \angle c$ であることを説明できそうですか？　説明できるという人は座りましょう。困っている人は座っている人にヒントをもらってもよいですよ。

より多くの対話を生み出す

　例えば，問題を解き終えた生徒は起立して，解き終わったことが他の生徒からも分かるようにする。解き方が分からなくて困っている生徒は立っている生徒に自分から声をかけてヒントをもらうようにする。そうすることで，生徒同士の必要感のある対話を生み出すことができる。

　答えを確認するときには，となり同士で答えとその理由を説明しあうようにする。自分で説明することで，学習内容の定着を図ることができる。

本時案

根拠を明らかに
して説明しよう

3/16

本時の目標

・三角形の内角や外角について知り，どのような性質があるのか，平行線の性質などを用いて調べ，論理的に説明することができる。

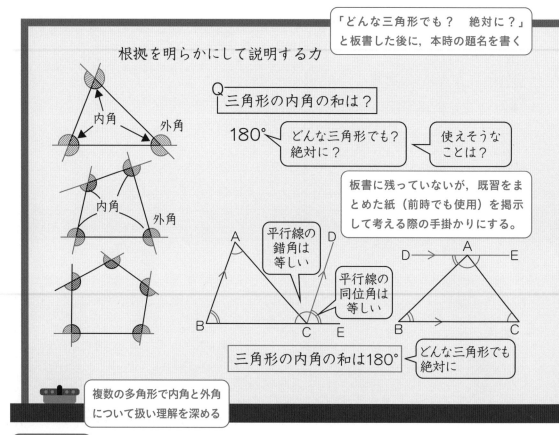

「どんな三角形でも？　絶対に？」と板書した後に，本時の題名を書く

根拠を明らかにして説明する力

Q 三角形の内角の和は？

180°

どんな三角形でも？
絶対に？

使えそうなことは？

板書に残っていないが，既習をまとめた紙（前時でも使用）を掲示して考える際の手掛かりにする。

平行線の錯角は等しい

平行線の同位角は等しい

三角形の内角の和は180°

どんな三角形でも絶対に

複数の多角形で内角と外角について扱い理解を深める

授業の流れ

1 どんな三角形でも？　絶対に？

T：三角形の3つの内角を合わせると何度になりますか？

S：180°です。小学校でやりました。

T：それはどうやって調べましたか？

S：角をはさみで切って合わせました。

T：その方法で，すべての三角形について説明したことになるでしょうか。

　生徒が，演繹的に説明する必要性を感じ取れるようにする。

2 180°になることを説明しよう

T：どんな三角形でも内角の和が180°になることを説明しましょう。

S：（どうやって説明すればよいの……？）

T：今まで学習してきたことで，使えそうなことはないでしょうか（既習事項を確認する）？

　すぐに教師から補助線の引き方を示してしまわず，試行錯誤する時間を生徒に与えたい。補助線をかいている生徒がいたら，他の生徒に知らせるようにする。

1	式の計算
2	連立方程式
3	一次関数
4	図形の調べ方
5	図形の性質と証明
6	場合の数と確率
7	箱ひげ図とデータの活用

本時の評価

・内角，外角，鋭角，鈍角について理解することができたか。
・三角形の内角の和が180°であることを平行線の性質を用いて論理的に説明することができたか。

三角形の外角は内角よりも大きい？

○ となり合う内角と外角だったら？

内角が <u>0°より大きくて</u> <u>90°より小さい</u> 鋭角
えいかく → 外角は大きい
内角が <u>90°</u> 直角 → 外角と等しい
内角が <u>90°より大きい</u> <u>180°より小さい</u> 鈍角
どんかく → 外角は小さい

鋭角三角形 すべて鋭角

直角三角形 1つの角が直角

鈍角三角形 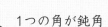 1つの角が鈍角

2つある→どちらか1つ（大きい方）

○ となり合わない内角と外角だったら？

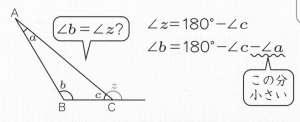

∠b＝∠z？

$\angle z = 180° - \angle c$
$\angle b = 180° - \angle c - \angle a$

この分小さい

外角にとなり合わない2つの内角のうち大きい方に目を向ける

Q ∠aと∠bを合わせたら，∠zより大きくなる？

次時の課題を提示して終わる

---

3 正しい？ それとも正しくない？

T：「三角形の外角は，それととなり合う内角より大きい」これは○？ それとも×？

S：×です。

T：どうして×ですか？ となりの人にその理由を説明しましょう。

T：それでは，「三角形の外角はそれととなり合わない内角より大きい」これは○？ ×？

S：これも×じゃないの？

S：今度は○だと思う。

新しい知識と出合う流れをつくる

　本時では，三角形の外角と内角の大きさの関係について考える過程で，「90°より小さい（大きい）」という言葉を生徒から引き出して，そのタイミングで鋭角（鈍角）という用語を教える。

　三角形の外角の性質についても，いきなりそこに踏み込むのではなく，そこに至るまでに段階をふむようにしている。

　教師にとって指導すべきことではあるが，できる限り生徒の自然な思考の流れをつくり，その中で新しい知識を与えるようにしたい。

本時案

2つの内角を
合わせたら？

本時の目標

・三角形の外角の性質について論理的に説明することができる。

学んだことを生かして説明する力

○∠a と∠b を合わせたら∠z より大きくなる？

大きくなる　　ならない　　同じ　　三角形の形によって変わる

三角形の内角の和

$$\angle a + \angle b = 180° - \angle c$$
$$\angle z = 180° - \angle c$$

同じ

平角

$$\angle z = \angle a + \angle b$$

板書に残っていないが，黒板の右端に既習をまとめた紙を掲示して，考える際の手掛かりにする。

三角形の外角は，
これにとなり合わない
2つの内角の和に等しい

●+△

授業の流れ

1 どちらが大きい？

T：∠a と∠b を合わせたら，∠z より大きくなるでしょうか。それでもまだ∠z の方が大きいでしょうか。自分の考えをハンドサインで表してもらいます。

S：えー，分からない。どっちだろう。

S：三角形の形によって変わると思う。

S：「同じ」の人はチョキでよいですか？

S：「三角形の形で変わる」という人は？

T：そういう人はどうしますか？

S：3本にすればよいんじゃない？

ちょっとしたことでも主体的に

「A だと思う人」「B だと思う人」とそれぞれに挙手させると，挙手をしない生徒が出てくる。そのような生徒は，考えることからも逃避してしまう。そうならないために，例えば，ハンドサインを決めて全員に同時に挙げさせる。

このとき，教師から全ての選択肢を与えてしまわず，生徒が不足を指摘する余地を残しておく。過不足のない状況を与えてもらうのを待つのではなく，過不足を見つけ自分から調整しようとする主体的な態度を育みたい。

1 式の計算

2 連立方程式

3 一次関数

4 図形の調べ方

5 図形の性質と証明

6 場合の数と確率

7 箱ひげ図とデータの活用

本時の評価

・三角形の外角は，これととなり合わない2つの内角の和に等しいことを論理的に説明するとともに，これまでに学習したことを用いて必要な角の大きさを求めたり，求め方を説明したりすることができたか。

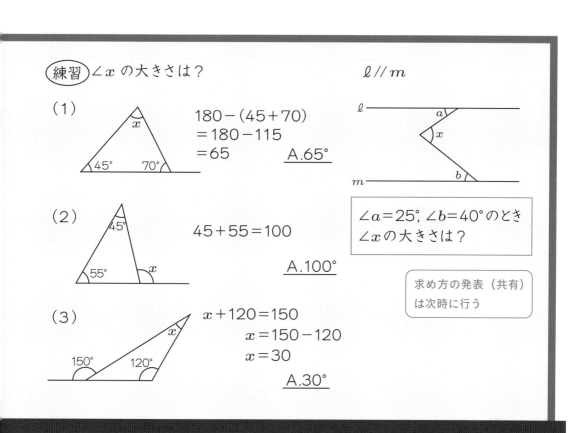

練習 ∠x の大きさは？

$\ell // m$

(1)

$180-(45+70)$
$=180-115$
$=65$　　A.65°

(2)

$45+55=100$
A.100°

∠$a=25°$，∠$b=40°$のとき∠x の大きさは？

求め方の発表（共有）は次時に行う

(3)

$x+120=150$
$x=150-120$
$x=30$
A.30°

2 Aさんの考え方を説明しよう。

T：Aさん，説明してください。

S$_A$：（自分の考え方を説明）

T：Aさんの説明がよく分からなかった人。

（何人か挙手　Tは挙手していないBを指名）

S$_B$：Aさんが言いたかったことは……（Aの説明を自分の言葉で説明）。

　1回の説明で全員が理解できることは少ない。

　別の生徒に説明させたり，ペアで確認させたりすることで全員が理解できるようにしたい。

3 ∠x の求め方は？

T：となりの席の人とジャンケンをして，勝った人が(1)の求め方を説明しましょう。

（ジャンケンで勝った人が説明をする）

T：Cさん，となりのDさんから聞いた説明を教えてください。

S$_C$：45と70を足すと115で，$180-115=65$なので∠x は65°になります。

T：Cさんの説明を1つの式で表すとどうなりますか。となりの人と確認しましょう。

考え方を考えよう ⑤／16

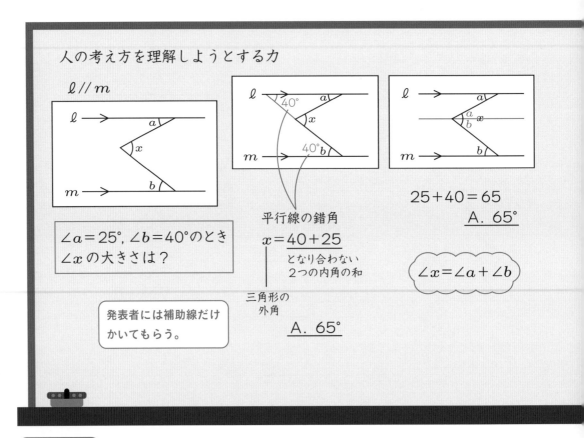

授業の流れ

1 どのように求めたでしょうか?

(Aさんを指名し，他の生徒には起立させる)

T：Aさんに補助線だけかいてもらいます。Aさんの求め方が分かったら座りましょう。

(Aさんの補助線を見て座った生徒を指名)

T：Bさん，まだ立っている人がいるので，ヒントをください。

S_B：平行線の錯角は等しいです。

T：Cさん，もう1つヒントをお願いします。

S_C：三角形の外角。

T：Aさんの求め方をペアで確認しましょう。

2 ∠x について分かることは?

T：Aさんと違う方法で考えた人はいますか?
それじゃあ，Dさんお願いします。

(補助線だけかいてもらい，Dさんの求め方を考える)

S：きまりみたいなことを見つけました。

∠x ＝∠a ＋∠b であることが生徒から出てくるのが理想だが，そうでなければ教師から上手に投げかけて生徒の気付きを促す。

1 式の計算

2 連立方程式

3 一次関数

4 図形の調べ方

5 図形の性質と証明

6 場合の数と確率

7 箱ひげ図とデータの活用

本時の評価

・補助線の引き方を見て，どのように角度を求めたのか（求めることができるのか）論理的に考え，
表現することができたか。

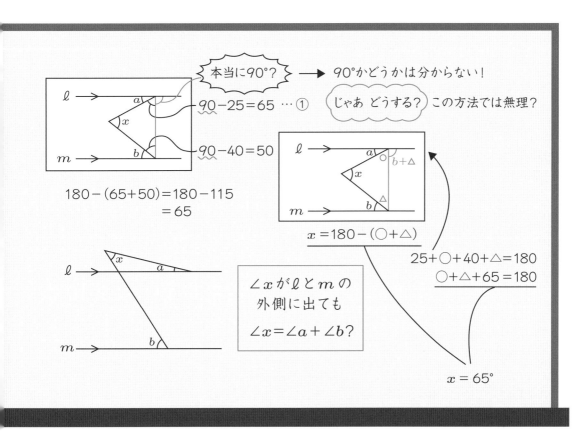

3　本当に90°？　その根拠は？

T：このような補助線をかいていた人がいました。この補助線で∠x の大きさを求めることはできないでしょうか？

（自力思考のあと，上記①の説明）

T：ここは本当に90°ですか？確かに90°に見えるけど……。そう言える根拠はありますか？

　直観的に捉えたことを根拠にしようとすることがよくある。「確かに言えること」と「そう見えること」を区別する重要性を理解させたい。

4　∠x が l と m の外に出たら？

T：∠a ＋∠b をすると∠x の大きさを求めることができましたが，∠x の位置が動いてもそうなるのでしょうか？

S：∠x が動いても，∠a ＋∠b と等しくなります。

T：∠x が，このように直線 l と m の外側まで動いてもそうなりそうですか？

　授業の終盤に課題を与えて授業を終えて，授業終了後も学びが続くことを期待したい。

本時案

n 角形の内角の和は？

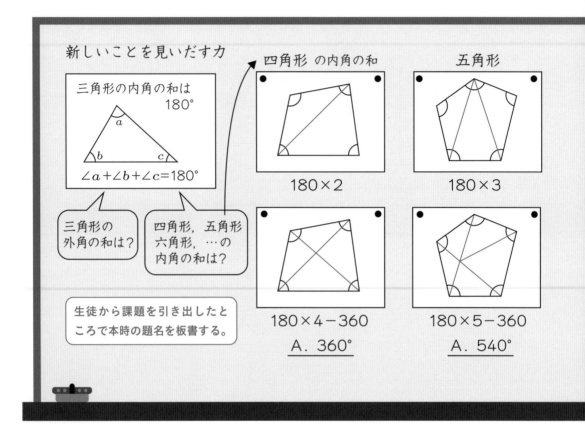

新しいことを見いだす力

三角形の内角の和は
180°

$\angle a + \angle b + \angle c = 180°$

三角形の外角の和は？

四角形，五角形六角形，…の内角の和は？

生徒から課題を引き出したところで本時の題名を板書する。

四角形 の内角の和
180×2

五角形
180×3

180×4－360
A. 360°

180×5－360
A. 540°

授業の流れ

1 どのようなことをやると思う？

T：この前，三角形の内角の和が180°であることを学習しました。では，今日はどのようなことをやると思いますか。

S：四角形や五角形の内角の和？

S：外角の和？

T：それでは，今日は四角形や五角形の内角の和について考えましょう。

　生徒たちから課題を引き出し，それを本時や次時の課題につなげたい。

2 どのように考えたと思う？

T：Aさんはどのように考えましたか。式だけ言ってもらえますか。

A：180×2で360°です。

T：Aさんはどのように四角形の内角の和を求めたでしょうか。

T：Bさんはどのように考えましたか。図に線をかいてください（補助線だけかいてもらう）。

T：Bさんの求め方を式に表すとどのような式になるでしょうか。分かった人は座りましょう。

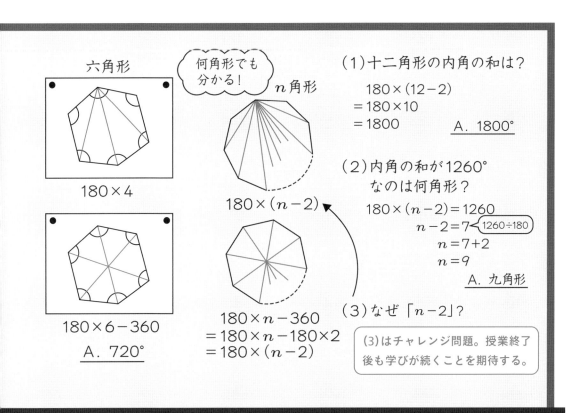

本時の評価

・四角形，五角形，六角形の内角の和を，三角形の内角の和をもとにして求めていく過程で規則性を見いだし，n 角形の内角の和を「$180 \times (n\ \ 2)$」と　般化して表せることを理解することができたか。

六角形

何角形でも分かる！

n 角形

180×4

$180 \times (n-2)$

$180 \times 6 - 360$

A. $720°$

$180 \times n - 360$
$= 180 \times n - 180 \times 2$
$= 180 \times (n-2)$

（1）十二角形の内角の和は？

　　$180 \times (12-2)$
　　$= 180 \times 10$
　　$= 1800$　　　　　A. $1800°$

（2）内角の和が$1260°$なのは何角形？

　　$180 \times (n-2) = 1260$
　　　　$n-2 = 7$　（$1260 \div 180$）
　　　　　$n = 7+2$
　　　　　$n = 9$
　　　　　　　　　　A. 九角形

（3）なぜ「$n-2$」？

（3）はチャレンジ問題。授業終了後も学びが続くことを期待する。

---

3 何角形でも大丈夫？

T：何角形でも内角の和を求められますか。

S：何角形でも大丈夫です。

T：では，n 角形という多角形があるとします。
　　A さんの求め方で n 角形の内角の和を表すとどのような式になるでしょうか？

S：$180 \times (n-2)$ です。

T：B さんの求め方で表すとどのような式になるでしょうか？

S：$180 \times n - 360°$ です

4 違う式に見えるけど同じ式？

T：$180 \times (n-2)$ と $180 \times n - 360$ は違う式に見えますが……。

S：$180 \times (n-2)$ を，分配法則を使って計算すると $180 \times n - 360$ になります。

T：$180 \times n - 360$ は，360 を 180×2 と見るとこのように変形することができます。

　　$180 \times (n-2)$ とする式変形に，生徒たちはなかなか気付かないので，必要に応じて教師から示す。

1 式の計算

2 連立方程式

3 一次関数

4 図形の調べ方

5 図形の性質と証明

6 場合の数と確率

7 箱ひげ図とデータの活用

本時案

n 角形の外角の和は？

本時の目標

・多角形の外角の和は360°であることを説明することができる。

> 「四角形，五角形，六角形…の外角の和は？」と板書した後に，本時の題名を書く

> 前時に出ていた問いを本時の最初の課題にする

発展的に考える力

> 三角形の外角の和は？

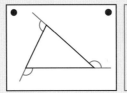

三角形の外角の和は360°

> じゃあ
> 四角形，五角形六角形，…の外角の和は？

三角形の内角の和は180°

$\angle a + \angle b + \angle c = 180°$

$$\underset{平角}{180 \times 3} - \underset{内角の和}{180}$$
$$= 540 - 180$$
$$(= 180 \times 2)$$
$$= 360 \quad \underline{A. \ 360°}$$

四角形の外角の和

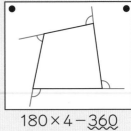

$$180 \times 4 - \underset{180 \times 2}{360}$$
$$= 180 \times (4 - 2)$$
$$= 360 \quad \underline{A. \ 360°}$$

n角形の内角の和は180°×(n−2)

$180 \times (n-2)$

$180 \times n - 360$
$= 180 \times n - 180 \times 2$
$= 180 \times (n-2)$

授業の流れ

1 三角形の外角の和は？

T：例えば，どんな三角形だったら外角の和を求められそうですか。

S：正三角形なら分かります。120°×3 で360°です。

S：直角二等辺三角形も分かります。

S：90＋135＋135で360°です。

S：三角形の外角の和は360°になりそうです。

　特殊な場面から考え，外角の和にきまりがありそうだという思いをもち，一般化を図る。

2 四角形，五角形，六角形は？

T：三角形の外角の和は360°でした。次はどのようなことを考えたいですか？

S：四角形や五角形の外角の和を考えたいです。

T：では，四角形の外角の和は何度だと思いますか。

S：540°だと思います。

T：540°と考えた人の気持ちが分かりますか。

S：んー？　なんで540°だと思ったの？

S：540°の理由が分かりました！

本時の評価

・多角形の外角の和について，帰納的に予想したことをもとに一般化を図り，n 角形の n の値にかかわらず常に360°になることを説明することができたか。

適用問題を解いて
理解を深める

五角形

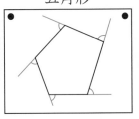

$180×5−180×3$
$=180×(5−3)$
$=360$ 　　A. 360°

何角形でも
360°？

n 角形

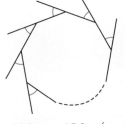

$180×n−180×(n−2)$
$=180n−180n+360$
$=360$

多角形の外角の和は
360°（何角形でも）

∠x の大きさは？

(1)
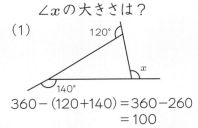

$360−(120+140)=360−260$
　　　　　　　　　$=100$
　　　　　　　　A. 100°

(2)
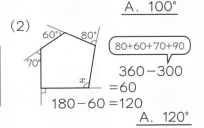

$80+60+70+90$

$360−300$
$=60$

$180−60=120$
　　　　　　A. 120°

(3) 正十二角形の1つの外角の大きさは？
　　　$360÷12=30$　　　　A. 30°

主体的な姿を引き出す

　三角形の外角の和が360°であることが分かったところで，教師からすぐに「四角形は？」，「五角形は？」と問い掛けるのではなく，そのような声を生徒から引き出してから，「じゃあ，四角形について考えましょう」という流れにしたほうが，より主体的な学びになる。

　また，外角の和について予想させ，予想をした本人にそう考えた理由を話させるよりも，その理由を他の生徒に考えさせた方が，多くの生徒がより主体的になれる。

3 何角形でも360°？

T：四角形も五角形も六角形も外角の和は360°になりました。では，何角形でも外角の和は360°になると言ってもよいですね。

S：よいと思います。

S：だめだと思います。

T：じゃあ，どうすればよいですか。

S：内角の和のときと同じように，文字を使って n 角形というようにして説明すればよいと思います。

T：では，n 角形について考えてみましょう。

本時案

式や補助線から考えよう

本時の目標
・三角形の角や平行線の性質を利用して，角の大きさの求め方を考えることができる。

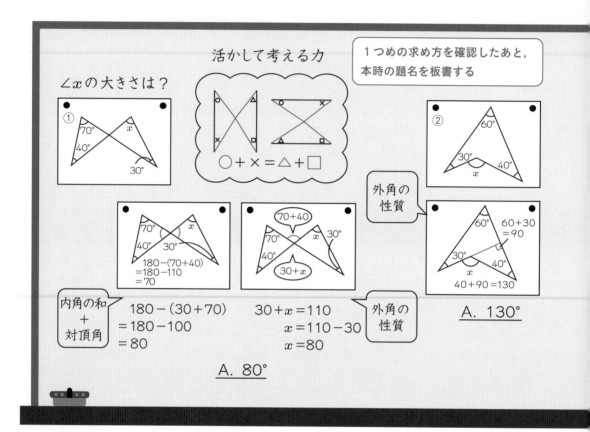

活かして考える力

○ + × = △ + □

∠x の大きさは？

① 70° x 40° 30°

1つめの求め方を確認したあと，本時の題名を板書する

② 60° 30° 40° x

外角の性質

70° x 40° 30°
180−(70+40)
=180−110
=70

(70+40)
70° x 30°
40°
(30+x)

60° 60+30 =90
30° 40° x
40+90=130

A. 130°

内角の和 + 対頂角

180 − (30 + 70)
= 180 − 100
= 80

30 + x = 110
x = 110 − 30
x = 80

外角の性質

A. 80°

授業の流れ

1 ∠x の大きさは？

T：（全員を起立させて）この図形（板書①）の ∠x の大きさを求めます。求め方が思いついたという人は座って，求め方をノートに書きましょう。（2，3分後）求め方が思いつかない人は，座っている人にヒントを教えてもらってもよいですよ。

S：（ヒントを出す）三角形の内角の和は180°だから……。で，対頂角は等しいから……。

S：あ，分かった。なるほど。

2 説明の続きを考えよう

T：Aさんはどのように求めましたか？

S_A：180−(70+40) をして，ここの角が70°と分かります。

T：Aさんは，このあとどのようにして∠x の大きさを求めたと思いますか。（1，2分後）Aさんの考え方をとなりの人と確認しましょう。

S：（ペアで確認）

T：Aさんの求め方は，これまで学習した内容で，どのようなことを使っているでしょうか？

1 式の計算

2 連立方程式

3 一次関数

4 図形の調べ方

5 図形の性質と証明

6 場合の数と確率

7 箱ひげ図とデータの活用

本時の評価

・三角形の内角や外角の性質を用いたり，必要な補助線をかいたりして角の大きさを求めることができるとともに，仲間の式や補助線から角度の求め方を考えることができたか。

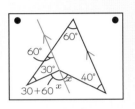

$30+60+40$
$=130$

平行線の錯角
＋
外角の性質

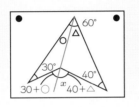

$30+○+40+△$
$=70+○+△$
$=70+60$
$=130$

外角の
性質

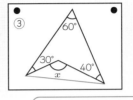

残り時間によるが，興味のある
生徒が取り組む課題として③を
提示する。

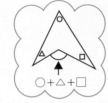

$○+△+□$

3 補助線から求め方を考えよう

Ｔ：この図形（板書②）の∠x の大きさを求めましょう。

（補助線をかいている生徒を探す）

Ｔ：なるほど，そういう補助線をかいたんだね。

（数分間考える時間を取る）

Ｔ：Ｂさん，線だけかいてください。

Ｔ：Ｂさんの求め方を考えて，ノートにかけたら立ってください。

Ｔ：困っている人は，Ｂさんや立っている人を呼んで，ヒントをもらってもよいですよ。

4 ∠x について分かることは？

Ｔ：３つの考え方から∠x の大きさについて共通して分かることはどのようなことですか。分かったことがある人は座りましょう。

Ｔ：（座ったＣを指名）Ｃさんに声を出さずに動きだけで説明してもらいます。∠x について言えることが見えたら座ってください。

Ｔ：このような補助線（板書③）をかいていた人がいました。どのように求めたらよいでしょうか？

星形多角形の
先端の角の和は？

9/16

本時の目標

・星形五角形の先端の5つの角の和を求め、
星形六角形、星形七角形についても考えてみ
ようとする。

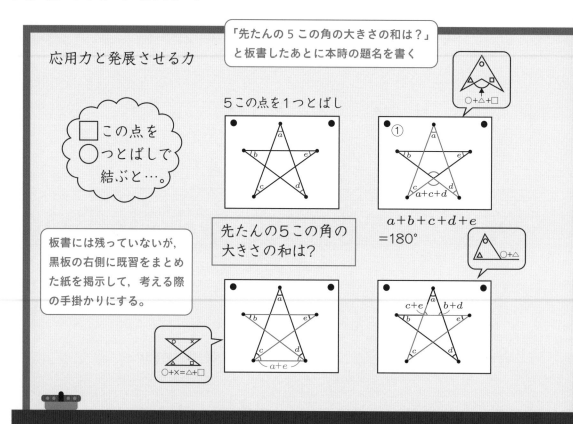

応用力と発展させる力

□この点を
○つとばしで
結ぶと…。

板書には残っていないが、
黒板の右側に既習をまとめ
た紙を掲示して、考える際
の手掛かりにする。

「先たんの5この角の大きさの和は？」
と板書したあとに本時の題名を書く

5この点を1つとばし

先たんの5この角の
大きさの和は？

① $a+c+d$

$a+b+c+d+e$
$=180°$

○+△

○+×=△+□

$a+e$

$c+e$ $b+d$

授業の流れ

1 先端の5つの角の大きさの和は？

T：円を描くように点を5つかきます。この
　5つの点を1つとばしで結んでみましょ
　う。どのような形ができましたか。

S：星になりました。

T：そのような図形を星形五角形ということに
　します。星形五角形の先端の5個の角の
　和は何度になるでしょうか。

S：なんか難しそう。どうすれば求められるか
　な。

S：この前みたいに補助線をかいてみよう。

2 仲間の考え方を説明しよう。

T：（全員起立）Aさんに説明してもらいます。
　Aさんの求め方が分かったと思ったら座っ
　て、Aさんの求め方をノートにかきましょう。

A：（板書①の説明）

T：Aさんの説明でよく分からなかった人は
　座っている人にきいてみましょう。

T：ノートにかいた図を見せながら、となりの
　人にAさんの求め方を説明しましょう。
　かき終わっていない場合は、続きをノート
　にかきながら説明しましょう。

1 式の計算

2 連立方程式

3 一次関数

4 図形の調べ方

5 図形の性質と証明

6 場合の数と確率

7 箱ひげ図とデータの活用

本時の評価

・星形多角形の構造を理解し，既習事項を用いて星形五角形の先端の5つの角の和を求めることができたか。また，課題を発展させたたり，既習事項を生かして新たな課題を解決しようとしたりしているか。

> 条件を変えるとどのような図形になるのか確認し，興味のある生徒が取り組むチャレンジ問題とする。

5この点を2つとばし

1つとばしと同じ180°

6こ→1つとばし
②

> 1周したら残っている点で

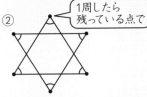

180×2　360°

7こ→1つとばし

5こ→3つとばし

180×3＝540　540°

6こ→2つとばし

角ができない
0°？

7こ→2つとばし

> 星型□角形の先たんの角の大きさの和は？

対話を生み出し，思考力を育む工夫

　数学の授業で生徒たちが考えることは，大きく分けて2つ。1つは，問題の解き方であり，もう1つは，仲間の問題の解き方（考え方）である。式だけ，図だけ，音声だけ，声を出さずに動き（指さし）だけ，途中までの説明など，求め方の一部を見たり聞いたりして，その人の解き方を考える。そして，それをノートにかいたり，となりの人などに説明したりして表現する。そうすることで，より多くの生徒がアクティブになり，対話が生まれるとともに論理的思考力が育まれる。

4 星形六角形，七角形の角の和は？

T：この星形六角形（板書②）の先端の角の和は何度でしょうか。

S：360°です。

S：2つとばしは，線3本だけです。

S：3つとばしは，1つとばしと同じになって，4つとばしは，六角形になります。

S：点の数を7こにしたらこうなりました。

　生徒が自分から条件を変えていき，発展させていく姿を期待したい。

本時案

合同かどうか
調べるには？

> 「重ねないと分からない？」と板書したあとに本時の題名を書く

何が必要なのか考える力

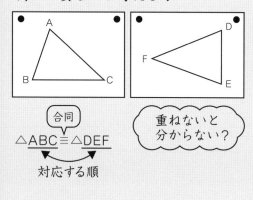

合同
△ABC≡△DEF

↓　　　↓
対応する順

重ねないと
分からない？

次の図で，四角形ABCD＝四角形EFGHであるとき，次の問いに答えなさい。

(1) 線分BDと 線分
　　FHの長さを比べ
　　なさい。　等しい

(2) ∠ABDと∠EFH
　　の大きさを比べ
　　なさい。　等しい

(3) 対応する辺をいいなさい。
　　ABとEF，BCとFG，CDとGH，ADとEH

(4) 対応する角をいいなさい。
　　∠Aと∠E，∠Bと∠F，∠Cと∠G，∠Dと∠H
　　　　┬　　　┬　　　┬　　　┬　┬
　　　∠ABC　∠EFG　　　∠ADC ∠EHG

○対応する線分の長さはそれぞれ等しい
　　　　　　辺，対角線など

○対応する角の大きさはそれぞれ等しい

> 教科書の問題を解いた後，重ねないと分からないか問い掛ける

> 教科書を映し，用語や教科書の問題の答えなどを確認する。

授業の流れ

1 合同かどうか調べよう

T：△ABC と △DEF は合同と言えるでしょうか。

S：合同だと思います。

T：本当に合同かどうか調べるにはどうすればよいでしょうか。

S：重ねてみれば分かります。

　重ねればよいという意見がでたときに，はさみで切って重ねられるように，紙にかいた図を提示するようにする。

2 重ねられないときはどうする？

T：重ねられないときは，合同かどうか分からないですね。

S：辺の長さや角の大きさを調べれば，合同かどうか分かると思います。

T：では，対応する辺や角を，全部調べればよいですね。

S：全部調べなくても分かると思います。

　あえて正しくないことを断定的に投げ掛け，批判的に判断する主体的な態度を引き出す。

1
式の計算

2
連立方程式

3
一次関数

4
図形の調べ方

5
図形の性質と証明

6
場合の数と確率

7
箱ひげ図と
データの活用

本時の評価

・合同な図形は，対応する線分の長さや角の大きさが等しいことや合同の記号の用い方を理解することができたか。
・合同な三角形をかくために，どの辺の長さや角の大きさを調べればよいのか考えることができたか。

準備物

・ICT 機器
・はさみ
・ワークシート
・コンパス・分度器

生徒に配付した三角形と合同な三角形と，その拡大図

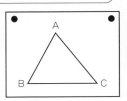

△ABCと合同な△DEFをかきましょう。

どの辺の長さや角の大きさを調べればよい？（できるだけ少なく）

3つ必要？

AB，BC，CAの長さ

∠A, ∠B, ∠Cではだめ？

AB，BC，∠B

∠Aや∠Cではだめ？

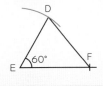

BCと∠B, ∠C

∠Aと∠Bではだめ？

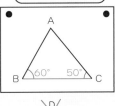

3 何が分かればできる？

T：△ABC と合同な△DEF をかくには，どの辺の長さや角の大きさが分かればよいですか。

S：辺の長さが全部分かればかけると思います。

T：では，コンパスで辺の長さを調べて△ABCと合同な三角形をかいてみましょう。

（かけたら立って，困っている人を助ける）

T：3 つの辺でなくて 2 つの辺ではだめですか。

（2 つの辺ではできないことを確認）

S：2 つの辺だけだと角度が分からないので合同になりません。

4 他の辺や角ではいけない？

S：AB と BC の長さと∠B の大きさが分かれば合同な三角形をかけます。

S：BC と∠B と∠C でも合同になります。

T：∠B は 60° で∠C は 50° でした。△ ABC と合同な三角形をかけますか？

（かけたら困っている人を助ける）

T：他の辺や角ではだめですか。

　小学校で既習の三角形の決定条件を確認し，他の条件で合同にならないか次時に考察する。

本時案

○○ではだめ？

11 / 16

本時の目標

・三角形の合同条件を理解し，2つの三角形が合同であることを説明することができる。

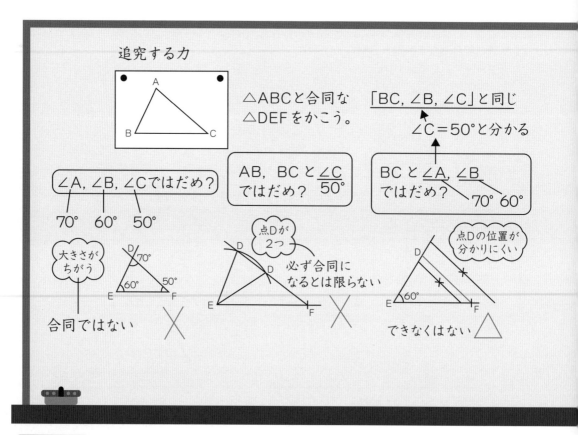

授業の流れ

1 3つの角では合同にならない？

T：すべての辺の長さではなく，すべての角の大きさが分かったら合同な三角形をかけないでしょうか。

S：（ノートにかいて調べる）

S：辺の長さが分からないと大きさが決まりません。いろいろな大きさになってしまいます。

T：大きさがちがうということは？

S：合同ではないです。

　前時で未解決の問いを追究し，他の条件では合同になるとは限らないことなどを確認する。

2 間の角でなければいけない？

T：ABとBCと∠Bというのがあったけど，それは，∠Bでなければいけませんか。例えば，ABとBCと∠Cだったらどうでしょうか？

S：（ノートにかいて調べる）

S：∠Cでも合同になりました。∠Cでも大丈夫そうです。

　生徒たちが反例に気付かないときには，教師から反例を示して，合同になるとは限らないことを理解できるようにする。

1 式の計算

2 連立方程式

3 一次関数

4 図形の調べ方

5 図形の性質と証明

6 場合の数と確率

7 箱ひげ図とデータの活用

本時の評価

- 2つの三角形が合同になるための条件について深く考え理解を深めるとともに，二角形の合同条件を用いて2つの三角形が合同であることを説明することができたか。

準備物

- 書画カメラ
- プロジェクター
- スクリーン
  （PC，電子黒板でも可）

三角形の合同条件

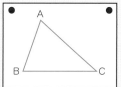

① 3組の辺がそれぞれ等しい

② 2組の辺とその間の角がそれぞれ等しい

③ 1組の辺とその両端の角が，それぞれ等しい

教科書の練習問題を解き，黒板に映して確認し，理解を深める

次の図で，合同な三角形はどれとどれですか。記号≡を使って表しなさい。また，そのときの合同条件をいいなさい。ただし，同じ印をつけた辺は等しいとします。

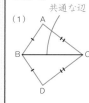

(1) 共通な辺

△ABC≡△DBC
3組の辺がそれぞれ等しい

(2) AB∥CD　平行線の錯角は等しいから

△OAB≡△ODC
1組の辺とその両端の角がそれぞれ等しい

(3) 対頂角は等しいから

△ACO≡△BDO
2組の辺とその間の角がそれぞれ等しい

反例を見つけ，理解を深める

合同な三角形をかくための条件については，小学校でも学習している。本時では，合同な三角形をかける条件は他にもないか考え，それぞれの条件における反例を見つけ，合同条件を3つに限定していく。3つの合同条件を覚えるだけでなく，同じ条件で複数の異なる三角形をかけてしまうことはないか考察することで，数学的な見方・考え方を育むようにしたい。なお，「反例」という用語について，ここで触れておくことも考えられる。

3 合同と言える根拠は?

S_A：△ACO ≡△BDO で，合同条件は「2組の辺とその間の角がそれぞれ等しい」です。

T：2組の辺というのは，どの辺とどの辺ですか。Bさんお願いします。

S_B：AO と BO，CO と DO です。

T：「その間の角が等しい」と言えるのはなぜですか。じゃあ，Cさん。

1人にすべてを説明させるのではなく，1つの問題について複数の生徒を指名していく。

根拠を示して説明しよう

根拠を示して説明する力

「絶対に AD ＝ CB と言える？」と板書した後に，本時の題名を書く

AD と CB はどちらが長い？

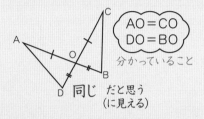

AO＝CO
DO＝BO
分かっていること

同じ だと思う（に見える）

絶対に AD＝CB と言える？

理由 △ADO≡△CBO だから

2組の辺とその間の角がそれぞれ等しい
AO＝CO，DO＝BO，∠AOD＝∠COB
対頂角

証明

△ADO と△CBO において
仮定から　AO＝CO …①
　　　　　DO＝BO …②

対頂角は等しいから
∠AOD＝∠COB …③

①②③より
2組の辺とその間の角が
それぞれ等しいので
△ADO≡△CBO

合同な図形の対応する辺は
等しいので
AD＝CB

証明の書き方を教師から示す

授業の流れ

1 等しいと言えるのはなぜ？

T：AO ＝ CO、DO ＝ BO となるように，AB と CD をかきます。（生徒もノートに図をかく）AD と CB はどちらが長いでしょうか。

S：同じだと思います。

T：等しいと言える理由はありますか？

S：理由はないけど，同じ長さに見えるからです。

S：測ったら同じ長さでした。

T：測らずに「長さが等しい」と言うことはできないでしょうか。どうすればよいでしょう。

S：合同を言えばよいと思います。

2 合同と言えるのはなぜ？

T：△ADO と△CBO はなぜ合同と言えますか。

S：「2 組の辺とその間の角がそれぞれ等しい」からです。

T：2 組の辺というのは？

S：AO ＝ CO と DO ＝ BO です。

T：その間の角は？

S：∠AOD と∠COB です。対頂角だから等しいです。

T：だから△ADO と△CBO が合同と言えて，合同だから AD と CB が等しいと言えますね。

1 式の計算

2 連立方程式

3 一次関数

4 図形の調べ方

5 図形の性質と証明

6 場合の数と確率

7 箱ひげ図とデータの活用

本時の評価

・証明について知り，仮定と結論の意味とそれらの違いを理解することができたか。

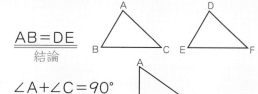

分かっていること　　…仮定
証明しようとすること…結論

$\underset{\text{仮定}}{○○}$ ならば $\underset{\text{結論}}{\sim\sim}$

仮定と結論は？

・$\underset{\text{仮定}}{\underline{\triangle ABC \equiv \triangle DEF}}$ ならば　$\underset{\text{結論}}{\underline{AB=DE}}$

・$\underset{\text{仮定}}{\triangle ABC で \underline{\angle B=90°}}$ ならば　$\underset{\text{結論}}{\underline{\angle A+\angle C=90°}}$

・2つの整数 $\underset{\text{仮定}}{a, b が \underline{奇数}}$ ならば　$\underset{\text{結論}}{\underline{a+b は偶数である}}$

・線分ABと線分CDが，点Mで交わるとき，$\underset{\text{仮定}}{\underline{AC/\!/DB, \ AM=BM}}$ ならば $\underset{\text{結論}}{\underline{CM=DM である}}$

本当に
CM＝DM
になる？

疑問を残して次時につなげる

結論からさかのぼって考える

ここでは，説明（証明）しようとすることを明らかにして，それを説明するために何が言えればよいのかと，結論からさかのぼって考えていく。このように，結論からさかのぼって考えることは，これから証明を行っていく際に有効な方法である。そのような思考の流れを経験した上で，証明の書き方をこちらから提示する。そして，根拠を明らかにして，筋道を立てて演繹的に説明することがどういうことか，生徒が感じ取れるようにする。

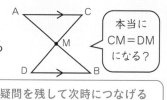

3 仮定と結論は

T：次の文で，仮定と結論はなんでしょうか。
　　仮定と結論が分かったら立ちましょう。
（仮定と結論が分かった生徒から立つ）
T：となり同士で考えを伝え合ったら座りましょう。

　1つずつ，仮定と結論を確認していく。教師は，どれくらいの生徒が立ったか，座ったかを見て評価し，次に進めるタイミングを計る。ペアで伝え合うことで，対話の機会を増やす。

本時案

証明を練習しよう

本時の目標

・簡単な図形の性質を，根拠を明らかにして，筋道を立てて演繹的に説明することができる

順序立てて説明する力

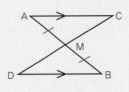

言いたいこと
CM＝DM
⇑
△ACM≡△BDM
⇑
1組の辺とその両端の角が
それぞれ等しい
⇑
AM＝BM（仮定）
∠A＝∠B（平行線の錯角）
∠AMC＝∠BMD（対頂角）

AC//CB，AM＝BM ならば CM＝DM である
　　　　仮定　　　　　　　　　　結論

証明　△ACMと△BDMにおいて

仮定から，AM＝BM …①

平行線の錯角は等しいから

AC//DB より ∠A＝∠B …②
　　　　　　∠CAM　∠DBM

対頂角は等しいので

∠AMC ＝ ∠BMD …③

①②③より，1組の辺とその両端の角が

それぞれ等しいから△ACM≡△BDM

合同な図形の対応する辺は等しいので
CM＝DM

対応する順で

授業の流れ

1 CM＝DM を証明するためには？

T：CM＝DM であることを証明するために，何がいえればよいと思いますか。
S：△ACM≡△BDM がいえればよいと思います。
T：△ACM≡△BDM をどのように説明すればよいでしょうか。合同条件は何でしょう。
（紙にまとめた合同条件を黒板に掲示する）
S：1組の辺とその両端の角が等しいと言えます
T：どの辺や角が等しくて，その辺や角が等しいと言えるのはなぜですか。

2 証明の書き方に慣れよう

T：それでは証明を書いていきましょう。穴うめにするので，空いているところをうめながらノートに書きましょう。
S：（板書を見ながら証明を書いていく）
T：書けた人は立ってください。困っている人は，立っている人に助けてもらってよいですよ。
　生徒の様子を見ながら，徐々に空欄をうめていき，証明を書いている生徒の手掛かりになるようにする。

1 式の計算

2 連立方程式

3 一次関数

4 図形の調べ方

5 図形の性質と証明

6 場合の数と確率

7 箱ひげ図とデータの活用

本時の評価

・簡単な図形の性質を証明するためにどのようなことが言えればよいのか考え，説明することができたか。

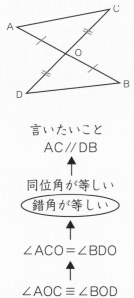

AO＝BO，CO＝DO
ならば，AC∥DBである

○証明○

△AOCと△BODにおいて

仮定から， AO＝BO …①

CO＝DO …②

対頂角は等しいので∠AOC＝∠BOD …③

①②③より， 2組の辺とその間の角が

それぞれ等しいから△AOC≡△BOD

合同な図形の対応する角は等しいので

∠ACO＝∠BDO

錯角が等しいのでAC∥DB

言いたいこと
AC∥DB
↑
同位角が等しい
錯角が等しい
↑
∠ACO＝∠BDO
↑
∠AOC≡∠BOD

AB＝DC
∠ACB＝∠DBC
↓
AC＝DB
を証明

チャレンジ問題
として提示

---

3 AC∥DB を証明するためには？

T：AC∥DB であることを証明するためにはどうすればよいと思いますか。

S：……。

T：平行であることを証明するためには，同位角か錯角が等しいことを言えればよいです。今回は，同位角と錯角のどちらが等しいと言えそうですか

S：錯角です。

T：角の大きさが等しいと言うためには？

S：合同を証明すればよいです。

4 どのように証明すればよい？

T：△AOC≡△BOD をどのように証明すればよいか，合同条件も含めて班で話し合いましょう。

班の全員が分かったらノートに証明を書きましょう。

生徒たちが話し合ったり，証明を書いたりしている間に，教師は証明を穴埋めの形で板書していき，生徒たちの手掛かりになるようにする。

本時案

作図の理由を説明しよう

本時の目標

・示された作図の手順で角の二等分線や合同な角を作図できることを，根拠を示して演繹的に説明することができる。

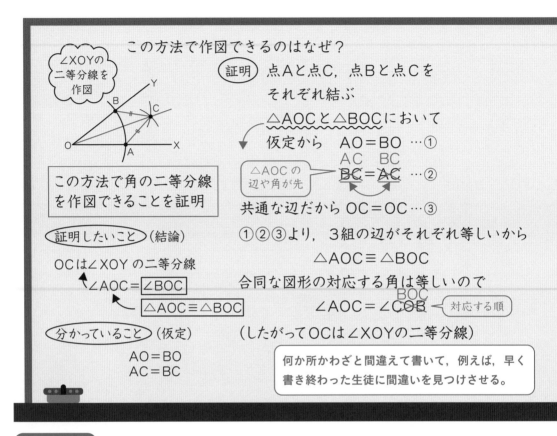

この方法で作図できるのはなぜ？

∠XOYの二等分線を作図

この方法で角の二等分線を作図できることを証明

証明したいこと（結論）

OCは∠XOY の二等分線

∠AOC＝∠BOC

△AOC≡△BOC

分かっていること（仮定）

AO＝BO
AC＝BC

証明 点Aと点C，点Bと点Cをそれぞれ結ぶ

△AOCと△BOCにおいて

仮定から　AO＝BO …①

△AOC の辺や角が先

BC＝AC …②

共通な辺だから OC＝OC…③

①②③より，3組の辺がそれぞれ等しいから

△AOC≡△BOC

合同な図形の対応する角は等しいので

∠AOC＝∠COB　対応する順

（したがってOCは∠XOYの二等分線）

何か所かわざと間違えて書いて，例えば，早く書き終わった生徒に間違いを見つけさせる。

授業の流れ

1 この方法で作図できるのはなぜ？

T：この方法で∠XOY を二等分することができるのはなぜだったでしょうか。

S：なぜだったかな？

T：点Aと点C，点Bと点Cを結びます。どのような四角形が見えますか。

S：たこ形です。

S：たこ形は線対称な図形で，対称の軸をかいたのと同じだから，OC は角の二等分線ということだったと思います。

2 作図から分かることは？

T：∠AOC ＝∠BOC を証明するために，△AOC と△BOC の合同を説明できそうですか？

S：仮定はなんだろう？

T：作図をするときに，O を中心にコンパスで弧をかきましたよね。このことから分かることはどのようなことですか。

S：AO と BO が等しくなることです。

1	式の計算
2	連立方程式
3	一次関数
4	図形の調べ方
5	図形の性質と証明
6	場合の数と確率
7	箱ひげ図とデータの活用

本時の評価

・作図について，その方法からいえることを見いだし，それらを根拠にして，作図できる理由を演繹的に説明することができたか。

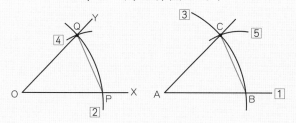

∠XOYと等しい角を作図しよう

この方法で
∠XOY＝∠BAC？

↑

∠POQ＝∠BAC

↑

△OPQ≡△ABC

証明 点Pと点Q，点Bと点Cをそれぞれ結ぶ

△OPQと△ABCにおいて

仮定から　OP＝AB …①

OQ＝AC …②

PQ＝BC …③

①②③より，3組の辺がそれぞれ等しいから

△OPQ≡△ABC

合同な図形の対応する角は等しいので

∠POQ＝∠BAC

分かっていること（仮定）

OP＝AB
OQ＝AC
PQ＝DC

穴うめにしても，間違い探しにしても，他の書き方でもよい。

間違い探しで自分の証明を評価する

　自力で証明を書くのはまだ難しいので，証明の流れはグループで確認して共有し，教師も板書して証明の書き方を示していく。

　本時では，証明をわざと間違えて板書し，生徒に間違いを見つけさせるようにしている。教師が書いた証明の間違いを見つけたら，自分が書いた証明やとなりの席の人が書いた証明に同じような間違いがないか調べる。自分の証明を客観的に評価することで，証明を正しく書く技能を伸ばす。

3 既習を活かして証明してみよう

T：∠XOY と等しい大きさの角を作図できたら立ちましょう。この方法で∠XOY ＝∠BAC になっていることを証明するにはどうすればよいでしょうか。証明できそうだと思ったら座って書いてみましょう。班で相談してもよいですよ。

　立っている生徒の人数を見て，証明を板書していくペースやどのような書き方をするのか（生徒をどの程度支援するのか）を判断する。

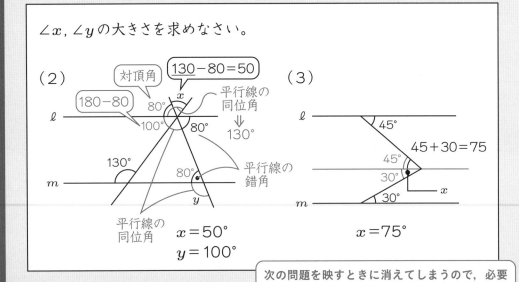

まとめの問題 | 教科書のまとめの問題（章末問題）を解いていく。基本的な問題を映し，解決方法を確認していく

∠x，∠yの大きさを求めなさい。

（2）

対頂角
$130-80=50$
$180-80$
80°
x
平行線の同位角
⇓
130°
ℓ
100°
80°
130°
80°
平行線の錯角
m
80°
平行線の同位角
y

$x=50°$
$y=100°$

（3）

45°
$45+30=75$
45°
30°
x
30°
ℓ
30°
m

$x=75°$

次の問題を映すときに消えてしまうので，必要に応じてタブレット端末のカメラで記録させる

授業の流れ

1 角の大きさを求めよう

T：まず，問題1を解きましょう。
（数分後）解き終わっている人は立ってください。困っている人は，立っている人にヒントをもらってもよいですよ。
　全員が解き終わるのを待つと，時間を持て余す生徒が出てくるので，様子を見て（7，8割程度の生徒が解き終わったら）席に着くように指示を出す。

小刻みに，個に応じながら進める

　例えば，まとめの問題（章末問題）が大問1から5まであったとする。そして，1から5を全部解き終わった生徒から，困っている人を助けてあげるというようにしたとする。そうすると，解き方が分からない生徒は，何もできずに長い時間を過ごすことになってしまう。
　それを防ぐために，例えば大問1つずつというように，小刻みに進めていくとよい。小刻みに進めることで，教師も生徒のつまずきを把握し，個に応じやすくなる。

1 式の計算

2 連立方程式

3 一次関数

4 図形の調べ方

5 図形の性質と証明

6 場合の数と確率

7 箱ひげ図とデータの活用

本時の評価

・まとめの問題を解いて考え方を説明したり，証明を書いたりすること
で，学習した内容の理解をより確かなものにすることができたか。

準備物

・書画カメラ
・プロジェクター
・スクリーン
　PC，電子黒板でも可

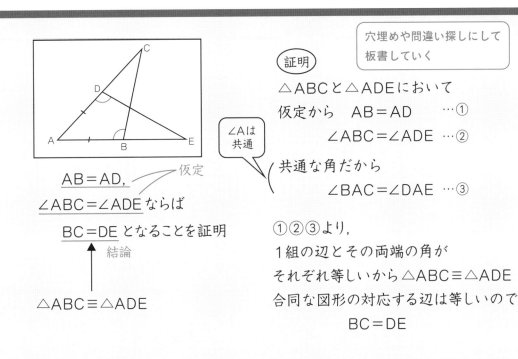

穴埋めや間違い探しにして
板書していく

証明

△ABCと△ADEにおいて

仮定から　AB＝AD　　…①

　　　　∠ABC＝∠ADE …②

∠Aは
共通

共通な角だから

　　　　∠BAC＝∠DAE …③

①②③より，

1組の辺とその両端の角が

それぞれ等しいから△ABC≡△ADE

合同な図形の対応する辺は等しいので

　　　　BC＝DE

AB＝AD，　　　　仮定

∠ABC＝∠ADE ならば

BC＝DE となることを証明

　　　　結論

△ABC≡△ADE

---

2 説明する練習もしよう

T：となりの人と，１問ずつ交代しながら，
説明していきましょう。そのときに，問題
の図を指しながら説明しましょう。解き方
が分からない問題はパスして，となりの人
に説明してもらいましょう。

　授業で１度扱えば定着するわけではないの
で，単元末に適応問題を解く時間を確保する。
宿題も出すが，それに頼ってはいけない。問題
を解くだけでなく，説明する活動も含めてまと
めとしたい。

3 証明の作戦を立てよう

T：班で話し合ってどのように証明するか作戦
を立てましょう。作戦を立てられた班は
座って証明を書きましょう。
　困っている班は，座っている班にきいても
よいですよ。

　例えば，証明の見通しをもつところまでは班
で話し合い，証明の書き方の手掛かりは教師が
板書で示すというようにする。

応用問題で
思考力を育もう

まとめの問題（応用編）

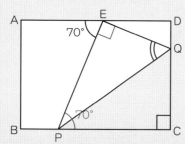

∠EQPの大きさは？

∠EQP＝180°－（∠EPQ＋∠PEQ）

$\underbrace{\boxed{70°÷2＝35°}}\quad\underbrace{\boxed{90°}}$

＝180°－125°

＝55°　　A 55°

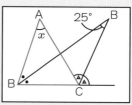

∠x の大きさは？

三角形の
外角の性質

$x ＋2● ＝ 2×$　…①

$25°＋● ＝ ×$　…②

②×2

$50°＋2● ＝ 2×$

①と同じ

A $x＝50°$

授業の流れ

1 どの角の大きさなら分かる？

T：長方形の紙を折ります。∠AEP は70°です。
　（「∠　　の大きさは？」と板書）
　　どの角の大きさなら分かりますか？

S：∠PEQ は90°です。

S：∠EPC は70°です。

S：∠DEQ は180－（70＋90）で20°です。

T：今回は∠EQP の大きさを求めます。
　（自力思考）

T：困っている人は解き終わった人にヒントを
　教えてもらってもよいですよ。

自力で解きたい人の思いを尊重

　自分で考えて答えを求めたいと思い，教えて
もらうことを拒む生徒もいる。そこで，基本的
に，教えてもらいたい人が自分から教えてもら
うようにして，自力で解きたい人は自分で考え
られるようにする。

　一方，解き方が分かっている生徒は，教えた
い（言いたい）という思いが強く，求められて
いないのに一方的に教えたり，解き方から答え
まですべて教えたりしてしまいがちである。上
手な教え方について考えさせることも大切であ
る。

本時の評価

・これまで学んできたことを生かして問題解決の見通しをもち，筋道立てて問題を解決し，解決の仕方を説明することができたか。

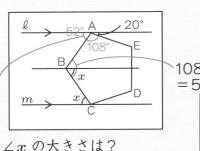

PA＝PB となることを証明せよ。
ただし ℓ は AB の垂直二等分線とする。

∠x の大きさは？

正五角形の1つの内角の大きさ

180°×3÷5＝540°÷5

内角の和 ＝108°

180°×(n−2)

180°−(108°+20°)＝180°−128°
＝52°

A x＝56°

108−52
＝56

仮定	AM＝BM，∠PMA＝∠PMB＝90°
結論	PA＝PB ←（△PMA≡△PMB）
証明	△PMA と△PMB において

仮定から AM＝BM　　……①
　　　　∠PMA＝∠PMB …②
　　　　PMは共通な辺　…③

①②③より，2組の辺とその間の角がそれぞれ等しいので，
△PMA≡△PMB
合同な図形の対応する辺は等しいから
PA＝PB

---

2 説明の続きを考えよう

T：どうすればよいか分からないという人は立ってください。
　　（答えを求められた生徒の中から A を指名）

T：A さんに説明してもらうので，「分かった」と思ったら座ってください。

S_A：まず正五角形の角の大きさは……。
　　（立っている生徒たちが，自分が分かったと思ったタイミングで座っていく）

T：それでは，となり同士で，ノートにかきながら答えの求め方を説明しましょう。

「分かった！」と思えるように

　指名された生徒が答えも説明もすべて発表すると，聞き役の生徒たちが抱くのは「ふ〜ん」というような，受け身で消極的な思いになることが多い。これでは対話は生まれない。そこで，発表する生徒には，ヒントを出してもらったり，途中まで説明してもらったりして，聞き役の生徒が考えながら聞けるようにする。そして，聞き役の生徒たちが「分かった！」と思える瞬間をつくり，分かったことをとなりの人に説明するというようにすると，多くの対話が生まれる。

1 式の計算

2 連立方程式

3 一次関数

4 図形の調べ方

5 図形の性質と証明

6 場合の数と確率

7 箱ひげ図とデータの活用

5 図形の性質と証明 （19時間扱い）

単元の目標
・証明の必要性と意味およびその方法について理解できる。
・図形の性質を論理的に証明したり，統合的・発展的に考察したりすることができる。
・証明の方針を粘り強く考えたり，新たな問題発見・問題解決につなげようとしたりできる。

評価規準

知識・技能	①平面図形の合同の意味及び三角形の合同条件について理解している。 ②証明の必要性と意味及びその方法について理解している。
思考・判断・表現	③三角形の合同条件などを基にして図形の基本的な性質を論理的に証明したり，証明を読んで新たな性質を見いだしたりすることができる。 ④条件がえした問いを設定し，統合的・発展的に考察することができる。
主体的に学習に 取り組む態度	⑤証明の必要性を実感して粘り強く考え，新たに学んだことを次の問題解決や問題発見に生かそうとしたり，平面図形の性質を活用した問題解決の過程を振り返って評価・改善しようとしたりしている。

指導計画 全19時間

次	時	主な学習活動
第1次 二等辺三角形・正三角形	1	二等辺三角形の定義をもとに性質を証明する。
	2	二等辺三角形の性質を利用して探究し，図や仮定を捉え直したり，求め方が変わらないことを確かめる活動を行う。
	3	
	4	二等辺三角形の性質の逆を証明する。
	5	正三角形の特徴を整理し，性質や逆を証明する。
	6	性質や包接関係を利用して演習問題を証明する。また，複雑な証明を結論から逆向きに考え，方針を立てる。
	7	前時の問題の条件を変えて統合的・発展的に考える。
第2次 直角三角形	8	直角三角形の合同条件が証明できることを理解する。
	9	直角三角形の合同条件を用いて，角の二等分線の性質を証明する。また，線の数を増やして内心を見いだす。
第3次 平行四辺形	10	定義と性質を区別し，平行四辺形の性質①を証明する。
	11	平行四辺形の性質②③を証明する。
	12	平行四辺形の性質を利用して，平行四辺形の対角線の交点を通る直線はその面積を二等分することを証明する。
	13	平行四辺形の性質の逆から条件②を証明する。

1

式の計算

2

連立方程式

3

一次関数

4

図形の調べ方

5

図形の性質と証明

6

場合の数と確率

7

箱ひげ図とデータの活用

	14	条件③④の証明の方針を理解し，条件①（定義）を加え，条件⑤を証明することで，5つの条件を整理する。
	15	平行四辺形になる条件を利用して，身の回りの遊具などの仕組みを数学的に説明する。
第4次 特別な平行四辺形	16	ひし形も平行四辺形の特別な形であることを利用する。
	17	長方形や正方形も含めた包摂関係を図に表し整理する。
	18	正方形で成り立つ結論が，他の四角形でも成り立つかを統合的・発展的に調べる探究的な活動を行う。
第5次 等積変形	19	等積変形の原理を理解し，作図問題では結論から逆向きに考えることで方針を立てる。

単元の基礎・基本と見方・考え方

⑴性質の一般性を確かめようとする態度を基に，証明に取り組ませる

　よく「小学校で習った性質を証明し直す必要があるのか？」と感じる生徒がいる。しかし前単元で学習したように，実験や実測ではなく証明によってこそ一般性が保証されるという理解があれば，本単元で証明し直す必要性は理解できるはずである。だからこそ，第1時で証明の必要性の理解を再度強調して，小学校で習ってきた基本的な図形の特徴をすべて再確認しようとする態度を大切にしたい。この態度こそが単元全体の動機付けとなる基礎・基本と考えるからである。

⑵根拠を明確にして論理的に考察させる

　本単元においては，見た目で明らかと感じる性質であっても，根拠をもとに論理的に確かめる必要がある。特に，逆を学ぶ中で，仮定と結論が不明確になり，何を根拠にしてよいのか混乱する生徒は多く見られる。例えば，見た目で平行四辺形に見えるものの，仮定にしたがうと簡単には平行四辺形といえない場合もある。「論理上確実に成り立っていること」と「成り立っているように見えるだけのこと」を明確に区別しながら，根拠を明確にして論理的に考察できるように育てたい。

⑶証明の方針の立て方を学ばせる

　基本的な証明問題では，仮定から順向きに考えるだけでも結論を示すことができる傾向が強い。しかし，問題によっては「この結論を示すにはどの三角形に着目するとよいだろう？」「この三角形の合同を示すためには，どの辺・角を示せばよいだろう？」のように，結論から逆向きに考えることが効果的になることがある。形式に沿った記述方法は時間をかけて習熟すればよいことからも，まずは方針を上手に立てられるような思考力を養いたい。

⑷学んだことを新たな問題発見に生かそうとする態度を育てる

　本単元は探究的な活動を取り入れやすい単元の一つといえるだろう。第7時や第18時のように「別の図形でも成り立つのか」，「成り立つ場合と成り立たない場合の差は何か？」等，生徒が自ら問いを見いだして発展的・統合的に探究する場面を多く設定した。特に第2，3時は多くの生徒にとって取り組みやすい探究課題であるため，単元前半に位置づけている。また探究の際，基礎・基本となるのは原題の理解である。原題の意味理解を足場としてこそ，生徒の見方・考え方が高められていくものと考える。

本時案

二等辺三角形の底角は等しい？

本時の目標

・小学校のときの帰納的な考え方と，証明の演繹的な考え方の違いを理解できる。
・二等辺三角形の性質を証明するための方針を立てることができる。

二等辺三角形の２つの底角は必ず等しいといえるだろうか？

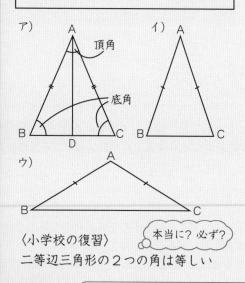

ア）　頂角　底角　B　D　C
イ）　A　B　C
ウ）　A　B　C

〈小学校の復習〉
二等辺三角形の２つの角は等しい

本当に？ 必ず？

「頂角」「底角」などの用語や角の二等分線は，必要になったときに加筆する。

〈方針〉
小学校：折る，測る
→・「どんな二等辺三角形でも成り立つ」とはいえない（欠点１）
　・誤差が出る（欠点２）
中学校：証明する
→・左右対称を示したい
　⇔△ABD≡△ACDが示せそう

〈仮定〉　　　　　　　証明は不要
二等辺三角形である ⇔ AB＝AC

〈二等辺三角形の定義〉
２つの辺が等しい三角形

〈結論〉
２つの底角が等しい ⇔ ∠B＝∠C

証明が必要

授業の流れ

1　２つの角，小学校では……？

（教科書は閉じたままで）
S：分度器で測った！
S：半分に折って重ねた！
T：その方法でよいのかな？
S：アで重なっても，イやウも折ってみないと等しいかどうか分からない。
S：誤差が出るかもしれない。
S：だから証明しなくちゃいけないのか！
　単元の導入で再度，証明の必要性を再確認することで，本単元全体の動機づけをしたい。

2　どのようにすれば証明できる？

S：結論の∠B＝∠Cをいうためには，左右対称だといえばよいと思います。
S：△ABD≡△ACDが示せそうだよ。
S：∠BAD＝∠CADは仮定ですか？
S：点Dの決め方によると思います。
T：そうだね。ではADは∠Aの二等分線であるとして考えてみましょう。
　ADの引き方は多様な意見が予想される。混乱を招きそうな実態であれば，ある程度教師が整理することが必要である。

本時の評価

・小学校のときの「折る，測る」の 2 つの欠点が解消されていることを指摘することができたか。
・補助線 AD が頂角の二等分線であることを利用して，証明の方針を立てることができたか。

〈証明〉

∠Aの二等分線をひき，辺BCとの交点をDとする。 ← Dの説明

△ABDと△ACDで，
仮定より　　　AB＝AC……………①
　　　　　　∠BAD＝∠CAD……②
共通なので，　　AD＝AD…………③

①, ②, ③より2組の辺とその間の角がそれぞれ等しいので，

△ABD≡△ACD

合同な図形の対応する角は等しいので，

∠B＝∠C

〈二等辺三角形の性質（定理）〉
二等辺三角形の2つの底角は等しい

上から書かずに， **2** の流れに沿って∠B＝∠Cや△ABD≡△ACDをあえて先に書く場合もある。

2つの欠点は解消できた？

（1）誰の図でも，同じ証明ができる。
→アの図を代表として証明したので，他の場合を別に証明する必要はない！
（2）どの図も正確でなくてよい。
→理論上等しいことにすればよい。

△ABD≡△ACDから他に分かることは？

（1）BD＝CD
（2）∠ADB＝∠ADC
　→∠BDC＝180°より
　　（2）´AD⊥BC

二等辺三角形の頂角の二等分線は底辺を垂直に二等分する。

3 2つの欠点は解消できた？

S：たぶん同じ証明で大丈夫です……。
T：では，隣の人に自分の図を使って証明を伝えてみてください。→（ペアで相互に説明）
S：誰の図でも，どうせアと同じように証明の①～③が成り立ちます。わざわざ，他の図で証明し直す必要はないと思います。
T：「誤差が出る」という欠点は解決できた？
S：誤差はあります。でも，理論上等しいことにしてしまえば誤差を考えなくてすみます。
S：じゃあ，これから図は大まかでいいんだ！

4 合同から他に分かることは？

T：△ABD≡△ACDから∠B＝∠C以外に分かることはありますか？
S：BD＝CD，∠ADB＝∠ADCです。
S：∠BDC＝180°なので，AD⊥BCも分かります。
T：「折り目の線」のさらなる性質ですね。最後に教科書でも確認してみましょう。

　証明は書いて終わりではなく，結論からさらに発展できるという点を強調する。今後，発展的に思考しようとする態度を育てたい。

本時案

二等辺三角形で探究しよう！①

 2/19

本時の目標

・解決の過程と結果を振り返りながら，次の角度を設定し，探究できる。
・鋭角の場合から類推した鈍角の場合は同じようには成立しないことに気づく。

〈問題1〉
　図で△ABCはAB＝ACの二等辺三角形で，∠A＝40°である。
　AB上に∠BCD＝20°となる点Dをとるとき，∠CDBの大きさを求めなさい。

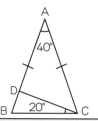

〈問題2〉

∠A＝50°，∠BCD＝25°の場合は？

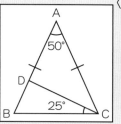

〈求め方〉

同じ
∠B＝(180°−50°)÷2＝65°
同じ
∠CDB＝180°−65°−25°
＝90°

〈求め方〉

二等辺三角形の底角は等しいので
∠B＝(180°−40°)÷2＝70°
△DBCで内角の和は180°なので
∠CDB＝180°−70°−20°＝90°

∠BCD＝$\frac{1}{2}$∠Aならば∠Aが何度でも∠CDB＝90°か？(☆)

自由に調べてみよう！

後に求め方が同じであると捉えやすいように，あえて根拠を「同じ」とだけ板書し，問題1と2で板書の色を対応させておく。

授業の流れ

1 問題1と2で似ていることは？

S：どちらも∠CDB＝90°だった。
T：CDはどんな線分でも必ず90°になる？
S：∠BCDが∠Aの半分だからかな？
T：では，仮定と結論を整理してみよう。
S：∠BCD＝$\frac{1}{2}$∠Aならば∠Aが何度でも∠CDB＝90°になりそう
T：この予想を学習問題にして，正しいかどうか自由に調べてみよう！

　学習問題を明確にしておくことで，以後の探究を「∠Aの条件がえ」に焦点化する。

近くの生徒との素朴な意見交流を促す

　この題材では，15分程度の探究の時間を設ける。その間，ほぼ全員が何らかの条件がえをして☆が成り立つかを調べることが予想される。その中で，∠Aが鈍角の場合の捉え方に差が生まれる。黒板右端の図に違和感をもち「成り立つか？」と悩む生徒が現れる。教師はこのタイミングで「あなたとあなたは同じ角度なのに違う答えなんだね」のように，生徒が仲間と対話したくなるように「つなげる」指導をする。それだけの指導で，対話は次時につながるような深まりのある議論になるはずである。

1 式の計算

2 連立方程式

3 一次関数

4 図形の調べ方

5 図形の性質と証明

6 場合の数と確率

7 箱ひげ図とデータの活用

本時の評価

・自ら目的をもって∠Aの大きさを設定し，調べようとしていたか。
・∠Aが鈍角の場合の図は鋭角の場合と同様に点Dをとってしまうと矛盾が起きることを指摘することができたか。

準備物

・問題1，2の図がかかれた掲示物

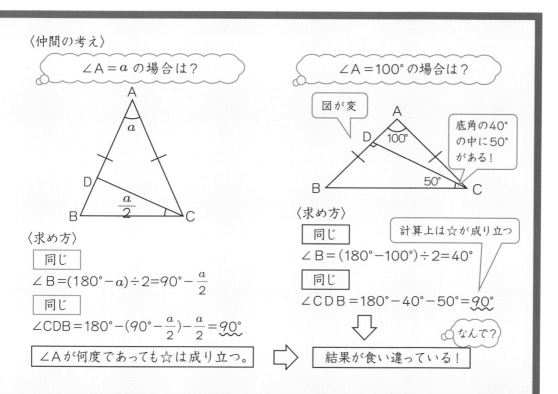

〈仲間の考え〉

∠A = a の場合は？

〈求め方〉

同じ
∠B = $(180° - a) \div 2 = 90° - \dfrac{a}{2}$

同じ
∠CDB = $180° - \left(90° - \dfrac{a}{2}\right) - \dfrac{a}{2} = 90°$

∠Aが何度であっても☆は成り立つ。

∠A = 100° の場合は？

図が変

底角の40°の中に50°がある！

〈求め方〉

同じ
∠B = $(180° - 100°) \div 2 = 40°$

計算上は☆が成り立つ

同じ
∠CDB = $180° - 40° - 50° = 90°$

なんで？

結果が食い違っている！

---

2 どうして∠Aを文字にしたの？

S：私は∠A = a と文字において考えました。
　（求め方は中略）
　なので∠CDB = 90°となりました。

T：どうして∠Aを文字にしたの？

S：∠Aを数字で置きかえて調べても，キリがないので，どんなときでも☆が成り立つことを一回で示すためです。

　本来∠A ≦ 90°が成立範囲であるが，**3**と矛盾することを強調するため，ここではあえて「何度であっても成り立つ」と板書しておく。

3 なんだかこの図，変ですよね？

S：∠A = 100°の場合をかいていたら，底角の∠BCA = 40°なのに，その中の∠BCDが50°になっていて図が変でした。

S：僕もです。でも，計算だけしてみたら同じ求め方で結論も同じでした。

S：文字で証明したはずなのに，何か変です…。

T：では，振り返りを記入してみましょう。

　わざと問いを残したまま終える。この図は単なる誤りではなく「点Dが動いても求め方は変わらない」という思考を促すことにつながる。

本時案

二等辺三角形で探究しよう！②

・問題の曖昧さに気づき，答えを場合分けして整理することができる。
・鋭角か鈍角かで図は違うが，求め方は変わらないことを根拠をもとに捉えられる。

△ABCはAB＝ACの二等辺三角形で，AB上に∠BCD＝$\frac{1}{2}$∠Aとなる点Dをとるとき，∠Aが何度でも∠CDB＝90°が成り立つか？

∠A＝aの場合は？

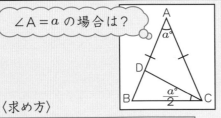

〈求め方〉

二等辺三角形の底角は等しいので

∠B＝(180°−a)÷2＝90°−$\frac{a}{2}$

△DBCで内角の和は180°なので

∠CDB＝180°−(90°−$\frac{a}{2}$)−$\frac{a}{2}$＝90°

0°＜∠A≦90°で ｜ 何度でも成り立つ

後に求め方が同じこと捉えやすいように，復習を兼ねながら求め方の全文を板書に残しておく。

∠A＝100°の場合は？

〈求め方〉

同じ

∠B＝(180°−100°)÷2＝40°

同じ

∠CDB＝180°−40°−50°＝90°

求め方は同じ

正しい図は？

左下の「0°＜∠A≦90°で」の吹き出しは授業終末で板書する。

授業の流れ

1 前回の矛盾を考えていこう！

（まず∠A＝aと100°の場合を復習して）

T：これらはなぜ食い違っているのですか？

S：「∠Aが何度でも成り立つ」のに，「計算上は成り立つのに図が変」だからです。

S：100°の場合の図は違うと思います。

T：では，共有する前に，それぞれで「正しい図」を考えてみましょう。

　この時点では「AB上」を線分AB上としか捉えない生徒が多い。しかし辺ABを延長させた生徒が現れると自然と対話が深まる。

2 延長した図には賛成？　反対？

（100°の延長した図を共有した直後に）

S：私は反対です。問題文に「AB上」と書いてあるからです。

S：別に「線分AB」とは書いていないので，半直線でもよいと思います。

S：そうか。どっちの捉え方もあるんだ！

　「AB上」の仮定が曖昧であることに気づいたことを強調することで，2通りの解釈があり，それぞれに場合分けして整理する必要性を感じさせる。

1 式の計算

2 連立方程式

3 一次関数

4 図形の調べ方

5 図形の性質と証明

6 場合の数と確率

7 箱ひげ図とデータの活用

本時の評価

・仮定の「AB 上」を線分と捉えるか半直線と捉えるかで分類し，それぞれの成立範囲を整理できたか。

・点 D が延長線上にあっても△ BDC ができれば根拠は変わらずに成り立つことを理解し，求め方が「同じ」と即断できたか。

準備物

・はじめの 2 つの復習の図の掲示物

延長してもいいの？

「AB 上」を(1)線分 AB 上　または（2）半直線 BA 上　と捉えるかによる。

AB	仮定・図(点D)	求め方・答
線分	とれない	成り立たない
半直線	延長線上にとれる	成り立つ 同じ求め方

$\frac{1}{2}$

延長線上であっても点 D がとれれば
→△DBC はできる
→内角の和は180°
→求め方は同じになる。

線分 AB と捉えると 0°＜∠A ≦90°
半直線 BA と捉えると 0°＜∠A＜180°

∠A＝90°の場合は？

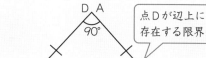

点 D が辺上に存在する限界

90°＜∠A＜180°の場合は？

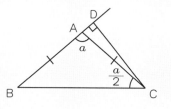

〈求め方〉
　鋭角の場合と全く同じ

全体でのまとめはしない。個々の振り返りに自分なりの探究の価値が記述されていればよしとしたい。

---

3 求め方が「同じ」なのはなぜ？

（100°の場合の求め方を考えさせた直後に）

S：点 D がどこにあっても△ ABC は二等辺三角形のままだから変わりません。

T：では「△ DBC の内角の和」は？

S：△ DBC さえできれば内角の和は180°なので，点 D さえ半直線上にとれれば求め方は同じになります。

　100°の場合に同じ求め方ができることを仲間の考えをもとに理解することで，最後の $a°$ の場合では自力で気づかせたい。

4 なぜ 0°＜∠A ≦90°？

T：線分と捉えたときに 0°＜∠A ≦90°になるのはなぜですか？

S：黒板左の∠A ＝ a の説明が 0°＜∠A ≦90°の範囲で成り立つからです。

T：では，なぜ90°までなのですか？

S：90°のときに点 A と点 D が重なるので，「辺上」の限界になります。

T：半直線と捉えたときに90°＜∠A＜180°を証明するための図はどれですか？

S：これ（∠A ＝ a で鈍角の図）です。

本時案

二等辺三角形の「逆」は正しい？

4/19

本時の目標
・逆の命題が偽であることを反例で示すことができる。
・二等辺三角形の性質について，逆の命題をつくり出すことができる。

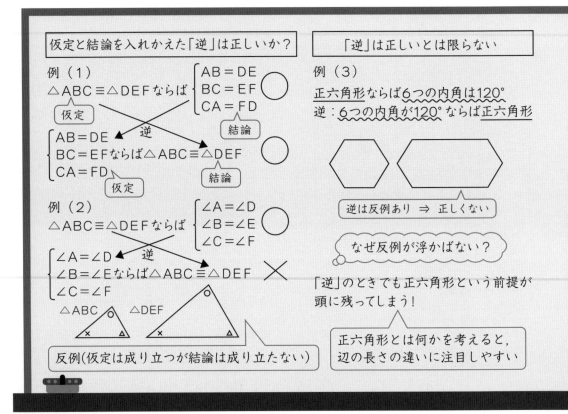

仮定と結論を入れかえた「逆」は正しいか？

例（1）
△ABC≡△DEF ならば
{ AB＝DE
  BC＝EF
  CA＝FD } ◯

仮定

結論

逆

{ AB＝DE
  BC＝EF ならば△ABC≡△DEF
  CA＝FD } ◯

仮定

結論

例（2）
△ABC≡△DEF ならば
{ ∠A＝∠D
  ∠B＝∠E
  ∠C＝∠F } ◯

逆

{ ∠A＝∠D
  ∠B＝∠E ならば△ABC≡△DEF
  ∠C＝∠F } ✕

△ABC　△DEF

反例(仮定は成り立つが結論は成り立たない)

「逆」は正しいとは限らない

例（3）
正六角形ならば6つの内角は120°
逆：6つの内角が120°ならば正六角形

逆は反例あり ⇒ 正しくない

なぜ反例が浮かばない？

「逆」のときでも正六角形という前提が頭に残ってしまう！

正六角形とは何かを考えると，辺の長さの違いに注目しやすい

授業の流れ

1 3組の辺が等しいだけ？

（例（1）を通して逆の意味を理解した後で）
T：合同なときは3組の辺が等しいだけ？
S：3組の角も等しいです。
T：では（2）で「合同ならば3組の角が等しい」を逆にしてみましょう。
S：（上の式を答える）
T：この逆は正しいですか？
S：大きさがバラバラかもしれません。
T：仮定は成り立っていても結論が成り立たない例を「反例」といいます。

2 例(3)の逆は正しい？

S：逆は「6つの内角が120°ならば正六角形」なので，正しいと思います。だって，正六角形はすべての内角が120°だから」
S：いや，それじゃ正六角形であることが前提になってしまっているよ。反例はあるよ。
S：そうか。なんとなく正六角形にこだわってたから反例が見つからなかったのか！
　頭の中だけで前提を逆にすることは難しいので，できていなかった経験を自覚することが大切である。そのためにも対話を生かしたい。

1 式の計算

2 連立方程式

3 一次関数

4 図形の調べ方

5 図形の性質と証明

6 場合の数と確率

7 箱ひげ図とデータの活用

本時の評価

・例(3)で反例を示すことができたか。
・「底角」を「角」とする理出を指摘することができたか。

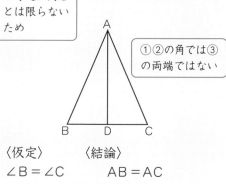

二等辺三角形の性質の逆は正しいか?

性質：二等辺三角形　ならば
　　　　　　　　2つの底角は等しい

逆：2つの底角が等しい三角形ならば
　　　　　　　二等辺三角形である

二等辺三角形とは限らないため

〈仮定〉　　　　〈結論〉
∠B＝∠C　　　　AB＝AC

性質の証明を利用できるか?

①②の角では③の両端ではない

〈証明〉
∠Aの二等分線をひき，辺BCとの交点をDとする。
△ABDと△ACDで，
仮定より　　　　∠B＝∠C…………①
　　　　　　　　∠BAD＝∠CAD……②
共通なので，　　AD＝AD…………③
三角形の内角の和は180°なので，
①，②より　∠ADB＝∠ADC……④
②，③，④より1組の辺とその両端の角がそれぞれ等しいので，
　　　　　　△ABD≡△ACD
合同な図形の対応する辺は等しいので，
　　　　　　　　AB＝AC
〈二等辺三角形の「逆」〉

2つの角が等しい三角形は，二等辺三角形である。

3　二等辺三角形の性質の逆は?

S：「2つの底角が等しい三角形ならば二等辺三角形」だと思います（多数）。

T：本当に合っていますか?

S：「底角」という言葉だと二等辺三角形であることが前提な感じがします。

S：そうか!　まだ逆の頭になりきれてなかった!　ただ「角」といえばいいんだ!

　「逆」は頭で分かったつもりでも，元の仮定に影響されることが多い。そのため，できるだけ自覚できるような機会を設けたい。

対話の足場をそろえる

　本時では4回「逆」の真偽を問いかけている。これは，図の見た目が変わらなくても，前提（仮定）は変わるという理解が難しいと考えるからである。しかし，この前提の変化を理解させないと，生徒が対話しても，お互いの前提や論点がバラバラで，話がかみ合わないことが予想される。対話の足場をそろえることが必要なのである。一方，前提の変化を理解できた生徒であれば「図が二等辺三角形っぽくてよいのか?」，「頂角の二等分線の性質は使えるのか?」など，深まりのある対話ができるようになる。

本時案

正三角形の特徴を整理しよう

5/19

本時の目標

・二等辺三角形と正三角形の包摂関係を定義をもとにして捉えることができる。
・合同条件を用いない場合の証明をすることができる。

正三角形の定義・性質・逆を整理しよう

〈復習〉二等辺三角形 　捉え方 ①

①定義　2つの辺が等しい三角形

②性質　二等辺三角形ならば
　　　　2つの底角は等しい

③逆
　　　　2つの角が等しい三角形ならば
　　　　二等辺三角形

（正三角形の場合は？）

①定義

正三角形とは，3つの辺が等しい三角形

証明は不要

学習問題は下の **1** が終わったときに板書する。

②性質

正三角形ならば3つの角が等しい

③逆 　証明が必要

3つの角が等しい三角形ならば正三角形である

（正三角形は二等辺三角形？）

○二等辺三角形とは？
捉え方⑦：2つの辺だけが等しい三角形
捉え方①：3つめの辺は等しくても等しくなくてもよい 　定義で考える

→①の方が便利
→正三角形は二等辺三角形の特別なもの

二等辺三角形
正三角形

性質の証明に二等辺三角形の性質が利用できる

「捉え方①」の吹き出しは，下の **2** のような対話を通じて，タイミングよく強調する。

授業の流れ

1 二等辺三角形を調べた順序は？

S：まず「2つの辺が等しい三角形」という定義を決めました。

S：次に「2つの底角が等しい」という性質を証明しました。

S：その後，逆を証明しました。

T：では，正三角形の特徴はどんな順序で調べていこうか？

S：二等辺三角形と同じようにできそう！

　新しい図形を学習するときには①②③の順で考察するという学び方の学習も促したい。

2 正三角形は二等辺三角形？

S：3つの辺が等しいのだから，2つの辺が等しいともいえるはずだよ。

S：二等辺三角形は2つの辺だけが等しい三角形じゃないの？（捉え方⑦）

S：定義通りなら3つめの辺はどっちでもいいんだよ（捉え方①）。

T：2つの捉え方のどちらが望ましい？

S：⑦だと二等辺三角形かどうか見分けるときに，3つめの辺が等しくないことまで示す必要があるから面倒だよ。①がいいよ。

・正三角形であれば二等辺三角形の定義を満たすことを指摘することができたか。
・正三角形の性質の証明を参考にしながら，その逆を証明することができたか。

【性質の証明】

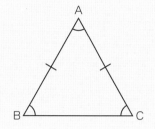

〈仮定〉　ＡＢ＝ＢＣ＝ＣＡ
〈結論〉　∠Ａ＝∠Ｂ＝∠Ｃ
〈証明〉
ＡＢ＝ＡＣより二等辺三角形の２つの
底角は等しいので，∠Ｂ＝∠Ｃ………①
ＡＢ＝ＢＣより同様に
　　　　　　　∠Ａ＝∠Ｃ………②
①②より，　　∠Ａ＝∠Ｂ＝∠Ｃ
よって正三角形の３つの角は等しい

【逆の証明】

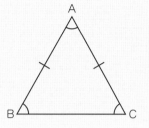

〈仮定〉　∠Ａ＝∠Ｂ＝∠Ｃ
〈結論〉　ＡＢ＝ＢＣ＝ＣＡ
〈証明〉
∠Ｂ＝∠Ｃより２つの角は等しいので，
　　　　　　　ＡＢ＝ＡＣ………①
∠Ａ＝∠Ｃより同様に
　　　　　　　ＡＢ＝ＢＣ………②
①②より，　ＡＢ＝ＢＣ＝ＡＣ
よって３つの角が等しい三角形ならば，
正三角形である

包摂関係は定義の捉え方次第

　二等辺三角形の定義が左の **2** の対話のように，捉え方⑦なのか捉え方④なのかは，それぞれの捉え方の利便性によって判断されるべきことである。そのため，生徒との対話を通して「捉え方⑦だと二等辺三角形であることの証明が難しくなる」のような理解を深めさせたい。その結果「３つめの辺は等しくても等しくなくてもよい」の板書のように，どちらの捉え方もあり得る中で捉え方④を採用したことを示したい。

3 どのように利用する？

Ｔ：二等辺三角形の性質と同じような方法で，
　　証明できそうですか？
Ｓ：合同の証明を３回すれば∠Ａ＝∠Ｂと∠Ａ
　　＝∠Ｃ，∠Ｂ＝∠Ｃが示せそうです。
Ｓ：∠Ａ＝∠Ｂと∠Ａ＝∠Ｃの２つを示すだけ
　　で十分だと思います。
Ｓ：合同条件を使わなくていいんじゃない？
　合同条件を用いない証明は初めてである。実態に応じて，性質の証明は足場づくりにして，逆の証明を自力で解決させてもよい。

1 式の計算

2 連立方程式

3 一次関数

4 図形の調べ方

5 図形の性質と証明

6 場合の数と確率

7 箱ひげ図とデータの活用

本時案

二等辺三角形・正三角形の証明に挑戦

6/19

二等辺三角形と正三角形の特徴を利用して証明問題に挑戦しよう！

【問題1A】

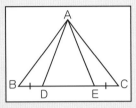

〈仮定〉
・△ABCは二等辺三角形（AB＝AC）
・BD＝CE

〈結論〉
△ADEは二等辺三角形

〈方針〉
AD＝AE　または　∠ADE＝∠AED
を示せばよい。

〈証明〉
△ABDと△ACEで
仮定より　　　　AB＝AC………①
　　　　　　　　BD＝CE………②
△ABCで，二等辺三角形の2つの底角は
等しいので，　　∠B＝∠C………③
①，②，③より2組の辺とその間の角がそれぞれ等しいので，△ABD≡△ACE
合同な図形の対応する辺は等しいので，
　　　　　　　　AD＝AE
よって，△ADEは二等辺三角形である。

【問題1B】

問題1A で△ABCが
正三角形だったら？

同じ証明で同じ結論になる。

前回の二等辺三角形の定義
からして当たり前！

授業の流れ

1 二等辺三角形はいくつある？

（仮定や結論を示さずに図を見せながら）

S：2つあります。

S：いや，二等辺三角形に見えるだけで，本当かどうか分かりません。

T：仮定は AB＝AC，BD＝CE とします。

S：それなら△ABC は二等辺三角形です。

S：△ADE は証明できるのかな？

T：問題1A で，それを考えてみましょう。

　見た目ではなく，論理で確かめられていないことから証明の必要性を感じさせる。

2 △ABC が正三角形だったら？

（問題1A が解決した後で）

T：△ABC が二等辺三角形ではなくて正三角形だったら，△ADE はどうなる？

S：同じように二等辺三角形です。正三角形も二等辺三角形の一つだから当たり前です。

S：証明の①②③も同じように成り立つから，証明も変わりません。

　条件がえしたときに統合的に考える活動を大切にしたい。この活動によって第2・3時の学習を次時の探究につなぐことができる。

1

式の計算

2

連立方程式

3

一次関数

4

図形の調べ方

5

図形の性質と証明

6

場合の数と確率

7

箱ひげ図とデータの活用

本時の評価

・問題１Ａで△ABCのみが二等辺三角形であることを根拠に証明の方針を立てることができたか。

・問題２Ａで，結論や合同条件から逆向きに考えることの意義を理解することができたか。

準備物

・１Ａと２Ａの図の掲示物

【問題２Ａ】

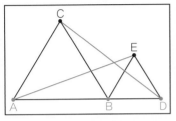

〈仮定〉AB = BC = CA（正三角形）
BD = DE = EB（正三角形）
A，B，Dは一直線上

〈結論〉AE = CD

💭 証明の方針を立てる
コツはあるか？

問題１Ｂは次時に問題２Ａを発展する際の足がかりになるように，条件がえをしたことが分かるように吹き出しに問いを明記した。

〈方針〉
（1）AEとCDが含まれる２つの三角形
△ABE≡△CBDを示したい。

〈コツ〉結論から逆向きに考えて
三角形を決める

（2）AB = CBとBE = BDの２組の辺は
等しいといえる
→「３組の辺」ならAE = CD
結論は使えないから✕
→「間の角」なら∠ABE = ∠CBD

〈コツ〉合同条件から逆向きに
考えて３組の辺・角を決める

困っていることを共有するための対話

　問題２Ａの証明に悩む生徒が増えた頃に「どんなことで困っているかを仲間と共有してみましょう」と対話の時間をとる。生徒たちは対話を重ねながら，徐々に「方針が立っていないこと」「方針の立て方のコツが分からないこと」などを自覚するようになる。そのような生徒のつぶやきを拾いながら，板書でも「証明の方針を立てるコツはあるか？」のように，困り感を問いの形で板書することで，生徒の着想を大切にしたい。

3 どこか一つでも自信ある？

T：証明全体の中で，一つでも自信のある部分がありますか？

S：結論のAE = CDが最後にきます。

S：△ABE≡△CBDも必要です。

T：なぜですか？

S：AEとCDを含むような三角形を選ばないと「合同な図形の対応する辺」といえないからです。

　板書のように「逆向きに考える」を強調する。本時は無理をして記述させる必要はない。

本時案

双子正三角形からの探究

本時の目標
・目的をもって条件がえをすることができる。
・条件がえを通して，同じ結論が成り立つための条件を明確にすることができる。

〈証明〉
△ABEと△CBDで
仮定より，AB＝CB……………………①
　　　　　　　BE＝BD……………………②
正三角形の角はすべて等しいので，
　　　∠ABC＝∠EBD……………③
また，
　　∠ABE＝∠ABC＋∠CBE…④
　　∠CBD＝∠EBD＋∠CBE…⑤
③，④，⑤より
　　∠ABE＝∠CBD……………………⑥
①，②，⑥より，2組の辺とその間の角がそれぞれ等しいので，
　　△ABE≡△CBD
合同な図形の対応する辺は等しいので，
　　　　AE＝CD

①②③だけで証明が書けるとは限らない！

問題2Aを証明しよう！

【問題2A】

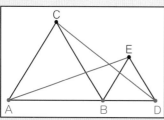

〈仮定〉AB＝BC＝CA（正三角形）
　　　　BD＝DE＝EB（正三角形）
　　　　A, B, Dは一直線上
〈結論〉AE＝CD
〈方針〉　　　　　　逆向きに考える
AE＝CD　→　△ABE≡△CBD
→AB＝CBとBE＝BDと「その間の角」
→∠ABE＝∠CBDを示せばよい

授業の流れ

1 「間の角」は等しいの？

T：「間の角」ってどこですか？
S：∠ABEと∠CBDです。
T：この2つは等しいの？
S：どちらも正三角形の60°の角に∠CBEを合わせた角です。
S：（証明の③④⑤を発表）
　③④⑤の証明は難しいので，実態に応じて教師が補助して，生徒が証明を理解する程度でもよい（2Bでも記述に深入りしない）。

2 どんな発展があるだろう？

T：前回1Aから1Bに発展させたように，2Aからも発展できないでしょうか？
S：2つの三角形が正三角形でない他の三角形でもAE＝CDは成り立つのかな？
S：ただの三角形じゃ，絶対反例があるよ。
S：じゃあ二等辺三角形だったら？
　条件がえをして発展的に考えることが自然にできるまでは，1Aから1Bへの発展を参考に2Bを考えさせたい。また，「正三角形」部分のみを条件がえの対象にする。

双子正三角形からの探究
168

1 式の計算

2 連立方程式

3 一次関数

4 図形の調べ方

5 図形の性質と証明

6 場合の数と確率

7 箱ひげ図とデータの活用

本時の評価

・AE＝CD が成り立つ図形を探すために，仮定を調整しながら調べようとしていたか。

・(2)の仮定を証明の記述内容と関連づけて考え，AE＝CD が成り立つための条件として捉え直すことができたか。

準備物

・2 A の図の掲示物

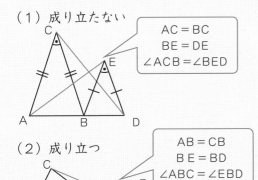

問題2Aを発展させて問題2Bを作ろう

【問題2B】

2つの正三角形が，二等辺三角形だったらAE＝CDは成り立つか？

（1）成り立たない

AC＝BC
BE＝DE
∠ACB＝∠BED

（2）成り立つ

AB＝CB
BE＝BD
∠ABC＝∠EBD

（3）成り立たない

AB＝CB
BE＝BD

なぜ（2）だけが成り立つのか？

問題2Aの証明で使った①②③が(2)だけ成り立っている

→△ABE≡△CBD が成り立つ。

証明で使った①②③の条件さえ等しければ，他の条件は変わっても結論は成り立つ。

自力解決時の仲間との違いを自覚する

　問題 2 B において，二等辺三角形の図を自由にかかせると，生徒の多くは(1)をかくことが予想される。しかし，中には(2)や(3)をかく生徒もいたり，図がかけても等しいかどうか悩む生徒がいたりする。そんな「困り感」を確認したら「○○さんと△△さんは結果が違うんだね」「君たちはかいた図形が少しだけ違うんだね」など，生徒が対話したくなるように仲間と違いがあることのみを伝える。すると，自然と対話が活性化するはずである。

3 なぜ（2）だけ成り立つのだろう？

S：(2)だけは 2 A の証明と同じで△ABE＝△CBD を証明できるからだと思います。

T：(1)や(3)は何がいけないのかな？

S：(1)は①②が成り立つとは限らないし，(3)は③が成り立つとは限りません。

T：(2)の 3 つの仮定は，証明が成り立つための条件でもあるということですね。

　実態によっては「(2)なら成り立つと予想できた人がいるか」「なぜ(2)をかこうと思ったのか」を問いかけてもよい。

直角三角形の合同条件

本時の目標

・エとオが既習の合同条件をすぐに適用できない事例であることが判断できる。
・エとオの場合の証明の概略を理解することができる。

△ABCとア～オは合同といえるか？

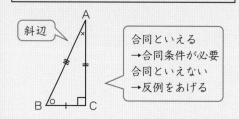

斜辺

合同といえる
→合同条件が必要
合同といえない
→反例をあげる

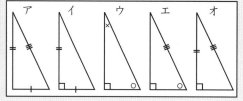

ア）3組の辺がそれぞれ等しい
　　→合同といえる

イ）2組の辺とその間の角がそれぞれ等しい
　　→合同といえる

ウ）大きさの違う三角形もある（反例）
　　→合同ではない

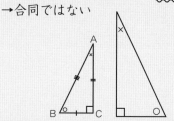

エ）「両端の角」ではない
　　→合同ではない
　　「両端の角」が証明できる
　　→合同といえそう

どっち？

オ）「間の角」ではない
　　→合同ではない
　　なんとなく合同っぽい
　　（反例がみつからない）

どっち？

授業の流れ

1 エは合同といえる？

S：1組の辺と2組の角がそれぞれ等しいから合同です。

S：でも90°の角が「両端」にないから合同条件が成り立っていないので，合同とはいえないと思います。

S：∠Aの部分が等しいことが説明できるので，「両端」の角が等しいともいえます。

　ここで「証明できそうだ」という予想を共有しておきたい。その上で自力解決→方針の確認→ペアでの口頭説明の順に進めたい。

合同になる理由を口頭で説明する

　本時の場合，エもオも証明が複雑なため証明の記述を求めるのは難しい。そんなときは口頭説明をさせる活動が効果的である。例えばエであれば，隣の生徒とノートを見せ合い，指で角を確認しながら，「こことここを180°から引けば残りも同じだから……」のように口頭で説明する場面を設ける。記述の負担を軽減することで，論理だけに焦点化した活動にすることができる。一方，その論理はしっかりと板書で残す支援が必要なので，上のように「証明の概略」として示す。

1 式の計算

2 連立方程式

3 一次関数

4 図形の調べ方

5 図形の性質と証明

6 場合の数と確率

7 箱ひげ図とデータの活用

本時の評価

・エの直角は「両端」ではないこと，オの直角も「間」の角ではないことを指摘することができたか。
・エとオにおいて合同になる根拠を口頭で説明することができたか。

準備物

・ア～オの掲示物
・△ABC と △DEF の掲示物（オで活用）

エは合同か？

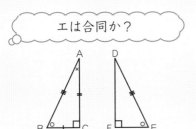

〈証明の概略〉
AB = DE ……………①
∠C = ∠F = 90° ……②
∠B = ∠E …………③
②③と内角の和が180°から
∠A = ∠D
⇒1組の辺とその両端の角が
それぞれ等しい

直角三角形の斜辺と1つの鋭角が
それぞれ等しい

オは合同か？

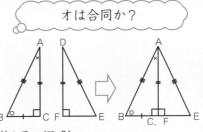

〈証明の概略〉
∠BCE = 90° + 90° = 180°
AB = DE より △ABE は二等辺三角形
なので，2つの底角は等しく，
∠B = ∠E
⇒エと同じパターンになるので，
証明できる。

直角三角形の斜辺と他の一辺が
それぞれ等しい

エとオが証明できることが分かってから，下の **3** の対話を経て，合同条件2つを板書する。

2 オは合同になる？

T：迷っている人がいましたが，なぜ迷ったのですか？
S：エのように4つめの辺や角を探しても見当たらないんです。
T：（△ABC とオの掲示物を持ちながら）この2つの三角形をくっつけるとどうなる？
S：あ！　二等辺三角形だ！！

　上の方針を自力で発想することは極めて難しい。教師がオを目の前でひっくり返してあげるなどの工夫が必要である。

3 エとオに共通していることは？

T：最後に，エとオでも必ず合同といえましたが，これまで習った合同条件と区別しましょう。2つの仮定に共通していることは？
S：どちらも直角三角形です。
S：どちらも斜めの辺が等しいです。
T：その辺のことを斜辺といいます（左上に板書を加える）。エとオの違いは何ですか？
S：3つめの仮定がエは角，オは辺です。

　「斜辺」や合同条件を教える際も，生徒が用語を必要としたときだと理解が深まる。

本時案

角の二等分線が
交わると？

本時の目標

・直角三角形の合同条件を用いて証明すること
　ができる。
・仮定と結論の意味を考えながら，3辺まで
　が等距離であることを見いだせる。

直角三角形の合同条件を用いて証明しよう

【課題】

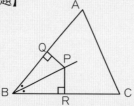

　上図は∠ＡＢＣを二等分した図である。
このとき，二等分線上に点Ｐをとり，2辺ＡＢ，
ＢＣにむけて垂線を引き，その交点をＱ，Ｒ
とする。このときＰＱ＝ＰＲであることを証明
しなさい。

> 学習問題は下の **1** の対話の後
> で板書する

〈仮定〉　　　　　　　　〈結論〉
∠PQB＝∠PRB＝90°　　PQ＝PR
∠QBP＝∠RBP

> 90°を入れて，
> 直角を根拠に使う

〈証明〉
△BPQと△BPRで
　仮定より
　∠PQB＝∠PRB＝90° ………①
　∠QBP＝∠RBP　………………②
　共通なので　　　　　| 斜辺 |
　　　BP＝BP　………………③
①，②，③より
直角三角形の斜辺と一つの鋭角が
それぞれ等しいので，
　　△BPQ≡△BPR
合同な図形の対応する辺は等しいので，
　　PQ＝PR

授業の流れ

1 これまでの証明と違うことは？

（仮定・結論を全体で確認してから）

T：これまでの証明と違うのはどこかな？

S：直角三角形の合同条件を使いそうなこと。

S：どこかで直角であることを書くこと。

T：そうですね。直角であることを明確にして
　合同条件を示せるとよさそうですね。

　導入はあえて単純な練習問題のように扱う。
まず原題の証明を記述することで，証明の記述
に習熟するねらいだけでなく，証明した後の発
展でメリハリをつけるねらいもある。

2 課題の表す性質は何でしょう？

T：実は課題はある性質を証明しています。

S：∠QBP＝∠RBP は角の二等分線という意
　味だから……。

T：式の意味を考えたのですね。他の仮定や結
　論の意味も考えてみましょう。

S：∠PQB＝∠PRB＝90°は AB，BC に対する
　垂線を引いたってことだよね。

S：PQ＝PR は？

S：点 P から AB までの距離と BC までの距離
　が同じってことだよ。

1 式の計算

2 連立方程式

3 一次関数

4 図形の調べ方

5 図形の性質と証明

6 場合の数と確率

7 箱ひげ図とデータの活用

本時の評価

・直角三角形の合同条件を用いて原題を証明することができたか。
・発展で，点と直線の距離にもとづいて，3辺までが等距離であること
　を指摘できたか。

準備物

・黒板用のコンパス

何の性質を表している？

〈仮定〉
∠QBP＝∠RBP
　⇒角の二等分線上に点Pがあれば
∠PQB＝∠PRB＝90°
　⇒点Pから垂線をひけば

〈結論〉
PQ＝PR
　⇒点Pから2辺AB，ACまでの
　　<u>距離が等しい</u>

角の二等分線上の点は（どこでも）
2つの直線までの距離が等しい。

右上の図の中に内接円をかく
のは最後とする。

角の二等分線を2本引いて
みると？

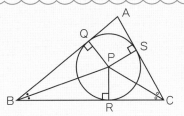

〈証明の概略〉
△BPQ≡△BPRよりPQ＝PR
△CPR≡△CPSよりPR＝PS
よって，PQ＝PR＝PS

交点Pはどんな点？

交点Pから3辺までの距離は等しく，
点Pは　内接円の中心（内心）　となる。

授業終末に，小テストなどで
確認を行う。

意見はあるけど自信はないとき

　2の場面のように「意味」を議論する際などは，自信をもって答えられる生徒は多くはない。そんなときはまず「∠QBP＝∠RBPは角の二等分線を意味する」という例示までを共有して，議論の方向性に自信を持たせる工夫をする。さらに場合によっては，「近くの人と相談タイム30秒」のように時間を決めて相談の時間をとることもある。自信がないからこそ，生徒は対話をしたくて仕方がないはずである。そして，このときの素朴な意見交換こそが，本質に近づくタネになるはずである。

3 角の二等分線を2本引いたら？

S：さっきと同じで△BPQ≡△BPRだから
　　PQ＝PRが成り立ちます。
S：△CPR≡△CPSからPR＝PSも成り立ちます。
S：ということはPからは3つの辺まで距離が等しいってことになる。
T：では，交点Pはどんな点かな？
S：△ABCの中心？
T：中心Pから3辺までが等距離だから…？
S：Pを中心にした円が3辺全部に接する！

本時案

平行四辺形の 特徴を整理しよう①

$\frac{10}{19}$

- ・平行四辺形の性質とその逆の違いを区別できる。
- ・平行四辺形の性質（1）を証明するための方針として補助線を引くことができる。

平行四辺形の性質を証明しよう

【復習1】四角形ABCDが平行四辺形のとき，次の値を求めなさい。

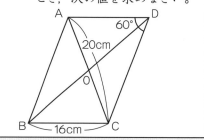

（1）　AD ＝ ＿16＿ cm
　　　（向かい合う辺の長さが等しいから）
（2）　∠ABC ＝ 60°
　　　（向かい合う角度が等しいから）
（3）　OA ＝ ＿10＿ cm
　　　（対角線が半分ずつになっているから）

（1）～（3）の復習時点では，平行四辺形の性質を素朴な生徒の言葉のまま板書する。そして，正しい表現はその後で共有する。

【復習2】
　図形の特徴の調べ方は……
①定義
②性質　← 二等辺三角形や
③逆　　　正三角形と同じ流れ

性質：平行四辺形だと分かっているときにどんな特徴が成り立つか
逆：どんな特徴が成り立てば平行四辺形だといえるか

〈定義〉
　2組の向かい合う辺がそれぞれ平行な四角形

〈性質〉平行四辺形ならば
（1）2組の向かい合う辺はそれぞれ等しい
（2）2組の向かい合う角はそれぞれ等しい
（3）対角線はそれぞれの中点で交わる

学習問題は黒板の左半分が終わったときに板書する。

授業の流れ

1 図形の特徴はどんな順序で学ぶ？

（復習1が解決した後で）
S：①定義，②性質，③逆の順序です。
T：では，「平行四辺形って何？」と聞かれたらどう答えますか？
S：2組の向かい合う辺が平行な四角形です。
T：それが定義ですね。平行四辺形の性質は？
S：（1）～（3）がすべて性質です。

　このように三角形の知識自体だけでなく，学び方を復習しながら，学び方自体も学習の一部とする。

2 性質とその逆の違いは？

S：性質とその逆って何が違うんだっけ…。
S：「性質」は，「平行四辺形ならば～」だから，平行四辺形だと分かっているときにどんな特徴が成り立つかということだよ。
S：「逆」は，「～ならば平行四辺形である」だから，証明するまでは平行四辺形かどうか分かっていないんだよ。

　逆の命題を答えられる生徒であっても，平行四辺形であることが仮定から離れきらない生徒が多いので，じっくり確認したい。

1 式の計算

2 連立方程式

3 一次関数

4 図形の調べ方

5 図形の性質と証明

6 場合の数と確率

7 箱ひげ図とデータの活用

本時の評価

- 性質(1)の証明の仮定が平行四辺形の定義であることを見いだせたか。
- 補助線として対角線を引く理由を説明することができたか。

準備物

- 復習1の図を印刷した掲示物
- ▱ABCD を印刷した掲示物

〈性質(1)の証明〉

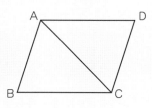

〈仮定〉
AB//DC, AD//BC
（平行四辺形の定義）

〈結論〉
AB＝CD, AD＝CB（性質(1)）

〈方針〉

合同な三角形がない

仮定の平行が使えない

⇒補助線を引く

〈証明〉
対角線ACをひく ← BDでもOK！
△ABCと△CDAで共通なので
　　　AC＝CA　…………①
AB//DCより錯角は等しいので
　　　∠BAC＝∠DCA　………②
AD//BCより錯角は等しいので
　　　∠BCA＝∠DAC　………③
①, ②, ③より1組の辺とその両端の角
がそれぞれ等しいので
　　　△ABC≡△CDA
合同な図形の対応する辺は等しいので,
　　　AB＝CD, AD＝CB
よって, 平行四辺形の2組の向かい合う辺は
それぞれ等しい

---

3 仮定を式で表すと？

T：性質(1)を証明しましょう。仮定は何かな？
S：平行四辺形であることです。
T：式で表せますか？
S：AB//DC, AD//BC です。
T：それだけですか？
S：今は定義しか明らかなことはありません。

　定義, 性質, 逆の関係は, 理解に苦しむ生徒が多い。四角形の学習のスタートだからこそ, 上のように「定義だけは証明なしに正しいと認められる」ことを復習する機会にしたい。

4 どうすれば証明できる？

T：証明の方針を立てるときに困っていることはありますか？
S：合同な三角形がありません。
S：平行という仮定が利用できません。
T：何か工夫すれば解決できそうですか？
S：補助線を引けばよいと思います。
S：私は対角線 AC と BD を引いたよ。
S：2本引くと等しい辺がなくなっちゃうから, 私は AC だけ引いてみたよ。
S：AC じゃなくて BD でもできそう。

本時案

平行四辺形の特徴を整理しよう②

11/19

〈本時の目標〉
・性質(2)(3)を証明するための多様な証明方法を見いだすことができる。

〔 平行四辺形の性質(2)(3)を証明しよう 〕

〈性質(2)の証明〉

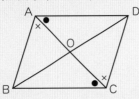

〈仮定〉
AB∥DC, AD∥BC
（平行四辺形の定義）

〈結論〉
∠ABC＝∠CDA
∠BAD＝∠DCB

〈証明〉
(1)の証明より　△ABC≡△CDA
合同な図形の対応する角は等しいので，
∠ABC＝∠CDA　……①
また対角線BDをひくと同様に，（ 上と全く同じとき ）
△ABD≡△CDBから
∠BAD＝∠DCB　……②
①, ②より平行四辺形の2組の向かい合う角はそれぞれ等しい

（ 対角線が1本でも証明できそう ）

〈別解　①の続き〉
∠BAD＝∠BAC＋∠DAC………③
∠DCB＝∠DCA＋∠BCA………④
③, ④と証明(1)の②, ③より
∠BAD＝∠DCB
（以下同じ）

（ ②・③は図で × ・● ）

はじめは対角線をどちらも引かず，必要になったときに1本ずつ書き足すようにする。×や●の印も同様である。

授業の流れ

1 性質(2)をどう証明する？

（仮定と結論を確認した後で）
T：性質(2)を証明しましょう。どうやって証明したらよいでしょうか？
S：またACを引けば証明できそうです。
S：じゃあ△ABC≡△CDAまで同じだ！
S：省略してもよいですか？
T：「(1)の証明より」で省略してよいですよ。
S：それなら簡単だ！
　「同様に」を安易に使わないように，「誰もが誤解しないとき」のみ使うことを強調する。

2 別の証明方法は？

（対角線を2本とも引く方法の後で）
S：証明が長いな～。
S：もう少し短くなる方法もありそうです。
S：対角線1本だけでも証明できそうです。
T：本当に？ではそれぞれ考えてみましょう。
S：△ABC≡△CDAは使えるから……。
　対角線を1本も引かずに，例えば辺BCを延長する方法もあるが，方針を立てることが難しいため，生徒の実態によっては上の別解だけでも十分だと考えられる。

1 式の計算

2 連立方程式

3 一次関数

4 図形の調べ方

5 図形の性質と証明

6 場合の数と確率

7 箱ひげ図とデータの活用

本時の評価

・既に証明してきた事柄などを生かそうとして，多様な証明方法を粘り強く考えることができたか。
・性質(2)(3)を証明する方針を複数立てることができたか。

準備物

・▱ABCD を印刷した掲示物
（解き方の数／多めに用意する）

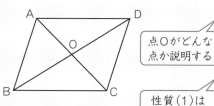

〈性質（３）の証明〉

〈仮定〉
AB//DC，AD//BC
（平行四辺形の定義）

〈結論〉
AO＝CO
BO＝DO

△ADOと
△CBOでも可

点Oがどんな点か説明する

性質(1)は利用できる！

〈証明〉
対角線AC，BDをひき，交点をOとすると，
△ABOと△CDOで平行四辺形の向かい合う辺は等しいので，
AB＝CD ………………①
AB//DCより錯角は等しいので
∠BAO＝∠DCO ………②
∠ABO＝∠CDO ………③
①，②，③より1組の辺とその両端の角がそれぞれ等しいので，
△ABO≡△CDO
合同な図形の対応する辺は等しいので，
AO＝CO，BO＝DO
よって，平行四辺形の対角線はそれぞれの中点で交わる

3 性質(1)は使えるの？

T：性質(3)を証明しましょう。
S：対角線はもちろん引いた方がよいですね。
S：交点がOであることは説明も必要だね。
S：性質(1)は証明で使えるの？
S：もちろんだよ。前回証明したからね。
S：じゃあ△ABO≡△CDOがいえそうだ。
S：△ADOと△CBOでもできそうです。

　前回は「定義しか明らかなことがなかった」が，今はもう性質(1)は「明らかなこと」に変わったことを強調すると方針が立てやすい。

振り返りの共有による自分との対話

　振り返り活動を行うと，生徒の素朴な試行錯誤の様子が見えてくることが多い。例えば前時と本時を通して「証明の方針を考えるときに大切だと思ったことは何か？」を振り返るとき，自分では明確に書けない生徒もいるでしょう。しかしそんなときは振り返り上手な仲間の考えを紹介することが有効である。「どの補助線を選ぶかは，結論に応じて逆向きに考えるとよいんだ！　今度はもっと結論を意識して考えてみよう」のように自分と対話をして，自己調整を図るように促したい。

平行四辺形の
面積を二等分する線

12/19

平行四辺形の面積を二等分する線はどんな線か？

○二等分している線の例
（ア）　　　（イ）

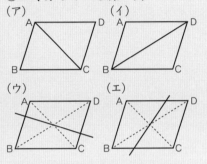

（ウ）　　　　　（エ）

○二等分していない線の例
（オ）　　　（カ）

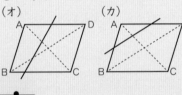

（ア）〜（エ）のように，中心を通る線ならば二等分できるのでは？

○（ア）が二等分している理由は？
　△ABC≡△CDAだから
○（イ）は？
　△ABD≡△CDBだから
○（ウ）や（エ）は？
　2つの台形が合同？
　⇒証明が必要

対角線の交点を中心にして，線が（ア）→（ウ）→（イ）→（エ）と回転したときに「増える面積」と「減る面積」が同じといえるか？

はじめは対角線は引かず，中心が必要になったときに書き足すようにする。

授業の流れ

1 何が違うんだろう？

（（ア）〜（カ）を共有してから）
T：ア〜エとオ〜カは何が違うんだろう？
S：中心を通っているかどうかです。
S：中心って対角線の交点ってこと？
S：対角線の中点ともいえるんじゃない？
T：中心を通れば二等分しているのか，平行四辺形の性質を使って調べましょう。
　中心が見つからないときは1つの平行四辺形の図に6本の線を重ねると，ア〜エだけが中心を通ることが見やすくなる。

2 明らかに二等分しているものは？

S：（ア）と（イ）です。
S：でも（ウ）と（エ）は根拠が分からないな…。
S：分けられた2つの台形は合同？
S：合同っぽいけど，証明が必要じゃない？
S：対角線の交点を中心にして（ア）→（ウ）→（イ）→（エ）と線が回転したと考えれば，「増える面積」と「減る面積」が同じだといえそうな気がします。
　直観的な予想を少しずつ具体化することで，問いが式で表され，焦点化された命題になる。

1 式の計算

2 連立方程式

3 一次関数

4 図形の調べ方

5 図形の性質と証明

6 場合の数と確率

7 箱ひげ図とデータの活用

本時の評価

・面積を二等分することを△AEO≡△CFOと表すことができたか。
・△AEO≡△CFOを証明することができたか。

準備物

・▱ABCDを印刷した掲示物（たくさん）

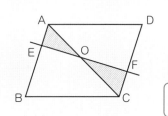

〈証明〉

性質(3)

△AEOと△CFOで平行四辺形の対角線はそれぞれの中点で交わるので，
$$AO＝CO \quad ……………①$$
AB∥DCより，錯角は等しいので

∠AEO＝∠CFO だと両端ではない

$$∠EAO＝∠FCO \quad …………②$$
対頂角は等しいので
$$∠AOE＝∠COF \quad …………③$$
①，②，③より1組の辺とその両端の角がそれぞれ等しいので，
$$△AEO≡△CFO$$

点EがAB上を動いても証明済

※点EがBC上を動いても
（イ）→（エ）が同様に証明できる。

○点B側から見ると，

増えた面積＝△COF
減った面積＝△AOE
⇒ △AEO≡△CFOが証明できれば
$$（四角形EBCF）＝\frac{1}{2}×（四角形ABCD）$$

〈仮定〉
四角形ABCDは平行四辺形
線分EFは点Oを通っている
〈結論〉
△AEO≡△CFO

⬇

線分EFが中心Oを通っていれば，平行四辺形ABCDの面積を二等分する。

---

3 結論と仮定は？

T：（ア）→（ウ）の回転で，増える面積と減る面積が等しいことを証明しましょう。
S：増える面積ってどこ？
S：点B側から見れば，△COFだよ。
S：減る面積は△AOEだよね。
T：結論は△AOE≡△COFですね。仮定は何でしょうか？
S：ABCDは平行四辺形ということ
S：点Oは対角線の交点であることです。
S：線分EFは点Oを通ることもです。

4 証明の方針は？

S：Oは対角線の交点なのでAO＝COです。
S：錯角が2組等しいので，「1組の辺とその両端の角」が等しいです。
S：でも∠AEO＝∠CFOは両端の角ではないから合同条件は成り立たないよ。
S：対頂角を使えば「両端の角」といえます。
T：「1組の辺と両端の角」の合同条件が成り立つように逆向きに考えたんだね。

　逆向きに考える意義を度々価値づけることで，生徒の内面化をねらう。

本時案

平行四辺形に なる条件①

本時の目標

・平行四辺形の性質とその逆の違いを考えながら，仮定と結論を整理できる。
・平行四辺形の性質についての逆①' を証明するために結論から逆向きに考えることができる。

平行四辺形でも「逆」は正しいか？

【復習】

正六角形ならば6つの内角は120°
↕
6つの内角が120°ならば正六角形　← 逆

逆は正しいとは限らない！

【平行四辺形の性質についての「逆」】
四角形において
①' 2組の向かい合う辺がそれぞれ等しい
　　ならば平行四辺形である
②' 2組の向かい合う角がそれぞれ等しい
　　ならば平行四辺形である
③' 対角線がそれぞれの中点で交わる
　　ならば平行四辺形である

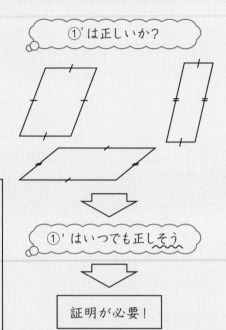

①' は正しいか？

↓

①' はいつでも正しそう

↓

証明が必要！

授業の流れ

1 平行四辺形でも逆は正しい？

T：二等辺三角形のときの逆を覚えている？
S：「2つの角が等しいならば二等辺三角形」
T：これは必ず成り立つの？
S：証明したので成り立ちます！
T：では平行四辺形の性質についての逆も成り立つに決まってるよね。
S：そうとはいえません。正六角形のときみたいに，逆は正しくないときもあります。
　この対話から復習→学習問題→①' の反例探しの活動につなげる。

わざととぼけて対話を促す

　左の場面では，教師がわざと「平行四辺形の性質についての逆も成り立つに決まっているよね」と，とぼけている。まだ定着していない生徒がいたとしても，クラスに数人は「逆は正しいとは限らない」ことに気づくはずである。また，それらの生徒がお互いにボソボソと話すようにさえなれば，生徒たちの内面では「もっと対話をしたい」という気持ちが湧き上がるはずである。そのタイミングで交流を促すだけで，対話場面が充実する。教師があえてとぼけることで，対話場面を充実させたい。

1 式の計算

2 連立方程式

3 一次関数

4 図形の調べ方

5 図形の性質と証明

6 場合の数と確率

7 箱ひげ図とデータの活用

本時の評価

・①' の証明の結論が平行四辺形の定義であることを理解できたか。
・結論の平行を示すためには同位角・錯角が等しいことを示せばよいことを指摘することができたか。

〈①'の証明〉
ＡＢＣＤは四角形と考える

まだ平行四辺形か分からない！

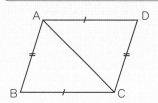

〈仮定〉
ＡＢ＝ＤＣ, ＡＤ＝ＢＣ
〈結論〉
ＡＢ／／ＤＣ, ＡＤ／／ＢＣ
（平行四辺形の定義）

【方針】同位角か錯角が等しいことが示せればＯＫ！（逆向きに考える）

〈証明〉
対角線ＡＣをひく　　ＢＤでもＯＫ！
△ＡＢＣと△ＣＤＡで
共通なので，　　ＡＣ＝ＣＡ　………①
仮定より　　　　ＡＢ＝ＣＤ　………②
　　　　　　　　ＡＤ＝ＣＢ　………③
①②③より，３組の辺がそれぞれ等しいので，
　　　　　△ＡＢＣ≡△ＣＤＡ
合同な図形の対応する角は等しいので，
　　　　　∠ＢＡＣ＝∠ＤＣＡ　……④
　　　　　∠ＢＣＡ＝∠ＤＡＣ　……⑤
④より錯角が等しいので
　　　　　　　ＡＢ／／ＤＣ　………⑥
⑤より錯角が等しいので
　　　　　　　ＡＤ／／ＢＣ　………⑦
⑥,⑦より２組の向かい合う辺がそれぞれ
等しいならば平行四辺形である。

2 成り立つ？　成り立ちそう？

（①' の反例となる図を探させた後で）
Ｔ：誰か反例はみつかりましたか？
Ｓ：ないので，①' は成り立ちそうです。
Ｓ：絶対成り立ちます。
Ｔ：成り立つ？　成り立ちそう？　どっち？
Ｓ：今はまだ「成り立ちそう」なだけです。
Ｓ：証明していないので絶対とはいえません。
　生徒の中には「成り立つ」と「成り立ちそう」の違いが曖昧なことが多くある。全体で共有することで証明の必要性も共有できる。

3 どうすれば平行を証明できる？

Ｔ：証明の方針で何に困っていますか？
Ｓ：結論の平行を示すにはどうしたらよいのか分かりません。
Ｓ：△ＡＢＣ≡△ＣＤＡだからといって，平行とはいえないです。
Ｔ：平行になるのはどんなときでしたか？
Ｓ：同位角・錯角が等しいときです。
Ｓ：逆向きの考えだ！
　この時期には，生徒が意識的に逆向きに考えられる状態を目指したい。

本時案

平行四辺形に なる条件②

本時の目標

・逆②′と③′の証明を理解できる。
・多様な証明方法を見いだすことができる。

「逆」を証明しよう ⇒ 「条件」と捉え直そう

②′ 2組の向かい合う角がそれぞれ等しい
　　ならば平行四辺形

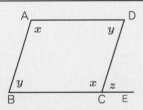

〈概略〉
四角形の内角の和は 360° なので $2x + 2y = 360$
よって $y = 180 - x$ ……①
また，∠BCE は平角なので $z = 180 - x$ ……②
①，②より $y = z$，
∠B ＝ z より同位角が等しいので AB//DC
∠D ＝ z より錯角が等しいので AD//BC

③′ 対角線がそれぞれの中点で交わる
　　ならば平行四辺形

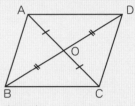

〈概略〉
△ABO ≡ △CDO より
∠BAC ＝ ∠DCA となり
　AB//DC
△ADO ≡ △CBO より
同様に，AD//BC

論理的に全く同じ
なので省略できる

学習問題の板書は導入では「逆を証明しよう」
だけで，③′まで証明が終わった段階で，「条件
と捉え直そう」を書き加える。

授業の流れ

1 ②′の証明の方針は?

S：合同条件を使っての証明はできなそうです。
T：辺 BC を延長してみてはどう？（上図）
S：何を示せば平行だといえるの？
S：∠B ＝ z が示せれば，同位角が等しいか
　　ら AB//DC が示せそうだよ。
S：∠D ＝ z も錯角だから AD//BC もいえる
　　ね。
S：内角の和から $x + y$ ＝180だ！
　　②′は難しいため，実態に応じて教師の補助
が必要である。

2 3つの他にもかき方がある?

T：①′～③′のどれか1つが成り立つように四
　　角形をかけば，平行四辺形がかけますね。
　　みなさんはどの方法でかいていますか？
S：どれでもなく，平行線を2組かきます。
S：ノートの罫線上に等しい長さをとります。
T：1組の平行線で長さを等しくするんだね。
T：どうやら平行四辺形をかく方法は3つの
　　「逆」だけではなさそうですね。
　　一度「逆」として扱うが，条件①と⑤を加え
る必要感から「条件」として捉え直させる。

1 式の計算

2 連立方程式

3 一次関数

4 図形の調べ方

5 図形の性質と証明

6 場合の数と確率

7 箱ひげ図とデータの活用

本時の評価

・逆②′と③′の証明の概略を理解することができたか。

・条件⑤を証明するために複数の証明の方針を示すことができたか。

【平行四辺形になるための条件】

四角形において

①2組の向かい合う辺がそれぞれ平行
　ならば平行四辺形（定義）

②2組の向かい合う辺がそれぞれ等しい
　ならば平行四辺形

③2組の向かい合う角がそれぞれ等しい
　ならば平行四辺形

④対角線がそれぞれの中点で交わる
　ならば平行四辺形

⑤1組の向かい合う辺が等しくて平行
　ならば平行四辺形

⑤のみ証明が別に必要

〈仮定〉
AD∥BC, AD＝BC

〈結論〉
AB∥DC, AD∥BC

条件⑤は教師から提示する場合もある。

〈⑤の証明の概略〉

〔証明1〕

△ABC≡△CDA
より錯角（△）から
条件①が成り立つ

〔証明2〕

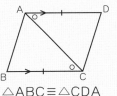

△ABC≡△CDA
よりAB＝CD
条件②が成り立つ

〔証明3〕

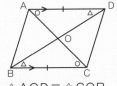

△AOD≡△COB
より条件④が
成り立つ

〔証明4〕

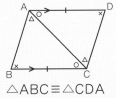

△ABC≡△CDA
より○＋△と×から
条件③が成り立つ

---

3 ①と⑤の証明の方針は？

S：①は証明のしようがありません。

T：なぜですか？

S：定義そのものだから当たり前です。

T：そうですね。では⑤は？

S：証明の必要があります。

S：①〜④は証明に使ってもいいのかな？

S：①〜④は証明済みだから使えるよ。

S：いろいろな証明がありそうです。

　多様な証明を出させたい。そのため，実態に
応じて方針の確認に焦点化するのもよい。

多様な証明方法を意識させる

　⑤の証明は①〜④のどれを利用しても証明できるが，一人ですべての方法を見いだすことは難しい。だからこそ，ある程度の自力解決の時間を確保したら，机間指導をしながら「いろいろな方法がありそうだね」「○○さんと△△さんは別の方法なんだね」などとつぶやく。また，ごく少数しか思い浮かばない方法は，先に図だけを黒板にかかせることで，対話の糸口とする。その上で対話の時間を設ければ，生徒たちは「いくつの方法があるの？」「どこが違うの？」のように対話が広がる。

平行四辺形になる条件の利用

15/19

なぜ円木は動いても水平が保てるのか？

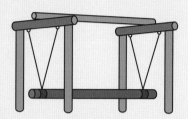

〈設計上の仕組み〉

・円木と上の棒の長さを同じにする。
　→　AD＝BC
・ロープを同じ長さにする。→AB＝DC
・地面と支柱を垂直にする。
　→　AE⊥EF，DF⊥EF
　→　結果的にAE∥DFとなる。
・支柱を同じ高さにする　→　AE＝DF
・もともと地面を水平にする。
・ロープはたるまない素材にする。

【数学的な説明】

◎ AB＝DC，AD＝BC
⇒ 2組の向かい合う辺がそれぞれ等しいのでABCDは平行四辺形だから
　AD∥BCが成り立つ………①
◎ AE＝DF，AE∥DF
⇒ 1組の向かい合う辺が等しく平行なのでAEFDは平行四辺形だから
　AD∥EFが成り立つ………②
①，②より，BC∥EF
よって，円木は常に水平に保たれる。

> 例）AB≠DCだとBCは斜めに傾く

> 動的幾何ソフトが使えるようであれば，仮定を変えて平行でない場合などを投影すると効果的。

授業の流れ

1　どんな仕組みがあるかな？

（円木の動画を見せて導入した後で）

T：人が乗っている棒を円木といいます。円木が動いても安全なのはなぜでしょう？
S：円木はずっと水平だからです。
T：なぜ円木は動いても水平を保てるのでしょうか？　そのための仕組みを調べましょう。
S：円木と上の棒の長さは同じですか？
　同じになるかどうかは，設計するときの仕組み次第である。この仕組みに着目させて，多様な意見を求め，板書する。

2　数学的に説明できますか？

S：ABCD は平行四辺形だから平行です。
S：本当に平行四辺形？　なんで？
S：2組の向かい合う辺がそれぞれ等しい！
（発言をもとに①までを完成させる）
T：例えばもし AB＜DC だったら？
S：BC が C 側に傾いちゃいます。
S：平行四辺形になるための条件が成り立たなくなるから，平行といえないんだ。
S：でも，まだ地面と平行とはいえてないよ。
S：AEFD で同じように AD∥EF だよ。

本時の評価

- 折りたたみテーブルの構造から，仮定を設定し，式で表すことができたか。
- 平行四辺形になる条件を適用して，丸太や天板が水平であることを証明しようとしていたか。

準備物

- 動画を視聴できる環境（PC，モーター）
- 写真

1 式の計算
2 連立方程式
3 一次関数
4 図形の調べ方
5 図形の性質と証明
6 場合の数と確率
7 箱ひげ図とデータの活用

天板はなぜ水平か？

自分で仕組みを
仮定にしよう！

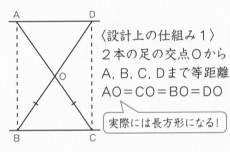

〈設計上の仕組み1〉
2本の足の交点Oから
A，B，C，Dまで等距離
AO＝CO＝BO＝DO

実際には長方形になる！

【数学的な説明1】
対角線がそれぞれの中点で交わるので，
四角形ABCDは平行四辺形である。
よって，AD∥BCとなるので，天板は
水平である。

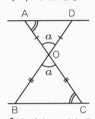

〈設計上の仕組み2〉
AO＝DO……②
BO＝CO……③

【数学的な説明2】
対頂角より∠AOD＝∠COB＝a …④
②③より，△AODと△COBはどちらも
二等辺三角形で，④より底角はお互い
に等しく，∠A＝∠C＝$90-\dfrac{1}{2}a$

錯角が等しいので，AD∥BCとなるので，
天板は水平である。

3 テーブルの天板はなぜ水平？

S：足の長さは同じですか？
T：それもみなさんにお任せします。自分が等しいと思えば仮定して構いません。
T：人それぞれ仮定が異なるようですね。
S：私はAO＝CO＝BO＝DOを仮定します。
S：その仮定だと「対角線がそれぞれの中点で交わる」ので平行四辺形です。

　「より正確には長方形だ」という意見も予想されるが，共感した上で，次時の包摂関係につなげられるように配慮して対応する。

4 仕組み2でも平行といえる？

S：私はAO＝DOとBO＝COだけを仮定しました。
S：それだと平行四辺形にならないから，平行とはいえないんじゃないかな？
T：周りの人と相談してみましょう。
S：錯角が等しいといえるといいんだけどな。
S：いえるよ。（証明の概略を説明する）

　説明2は平行四辺形から離れるが，三角形の既習内容を取り入れることで，これまでの学習の総まとめとして扱いたい。

本時案

平行四辺形とひし形の関係

本時の目標
・ひし形と平行四辺形の包摂関係を理解できる。
・ひし形に平行四辺形の性質を適用して，丿を証明することができる。

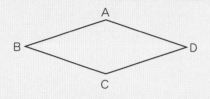

ひし形の性質を効率よく証明しよう

どんな順序で証明する？

ア　（ひし形の定義）
→　カ　（平行四辺形の条件）
→　イ　（平行四辺形の定義）
→　ウ，エ（平行四辺形の性質）

【ひし形の特徴】
ア）4辺がすべて等しい　　← 定義
イ）2組の向かい合う辺がそれぞれ平行
ウ）2組の向かい合う角がそれぞれ等しい
エ）対角線がそれぞれの中点で交わる
オ）対角線が垂直に交わる

ひし形は平行四辺形の特別な形である
↓
ひし形であれば平行四辺形の定義や性質がすべて成り立つ

カ）2組の向かい合う辺がそれぞれ等しい

カ）の吹き出しは **2** のような対話を通して，必要になったときに板書する。

授業の流れ

1 ひし形の定義は？

（ア〜オの特徴を発表し，共有した後で）
T：今日は，定義から性質を証明するまでを1時間で効率よく進めましょう。
S：え〜！そんなの無理だ〜！
T：まあまあ。まずは定義から確認しよう。
S：イ〜オだと，ひし形でないものまで含んでしまいそうだから定義はアです。

　先に特徴を挙げておくことで，定義を生徒たちが選ぶことができる。定義も与えられるものではなく，つくるものと捉えさせたい。

2 どうすれば効率よくできる？

S：1つの証明でたくさんのことが示せることができれば早いと思います。
T：一緒に証明できそうなものがあるかな？
S：イ〜エは平行四辺形の特徴と同じだ。
S：じゃあ，ひし形も平行四辺形だといえれば全部成り立つといえるんじゃない？
S：アが成り立てば，当然「2組の向かい合う辺がそれぞれ等しい」も成り立つよね。
S：なんか二等辺三角形と正三角形の関係と同じだね。

1 式の計算

2 連立方程式

3 一次関数

4 図形の調べ方

5 図形の性質と証明

6 場合の数と確率

7 箱ひげ図とデータの活用

本時の評価

・「アならばカ」が成り立つことをもとに，ひし形が平行四辺形であることを利用して，イ〜エを順序正しく証明できたか。
・ひし形に平行四辺形の性質エを適用して，オを証明することができたか。

オは証明できるか？

4つ一緒に書く！

〈方針〉
・ア〜エは（もちろんカも）証明済み
・対角線を結び，交点をOとする
・3組の辺がそれぞれ等しいから，
　△AOB≡△COB≡△COD≡△AOD
・∠AOB＝∠COB＝∠COD＝∠AOD
　から360°÷4＝90°（垂直）

〈証明〉
対角線ACとBDをひき，その交点をOとする。
△AOB，△COB，△COD，△AODで，
仮定より　AB＝CB＝CD＝AD　…………①
ひし形は平行四辺形の特別な形なので，対角線がそれぞれの中点で交わり，
　AO＝CO　……②，
　BO＝DO　……③
①②③より，3組の辺がそれぞれ等しいので，
　△AOB≡△COB≡△COD≡△AOD
合同な図形の対応する角は等しいので，
　∠AOB＝∠COB＝∠COD＝∠AOD
また，
∠AOB＋∠COB＋∠COD＝∠AOD＝360°
よって，どの角も90°
よって，ひし形の対角線は垂直に交わる

---

3 効率よい証明の手順は？

（ **2** の続きでカを板書してから）

S：まず，アの定義が成り立つので，当然カが成り立ちます。そうすれば平行四辺形の条件が成り立つので，イ〜エも成り立ちます。

S：正確には，まずイが成り立って，その性質でウとエが成り立つのだと思います。

S：ただ，オは証明したことがないので，これだけは証明した方がよいと思います。

　「アならばカ」を強調して板書することで，包摂関係のよさを理解する生徒が増える。

---

4 オの証明の方針は？

S：ア〜エは証明済みと考えてよいですか？

S：それは証明済みに決まってる。

S：4つとも合同な三角形だよ。

S：本当だ。「3組の辺がそれぞれ等しい」が成り立っている！

T：合同だと垂直といえますか？

S：いえます。4つの角が等しくて，その和が360°なので360÷4＝90°です

　この流れの逆で，「どうすれば垂直といえるか」と結論から考える方法もある。

本時案

四角形の包摂関係

本時の目標

・長方形と平行四辺形の包摂関係をもとにして，イ～オの証明を考えることができる。
・4つの四角形の包摂関係を理解することができる。

長方形の性質を効率よく証明しよう

【長方形の特徴】

ア）4つの角がすべて等しい ← 定義
イ）2組の向かい合う辺がそれぞれ平行
ウ）2組の向かい合う辺がそれぞれ等しい
エ）2組の向かい合う角がそれぞれ等しい
オ）対角線がそれぞれの中点で交わる
カ）対角線の長さが等しい

長方形は平行四辺形の特別な形である
（ひし形のときと同様）
⇒証明は，ア→エ→イ→ウ，オの順

カは証明できるか？

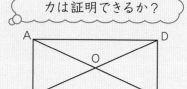

〈証明〉

△ABCと△DCBで，
仮定より　　　∠ABC＝∠DCB…①
共通なので　　　BC＝CB………②
長方形は平行四辺形の特別な形なので，
向かい合う辺はそれぞれ等しいので，
　　　　　　　　AB＝DC………③
①②③より，2組の辺とその間の角が
それぞれ等しいので，△ABC≡△DCB
合同な図形の対応する辺は等しいので，
　　　　　　　　AC＝DB
よって，長方形の対角線の長さは等しい

授業の流れ

1 長方形も効率よく証明できる？

S：イ～カだと，長方形でないものまで含んで
　しまいそうだから定義はアです。

S：アが成り立てば当然エが成り立つので，平
　行四辺形の定義のイが成り立ちます。

S：そうすれば長方形も平行四辺形の特別な形
　だと分かるから，ウとオも成り立つね。

S：カだけは証明が必要だと思います。

　前時と同じ流れなので，テンポよく進めた
い。同じ流れを強調することで，4つの四角
形の包摂関係を図に表すときの足場とする。

証明をお互いによみ合う活動

　証明を記述する経験も重ね，表現力が高まっ
てきたからこそ，生徒同士でお互いに証明をよ
み合い，高め合う対話が期待できる。上の問題
の場合，「どの三角形に着目するか」等，方針
が異なることが考えられる。上の証明の他に
も，△ABD≡△DCAを示す方針もあるが，ど
ちらも結論のAC＝DBを含んでいる，図を上
下反転してしまえば全く変わらないなど統合的
に考えるきっかけにもなる。このような深まり
は，対話を通して別の方針を認識できるからこ
そ実現するものと考えられる。

1	式の計算
2	連立方程式
3	一次関数
4	図形の調べ方
5	図形の性質と証明
6	場合の数と確率
7	箱ひげ図とデータの活用

本時の評価

・アを仮定としてイ～カが成り立つことを順序正しく証明できたか。
・平行四辺形とひし形・長方形の違いをもとにして，ひし形・長方形と正方形との違いを指摘することができたか。

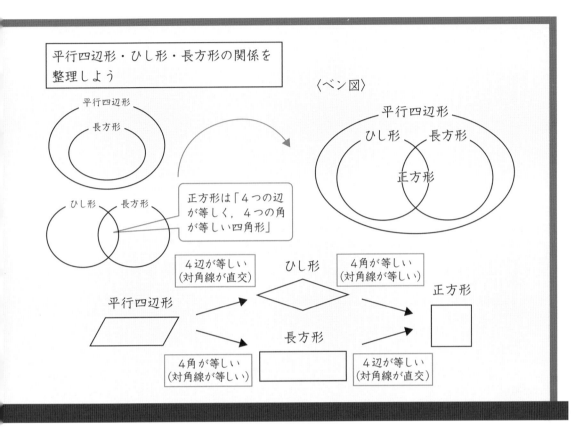

2 それぞれの四角形の関係は？

T：平行四辺形と長方形の関係はどうなっているのでしょう？

S：ひし形のときと同じです。長方形は平行四辺形の一部になります（板書のベン図）。

T：ではひし形と長方形は？

S：さっきと違って，どちらの性質ももっている四角形があります。正方形です。

　4つの四角形をまとめてベン図に表せると発展的に考える生徒がきっといるので，生徒の意見をもとにして授業を進めたい。

3 性質の違いを整理すると？

（右下の図の「平行四辺形→ひし形」「平行四辺形→長方形」について，性質の違いを共有してから）

T：ひし形と正方形の違いは？

S：「平行四辺形→ひし形」と「長方形→正方形」の性質部分が全く同じだ！

S：「平行四辺形→長方形」と「ひし形→正方形」も同じだ！

　同じ性質ごとに色分けして板書するなどして，強調すると効果的である。

本時案

どんな四角形でも成り立つ？

18/19

本時の目標

・特殊で成り立った性質をより一般的な図形でも成り立つか発展的に考えようとする。
・証明に利用する条件が満たされるかどうかで，結論の成否が決まることを理解できる。

いろいろな四角形で考えてみよう！

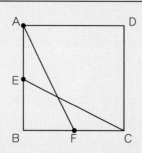

〈仮定〉
・ABCDは正方形
・E, Fはそれぞれ AB, CB の中点

〈結論〉
AF＝CE

〈証明〉

△ABFと△CBEで，
仮定より　　　　　AB＝CB……………①
E, FはそれぞれAB, CBの中点だから
①より，　　　　　BF＝BE…………②
共通なので　∠ABF＝∠CBE　………③
①, ②, ③より，　2組の辺とその間の角がそれぞれ等しいから，
　　　　　　　　△ABF≡△CBE
合同な図形の対応する辺は等しいから，
　　　　　　　　AF＝CE

学習問題は原題の証明まで終わった後，**2**の流れの中で書くとよい。

授業の流れ

1　正方形ってどんな図形？

S：長方形とひし形の両方の性質をもった四角形です。

T：そうですね。今日はまず ABCD が正方形の場合の次の問題を考えてみましょう。（原題の仮定を説明して）AF＝CE は成り立ちますか？

S：△ABF と△CBE が合同なので，AF＝CE は成り立ちます。

後の条件がえに発展しやすいように「まず」正方形から考えることを伝えておく。

自然と発展したくなる種まき

　本題材は原題を証明することだけでなく，原題から発展的に考えさせることも目標としている。そのために原題を導入するときから，次のような配慮をする。

　①正方形が多様な四角形の一例であること
　②正方形が最も特殊な四角形であること

　この①②によって，「別の四角形でも成り立つか？」「どこまで条件をゆるめられるか？」という対話を促したい。はじめは自己内対話やつぶやき程度であっても，それを教師が全体に取り上げ，協働的な問題解決を促したい。

1
式の計算

2
連立方程式

3
一次関数

4
図形の調べ方

5
図形の性質と証明

6
場合の数と確率

7
箱ひげ図とデータの活用

本時の評価

・正方形を条件がえして自分なりの新たな図形で考えようとしていたか。

・(4)をもとに AD = CD さえ成り立てば同じ証明が適用できることを指摘することができたか。

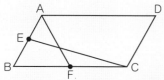

（正方形でなくても成り立つ？）

（１）平行四辺形なら

AF＝CE とはいえない（反例）

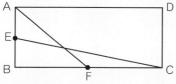

（２）長方形なら

AF＝CE にはならない（反例）

①のAB＝CBが成り立たない。
そのため②のBF＝BEも成り立たない

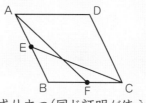

（３）ひし形なら

成り立つ（同じ証明が使える）

（他の図形でも成り立つか？）

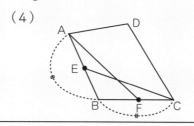

（４）

・点Dはどこでも関係ない。

・証明の①さえ成り立てば他は関係ない

2 正方形でなくても成り立つ？

（正方形以外の場合を考えるつぶやきから）

T：○○くんが正方形ではない四角形を考えて
　います。どうして取り組もうとしたの？

S：正方形でなくても成り立つかもしれないと
　思ったからです。

T：では、みんなで「正方形でなくても同じ結
　論が成り立つか」を調べてみましょう。

S：平行四辺形では成り立たなそうです。

　先に反例を１つ共有することで「成り立つ
かどうかの境界を探そう」という意識を促す。

3 成り立つときってどんなとき？

（上の(1)〜(3)を共有したところで）

T：成り立つときの共通点は何でしょう？

S：４つの辺が等しいことです。

S：同じ証明ができるからね。

S：だったら、４辺すべてが等しくなくても
　いいんじゃない？例えば(4)も成り立つよ。

T：では成り立つときの共通点をそれぞれ書い
　てみよう。

　証明の①さえ成り立てば、他の条件は関係な
いことを各自で気づかせたい。

本時案

等積変形

本時の目標
・結論から逆向きに考えることで解決の方針を立てることができる。
・前問で有効だった考え方を微調整して，次の問題解決に活用することができる。

面積が等しくなるように変形しよう！

問（1）△ABCと△DBCのどちらが大きい？

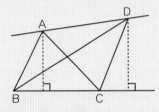

・△DBCの方が大きい
〈理由〉
　・Dの方が高い
　・底辺BCまでの高さが長い

面積が等しくなるのはいつ？

・2つの高さが同じとき
・AD／／BCのとき

AD／／BCならば△ABC＝△DBC
△ABC＝△DBCならばAD／／BC

面積が等しい

問（2）AD／／BCのとき，面積の等しい三角形の組をすべてみつけなさい。

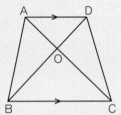

・△ABC＝△DBC（BCが底辺）
・△ADB＝△ADC（ADが底辺）
☆△AOB＝△DOC

△ABC－△OBC＝△DBC－△OBC
共通部分を両方からひく

等積変形をまとめた後で，学習目標を板書すると自然な流れになる。

授業の流れ

1 2つの三角形でどっちが大きい？

S：△DBC！
T：理由がいえる人はいますか？
S：AよりDの方が高さがある。
S：つまり，底辺BCまでの高さが高い。
T：では面積が等しくなるのはどんなとき？
S：2つの高さが同じときです。
S：AD／／BCのときです。
　平行線を利用すれば，等しい面積の別の三角形をつくれそうだという予想を共有して，学習問題につなげる。

2 問（2）で面積の等しい三角形は？

S：BCを底辺とみるとAD／／BCより，
　　△ABC＝△DBCです。
S：ADを底辺とみるとAD／／BCより，
　　△ADB＝△ADCです。
T：他にはありませんか？
S：△AOB＝△DOCも成り立ちます。
S：△ABCと△DBCの両方から，△OBCをひけば，残りは同じになるからです。
T：共通部分をひくという考え方ですね。
（問題（3）の足場とするために板書に残す）

1 式の計算

2 連立方程式

3 一次関数

4 図形の調べ方

5 図形の性質と証明

6 場合の数と確率

7 箱ひげ図とデータの活用

本時の評価

・まず仮の AP を引いてみることで，△ADM＝△PCM に着目することができたか。
・△ADM＝△PCM を示すために，共通部分△ACM を見いだすことができたか。

問（3）底辺BCの延長上に点Pをとって，四角形ABCD＝△ABPとなる点Pを作図しなさい。

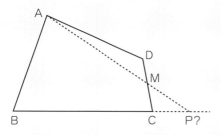

〈方針1〉
APを結んだときに，△ADM（減った面積）と△PCM（増えた面積）が等しくなればよい。
→DCの中点Mを通る直線をひく

> 逆向きの考え
> 結論から考える

> 本当に△ADM＝△PCMになるとはいえないので×

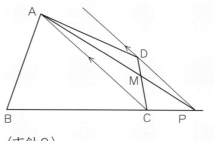

〈方針2〉
△ADM＝△PCMになればよい。

> 共通な底辺がない……。
> 問（2）の☆と似ている！

> △ACMを共通にたせばACが共通！

→△ADC＝△APC となればよい。
→AC//DPとすれば点Pが決まる。

> 底辺が共通な2つの三角形をみつけて底辺と平行な線を引けば，変形できる。

3 どんな方針が浮かびますか？

S：DC の中点 M を通る直線 AP をひくと，四角形 ABCD から減った面積△ADM と，増えた面積△PCM が等しくなります。

S：いや，2つの面積は等しくないよ。

S：M は中点ではないね。でも△ADM＝△PCM にするという考え方には賛成です。

S：なんとなく AP をかいたのもよさそう。

　中点 M をとる方針は多くの生徒が発想する。誤りとして否定するのではなく，着想のよさを取り上げ，価値づけたい。

4 △ADM＝△PCM になるには？

S：2つの三角形には共通な辺がないな～。

S：問(2)の☆と似ているよね。

S：☆では△OBC が共通部分だったけど，今回は△ACM が共通部分と考えればどう？

S：そうすると，AC が共通な底辺になっているから△ADC＝△APC だね。

S：底辺と平行に DP を引けばいいんだね！

S：△ADC と△APC に△ABC を共通に加えれば四角形 ABCD＝△ABP だ！

本単元こそ，探究的な数学の授業を！

1 自ら問いを見いだす生徒を育てたい！

　筆者は「問題を解けたかどうか」ではなく，「どのように試行錯誤したか」という過程を大切にしたいと考えている。しかしそれ以上に「自ら問いを見いだせたかどうか」「どのようにして問いを見いだしたか」を大切にして探究的な授業を実現したいと考えている。それは将来，与えられた問題を正確に解く力よりも，**自分で問いを見いだし，探究できる力**こそ必要になると考えるからである。一方で「問いを見いだす探究的授業」を具体的な授業として実現することは簡単なことではない。理想としては，指導しなくても自然と新たな問いを見いだす生徒に育てたいところだが，その理想につなげるため，まずは「生徒から問いが生まれやすい題材」で成功体験を積ませることが必要だと考えられる。本単元は，「別の角度でも同じ結論が成り立つのかな？」（第2・3時）や「正三角形で成り立つことは二等辺三角形でも成り立つのかな？」（第6・7時）など，条件がえによって，生徒自ら発展的な問いを見いだす学習場面が豊富にあり，探究を実現するために適していると考えられる。

2 探究を取り組みやすくするための3つのコツ

　探究的な授業は生徒も不慣れなことが多い。そこで，題材を選んで教材に変える際には工夫が必要である。筆者は次の3点が有効であると考える。

---
①性質の一般性を問うこと
②原題→条件がえの例→探究という3ステップを踏むこと
③求答問題を原題にすること

---

　①の例としては，第2・3時の「∠CDB＝90°という性質は∠Aが何度でも成り立つか？」という問いや，第18時の「正方形でなくても成り立つのだろうか？」が挙げられる。このように，**①性質の一般性を問うこと**で，生徒も問いを持ちやすく，探究活動が促されやすいと考える。

　次に第2時をもとに②の例を挙げる。第2時では，生徒が問いを見いだしやすいように，∠A＝40°の原題の後に，∠A＝50°の場合を2問目として扱い，全体で共有している。その後の3問目からを生徒に委ねて，調べたい角度を自由に探究させることで，∠A＝60°の場合を調べる生徒や∠A＝aの場合を調べる生徒など，一般性を問う視点は同じであっても，多様な探究が実現する。このように**②原題（40°）→条件がえの例（50°）→探究（自由）という3ステップ**を設定することが，不慣れな生徒でも自然と問いを見いだしやすくするための手立てとして効果的だと考えている。特に2問目となる「条件がえの例」がないと，どの条件は変えずにどの条件を変えるのかが不明確になり，生徒たちの問いが発散してしまう傾向が強くなり，授業全体としてまとめづらくなってしまうので注意が必要である。

　また③についても，第2・3時の題材で例示する。∠A＝40°の具体的な場合に，∠CDBの角度を求める求答問題から出発している。「証明問題の図は一般性がある」という認識が定着していない初期の段階では，①のタイプの探究で**③求答問題を原題にすること**が効果的である。具体の図で考えることで，一般性のある図との違いが明確になり，生徒が取り組みやすくなるからである。また，その方が反例を見つけやすくなるという利点もある。

③ 探究できるだけの時間を確保する

自ら問いを見いだす活動を実現するためには，それなりの時間が必要である。第2・3時のように**2時間扱いの題材**が効果的だと考えられるが，毎回毎回そんなに時間をかける訳にはいかない。そこで，第6時のように第7時の探究題材の**原題のみを前時の問題演習に含めておくこと**が有効である。こうすることで，原題をしっかりと理解させられるだけでなく，第7時を探究に集中させることができる。また，探究的な授業においては，証明の記述内容に焦点を当てる必要はないと考える。正確な記述よりも，証明の方針に焦点を当てることによって，探究の時間を確保し，試行錯誤に集中させてあげたい。

④ 問いを見いだしたからこその成功体験を！

生徒が問いを見いだしたとしても，結果として何も成功体験がなければ，問うことを嫌がりかねない。せっかく生徒が問いをもったのなら，その結果「一般的に成り立つことが分かった」（第2・3時），「複数の場面を比較することで，変えていい条件と変えてはいけない本質的な条件が明確になった」（第7・18時），「別の知識につながった」（第9時）などの成功体験を準備したいものである。例えば，第9時で「角の二等分線を2本引いたらどうなる？」という問いを見いだしたことから，解決後には「内心という新たな知識につながった」という**成功体験**を手にすることができる。また，第18時では正方形でない場合を問うことで，「AB＝CBさえ成り立てばどんな図形でも同じ結論になる」という本質を理解することができ，これらが成功体験となる。

⑤ 「ふつう」の題材でも統合・発展ができる！

探究の際に重要なのが統合的・発展的な考え方であるが，この力を育てるためには，特別な難しい題材を用意するしかないと敬遠しがちな面はないだろうか。確かに，そのための効果的な題材は存在するし，本単元にも複数含まれている。しかし，教科書通りの**「ふつう」の題材でも統合・発展を扱える題材は多くある**。例えば，二等辺三角形の性質の逆を学習するときの「同じような証明方法でできるのではないか？」（第4時），正三角形を学習するときの「二等辺三角形の性質が証明できたなら正三角形でもできるのでは？」（第5時），特別な平行四辺形の学習でも，「平行四辺形の性質はひし形でも同様に成り立つのでは？」（第16時）という問いは統合・発展のタネといえる。

⑥ 「ふだん」から問いを板書する

生徒の多くは解答を発表することよりも，問いを発表することに抵抗を感じるようである。探究的な学習を進める際に抵抗なく自然と問いを発表するようになるには，「ふだん」の授業から生徒の問いを受け止め，大切にする授業風土が必要である。本単元では，どの授業も**問いを雲形の吹き出しで示して強調**した。このような積み重ねによって，少しでも生徒が遠慮せず気楽に問い合えるような授業風土を目指したい。

また，問いを発言した生徒のおかげで議論が深まったことを教室全体で共有するなど，問いを発言した生徒が自己肯定感を高められるように配慮したい。

6 場合の数と確率　（9 時間扱い）

単元の目標

- 多数回の試行によって得られる確率と関連付けて，場合の数を基にして得られる確率の必要性と意味を理解し，簡単な場合について確率を求めることができるようにする。
- 同様に確からしいことに着目し，場合の数を基にして得られる確率の求め方や，確率を用いて捉えた不確定な事象を考察し表現することができるようにする。
- 場合の数を基にして得られる確率のよさを実感して粘り強く考え，不確定な事象の起こりやすさについて学んだことを生活や学習に生かそうとしたり，確率を活用した問題解決の過程を振り返って評価・改善しようとしたりしている。

評価規準

知識・技能	①多数回の試行によって得られる確率と関連付けて，場合の数を基にして得られる確率の必要性と意味を理解している。 ②簡単な場合について確率を求めることができる。
思考・判断・表現	③同様に確からしいことに着目し，場合の数を基にして得られる確率の求め方を考察し表現することができる。 ④確率を用いて不確定な事象を捉え考察し表現することができる。
主体的に学習に取り組む態度	⑤場合の数を基にして得られる確率のよさを実感して粘り強く考え，不確定な事象の起こりやすさについて学んだことを生活や学習に生かそうとしたり，確率を活用した問題解決の過程を振り返って評価・改善しようとしたりしている。

指導計画　全 9 時間

次	時	主な学習活動
第 1 次 確率	1	くじ引きの順による公平さについて，多数回の実験を基にして，当たりやすさの傾向を読みとり説明する。
	2	サイコロで 1 が出る確率について，統計的確率と関連付けて，その意味と求め方を考える。
第 2 次 いろいろな確率	3	コインを 2 枚投げるときの出方について，樹形図を使って考え，確率を求める。
	4	2 つのサイコロを投げたときの起こりやすさを，表を使って考え，確率を求める。
	5	様々な問題を樹形図や表を使って確率を求め，それぞれの方法のよさを比較し，説明する。
第 3 次 確率による説明	6	2 つのサイコロを投げたときの起こりやすさを，表を使って求めた確率をもとに考える。
	7	じゃんけんにおけるあいこの出やすさを，樹形図を使って求めた確率をもとに考える。

第3次 確率による説明	8	誕生日かぶりの起こりやすさを，確率をもとに考え，説明する。
第4次 章のまとめ	9	未来のことがらの起こりやすさを，確率をもとに考え，説明する。

単元の基礎・基本と見方・考え方

⑴不確定な事象の起こりやすさ

第1学年において，多数の観察や多数回の試行の結果を基にして，不確定な事象の起こりやすさの傾向を読み取り表現することなどを学習している。第2学年では，これらの学習の上に立って，同様に確からしいことに着目し，確率を求める方法を考察するとともに，確率を用いて不確定な事象を捉え考察し表現することができるようにする。第1時ではくじ引きの引く順序による公平さについての議論を取り入れた。

⑵場合の数を基にして得られる確率の必要性と意味

確率を求めるには，実際に多数回の試行をするよりも，場合の数に基づいて考えた方が，時間も労力も節約できる。その反面，不確定な事象について何が分かるのかという確率本来の意味が見失われてしまいやすい。そこで本稿では第1時～第8時まで，それぞれの段階に応じて実験によって得られた確率と，場合の数に基づいた考え方を繰り返し関連付け，実感の伴う理解に深めさせた。

⑶簡単な場合について確率を求めること

起こり得る場合の数を基にして確率を求めるには，同様に確からしいと考えられる起こり得る全ての場合を正しく求める必要がある。ここでは小学校第6学年における指導を踏まえ，起こり得る場合を順序よく整理し，落ちや重なりがないように数え上げる。第5時では，前時までに学習した，樹形図を用いた考え方と表を用いた考え方の解決過程を比較させ，どちらがよりよいかを考える活動を取り入れた。この活動により，どのような場面であれば樹形図や表がより効果的であるかを判断することができるようになる。これをもとに第3次以降のより発展的な問題解決において，解決の方法を根拠をもって説明することができるようになる。

⑷確率を用いて不確定な事象を捉え考察し，判断すること

確率を求めることだけを目的とするのではなく，不確定な事象に関する問題解決を重視し，生徒が確率を用いて説明したり，それをもとに判断したりすることを大切にする。例えば，第9時では「パスカルとフェルマーの手紙」に類似する問題を設定することで，お互いが納得できるようなメダルの分配方法を，未来の起こりやすさに着目して考察し，判断することを体験させる。

1 式の計算

2 連立方程式

3 一次関数

4 図形の調べ方

5 図形の性質と証明

6 場合の数と確率

7 箱ひげ図とデータの活用

残り物には
福がある？

授業の流れ

1 あなたは先？　後？どちらがよい？

T：「残りものには福がある」という言葉があるけど，くじ引きを引くときあなたは先と後，どちらがよい？（挙手して集計する）

T：どうしてそう思ったか，説明してみよう。

S：普通に先に引いた方があたりやすいでしょう。後から引いたらあたりがなくなっちゃうかもしれないし。

S：いや，あたりやすさは変わらないんじゃないかな？　変わらないんだったら，順番を譲ってあげた方がいい気がするよ。

T：なるほど。先と後では，「あたりやすさ」が変わるかどうかが明らかになればいいね。

　不確定な事象に関わる子どもたちの生活経験に基づく予想を引き出し，問題場面からあたりやすさに焦点化させるように働きかける。

残りものには福がある？

あなたは先？　後？　どちらがよい？
21人 14人

問題 3枚のうち1枚があたりのくじ
何番目に引くのがあたりやすい？

結果の予想 1番目18 2番目0 3番目5 同じ11

方法の予想 ・実験してみる

・場合の数 ← 樹形図
小6

→ 確率？

---

2 実験するとしたら，何回くらい？

T：「あたりやすさ」を比べるにはどうすればよいかな？

S：中1のときのように実験すればいい。

S：小学校のときには樹形図を使って場合の数を求めたりしました。

T：なるほど。実験をするとしたら，何回くらいすればよいかな？

S：何回くらいだろう。100回くらいかな？

S：中1のときはペットボトルのフタを結構な回数投げたけど……。

小グループ内で，結果をもとに議論する

　小グループで実験をしているところで「どれが一番あたりやすかった？」とあえて聞いてみる。そうするとそれぞれのグループで偏りのあるデータをもとに「1番目がいい」「いや，2番目がいい」などと意見の対立が起きてくる。揺さぶりをかけ，生徒の中に「はっきりさせたい」「説明したい」という意欲を高めたい。議論が深まってくると，「（回数が少ないから）ばらつきがあることは仕方がない」「（回数が増えていけば）大体同じと考えてもよい」といった，本時の核となる意見も出始めてくるだろう。

1 式の計算

2 連立方程式

3 一次関数

4 図形の調べ方

5 図形の性質と証明

6 場合の数と確率

7 箱ひげ図とデータの活用

本時の評価

・引く順番によってくじの当たりやすさが変わるかを，これまでの生活体験や学習をもとに予想しながら，実験をもとに確かめる活動を通して実感を伴って理解し，自分なりの言葉で説明することができたか。

準備物

・3枚のくじ（トランプなど）

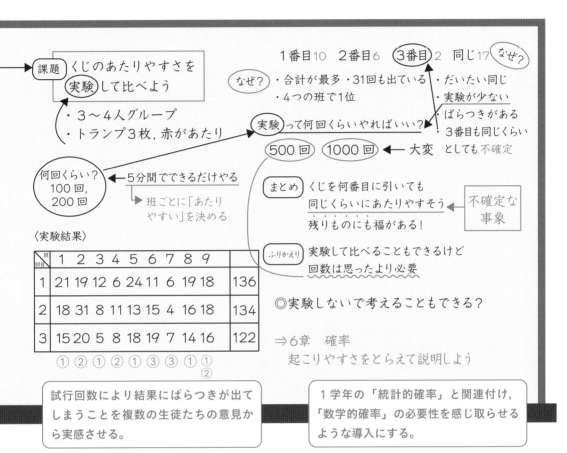

試行回数により結果にばらつきが出てしまうことを複数の生徒たちの意見から実感させる。

1学年の「統計的確率」と関連付け，「数学的確率」の必要性を感じ取らせるような導入にする。

3 どれが一番あたりやすい?

T：それぞれのグループの結果から，どんなことがいえますか。
S：1番目に引いた方が合計の回数も多いし，4つのグループで1番だから，最もあたりやすいといえそうです。
S：回数が少ないから，それぞれのグループの結果にばらつきがある。
S：全部合計したら，ほとんど同じと考えてもいいんじゃないかな。

4 実験しないでも考えられる?

T：実験によって予想をしようとすると，何回くらい必要だったかな?
S：50回くらいだと，だいぶ結果にばらつきがあるから，もっと回数が必要だと思う。
S：500回とか，1000回くらいは必要なのかもしれない。結構大変だ!
T：実験だけで確かめていくのは大変だね。この単元では，実験をしないで考えることができるかについて学習を深めていくよ。

同様に
確からしいとは？

2/9

・多数回の試行によって得られる確率と関連付けて，場合の数をもとにして得られる確率の必要性の意味，及び確率の求め方を理解する。

授業の流れ

1 6分の1ってどういうこと？

T：前回「実験しなくても確率は考えられる？」という話になったけど，例えばサイコロを1回投げたときに「1」の目が出る確率は考えられる？

S：それは簡単。$\frac{1}{6}$ ですよ。

T：ふむふむ，それはなぜ $\frac{1}{6}$ だと思うの？

S：だってサイコロは6面あって，「1」は1面だから，ちゃんとしたやつなら6分の1ですよ。

T：ちゃんとした，っていうのはどういうこと？

S：ずるとか，いかさまをしてないってこと。

T：なるほど。では，ちゃんとしたサイコロなら，6回投げたら1回は「1」が出るってことだね。

S：そうそう。

S：うん？　何か違うんじゃない？

S：$\frac{1}{6}$ だけど，必ずって訳じゃないよ。

2 実験するならどれくらい？

S：6回投げても，「1」が1回のときもあれば2回とか0回のときもあると思う。

T：ふむふむ。そのばらつきってどれくらいあるものなの？

S：えっ？　どれくらいだろう。結構？

S：やってみなくちゃわからないよ。

T：実験するとしたら何回くらい？

S：前回500回とか1000回とかだったから，今回も同じくらい？　手分けすればできるかな？

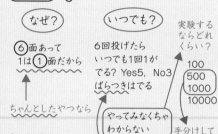

手分けについては，「同じさいころであると仮定する」ことを全体で押さえておく。

教材のポイント

　単元全体の中で「数学的確率」と「統計的確率」の違いやそれぞれのよさを実感できるように，手軽に多数回の実験ができるような工夫をしていく。例えば「3分間でできるだけ実験してみよう」などと時間制限を設けたり，表計算ソフト等を活用して集計の手間を削減したりできる。おおよそ500回程度の試行であれば3分間程度で集約することは可能である。確率の学習が机上の空論で終わることなく，常に予想や実験と対比しながら，実感を伴う学習になるようにする。

1 式の計算
2 連立方程式
3 一次関数
4 図形の調べ方
5 図形の性質と証明
6 場合の数と確率
7 箱ひげ図とデータの活用

本時の評価

- サイコロについて，どの目が出ることも同じように期待できることの意味を，実験結果をもとに実感を伴って理解し，自分なりの言葉として説明ができたか。

準備物

- サイコロ
- パソコン（表計算ソフト）
- プロジェクター

課題 さいころで「1」が出る確率が「$\frac{1}{6}$」か確かめよう。

グループ	1	2	3	4	5	6	7	8	9	10	11	12	13	14	15	16	17	18
試行回数	54	112	163	97	100	132	157	136	100	140	100	162	68	140	125	140	113	124
【1】の数	11	14	11	18	19	20	28	32	26	21	11	17	14	30	22	23	19	21
班ごとの相対度数	0.204	0.125	0.067	0.186	0.190	0.152	0.178	0.235	0.260	0.150	0.110	0.105	0.206	0.214	0.176	0.164	0.168	0.169
試行回数の合計	54	166	329	426	525	658	815	951	1051	1191	1291	1453	1521	1661	1786	1926	2039	2163
累積【1】の数	11	25	36	54	73	93	121	153	179	200	211	228	242	272	294	317	336	357
相対度数	0.204	0.160	0.109	0.127	0.139	0.141	0.148	0.161	0.170	0.168	0.163	0.157	0.159	0.164	0.165	0.165	0.165	0.165

ばらつき**大** ━━━━━➤ ばらつき**小**

1〜6，どの面が出ることも同じように期待できる

同様に確からしい

だから，6つの面のうち1つで $\frac{1}{6}$ と考えられる。

$\frac{6}{n}$ 　$\frac{1}{a}$

練習 $P = \frac{a}{n}$ トランプの問題

問1 (1) $\frac{4}{52} = \frac{1}{13}$ (2) $\frac{52}{52} = 1$ (3) $\frac{0}{52} = 0$

まとめ 同様に確からしいかが分かれば実験しなくても確率は考えられる

ふりかえり 必ずそうなる，というわけではないことに気をつける

$\frac{1}{6}$ = 0.166… 理想

回数が多い　理想 ≒ 現実　（数学的確率）（統計的確率）

2163回中 357回 0.165… 現実

何回くらい？

- 回数が少ないとばらつきが大きい。
- 回数が多くなると，だんだんばらつかなくなる。

実験結果は，一人一台の端末を活用して共有する一方，ノートには簡易的なグラフとして表現させ，記録させる。

3 理想と現実はどれくらい違う？

（集計中に「多い！」「少ない！」などと，予想との違いに驚く声があふれてくる）

T：実験結果と予想を比べて，気がつくことは？

S：思ったよりもばらつきが多くて驚いた。

S：合計していくと，だんだん6分の1に近づいているのがグラフからよく分かる。

　実験（統計的確率）のグラフと，理想（数学的確率）を比べ，気付きを自分なりに表現させる。

4 $\frac{1}{6}$ ってどういう意味？

T：今日のはじめに，みんなが予想した「$\frac{1}{6}$」という数は，どういう意味だろう？

S：必ず6回中1回ではないけど，回数が増えていくと，$\frac{1}{6}$ に近づいていく。

T：なぜ必ずとはいえないのだろう？

S：未来のことは「不確定な事象」だからです。

T：そうだね。「不確定」だけど，たくさん実験をすると，「1」が出ることは他の数と同じように期待できるね。このような状態を「同様に確からしい」と表現するよ。

本時案

本当に公平かな？

本時の目標

・起こり得る場合の数を，樹形図を使って全て数え上げる方法を理解し，確率を求める方法を説明することができる。

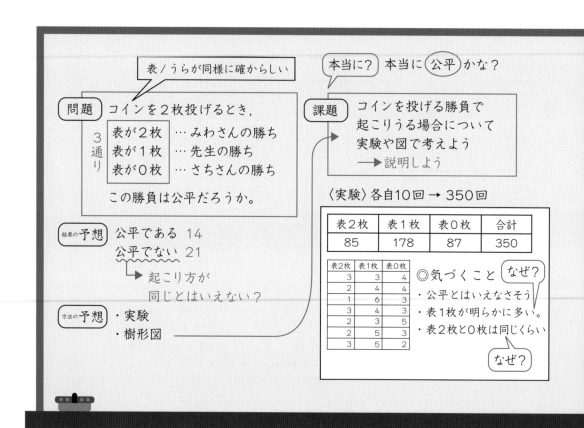

授業の流れ

1　この勝負は公平かな？

（生徒の様子を観察しながら問題を共有する）

S：なんかこれ，先生ずるくないですか？

T：うん？　ずるくないでしょ。出方が3通りだから，3人でそれぞれ分けただけだよ。

S：いやいや，これじゃ先生だけ有利だよ。

T：人聞きが悪いな。ちょっとみんなに聞いてみよう。この勝負，公平だよね。違うと思う人，いるかな？（挙手して確認）

T：公平でないと思う人が結構いるね。なぜ？

S：確かに3通りだけど，起こり方は違うと思う。

2　実験結果から何に気がつく？

（集計している中で，生徒から「おかしい」「明らかに表1枚が多い」等の発言が飛び交う）

S：やっぱり公平とはいえないと思う。

T：なぜそう思う？

S：表1枚が明らかに多い。2倍くらいある。

T：たまたまかもしれないよ？

S：300回もやるから，それなりに信頼できる。

S：表2枚と表0枚は同じくらいだと思う。

　　生徒の予想に対して，「なぜ？」「たまたまでは？」などと切り返し，議論を深めていく。

1
式の計算

2
連立方程式

3
一次関数

4
図形の調べ方

5
図形の性質と証明

6
場合の数と確率

7
箱ひげ図とデータの活用

本時の評価

・コインゲームの公平さを，起こりやすさに着目して考え，実験や樹形図で表した結果から起こりやすさの違いを自分なりの言葉で説明することができたか。

準備物

・10円玉（人数分）
・パソコン（表計算ソフト）
・プロジェクター

2枚のコインを区別しよう　◎説明しよう

〈樹形図〉

①表1枚が明らかに多いのは？

1つ目　2つ目
①　　　②

・表1枚には（表ーうら）と（うらー表）の
2通りがあるから → $\frac{2通り}{4通り} = \frac{1}{2}$

見えていなかった

表 ─ 表
　　うら

うら ─ 表
　　うら

②表2枚と0枚が同じくらいなのは？

・表2枚は（表ー表）の1通り → $\frac{1}{4}$
・表0枚は（うらーうら）の1通り → $\frac{1}{4}$

まとめ　・全ての場合を正しく数えあげるために樹形図が使える
・表2枚，表1枚，表0枚は同様に確からしいといえない

ふりかえり　・直観があてにならないこともある
・説明をよく聞いてだまされないようにしたい

◎全部で何通り？　4通り？

◎「残りものには福がある？」を樹形図で確認しよう。　宿

3 表1枚が明らかに多い理由は？

T：実験では確かに表1枚が明らかに多いけど，なぜかを説明するにはどうすればいい？
S：樹形図にまとめていけば，説明できます。
T：2枚のコインを投げる場合を樹形図で表すとどうなるか，隣の人と確認してごらん。
T：全部で4通りあります。
T：あれ？　はじめは3通りだったけど，最初の予想と図では何が違うかな？
S：表1枚には，（表 - 裏）と（裏 - 表）の2通りがある！

4 直観があてにならないときは？

T：今日の授業で大切だと思ったことは？
S：直観があてにならないこともある。
T：なるほど。そんなときはどうすればいい？
S：説明をよく聞いて，樹形図とかで考えるとだまされないと思う。
T：ふむふむ。この単元のはじめに，「残りものには福がある」を考えたけど，これも樹形図で考えられるかな？　やってみよう！

単元導入課題に立ち返り，問題演習にも必然性をもたせながら定着を図りたい。

本時案

サイコロを
2つ投げると？

本時の目標

・起こり得る場合を，表を使って全部数え上げ，確率を求めることができる。

授業の流れ

1 よ〜く聞いてね

T：前回「よく聞く」って話があったから，よ〜く聞いてね。（問題を説明する）

T：正しいか，正しくないか予想しよう。

（目をつぶらせて予想を挙手させる）

T：自分の予想を隣の人に説明しよう。

S：えっ，普通に正しいんじゃないの？

S：それぞれの出方に偏りがあるんじゃないかな。

S：和だから，組み合わせがあるよ。例えば和が5なら，2・3とか1・4とかがあるよ。

T：予想を確かめるにはどうすればよい？

S：実験をすればよい。

S：樹形図でまとめればよいんじゃないかな。

　予想の違いを明確にして，「不思議だな」「説明したい」という気持ちを高めさせる。

2 樹形図以外にまとめる方法は？

T：樹形図でまとめようとすると，全部で何本の枝をかくことになりそうかな？

S：え〜っと，36本？

T：それはどういうことか説明してごらん。

S：1つ目のサイコロが6通りで，そこから2つ目のサイコロがそれぞれ6本の枝として分かれていくから，6×6で36です。

T：なるほど，こんな感じになる……。

S：え〜。大変!!　めんどくさい。

T：確かに大変だね。樹形図以外に全ての場合をまとめる方法はないかな？

S：表ならもう少し簡単に表せると思います。

板書

サイコロを2つ投げると？

問題　サイコロを1つ投げると，出る目は1〜6の6通り→それぞれ $\frac{1}{6}$

サイコロを2つ投げると出る目の和は2〜12の11通り→それぞれ $\frac{1}{11}$

この考えは正しい？

結果の予想　正しい 18　正しくない 17

例えば和が5なら2, 3とか, 1, 4とかがある

それぞれの出方にかたよりがある
和だから，組み合わせがある

和が2になるのは…　$\frac{9}{350}$ → 少

方法の予想　実験，樹形図

①　②
1　1　合計36本めんどくさい
2
3
4
5
6

対話指導のポイント

　問題解決の方策を生徒たちと対話していく中で「表」の有効性に気付かせ，課題を設定していく。その中ではじめは「確率を，表を用いて考える」ということが課題になり得るが，問題解決を進めていく中で，さらに「確率を，表を用いて説明する」「確率を，表を用いて求める」というように課題が変容していくことも考えられる。いずれの場合においても，生徒との対話の中で，生徒の疑問や問題意識に則った課題が作られていくことが大切である。

1 式の計算

2 連立方程式

3 一次関数

4 図形の調べ方

5 図形の性質と証明

6 場合の数と確率

7 箱ひげ図とデータの活用

本時の評価

・サイコロを2つ投げるときに起こり得る場合について，表で整理する
よさを理解し，これを用いて確率を求めることができたか。

準備物

・サイコロ2個

◎樹形図以外に全ての場合を
まとめる方法はないかな？

表

	1	2	3	4	5	6
1						
2						
3						
4						

課題 サイコロを2つ投げるときの和の確率を
表を用いて考えよう→説明しよう→求めよう

表をうめよう

大\小	1	2	3	4	5	6
1	2 (1,1)	3 (1,2)	4 (1,3)	5 (1,4)	6 (1,5)	7 (1,6)
2	3	4	5	6	7	8
3	4	5	6	7	8	9
4	5	6	7	8	9	10
5	6	7	8	9	10	11
6	7	8	9	10	11	12

2ケタ

それぞれの和は
同じように出るかな？

◎説明しよう。 なぜ？
→同じようには出ない。
和によって組み合わせが
ちがうから，
出やすさも変わる。

◎全部で何通り？ 36通り

◎一番起こりやすいのは？
和が7 (1,6)(2,5)(3,4)(4,3)(5,2)(6,1)の6通り
⇒ $\frac{6通り}{36通り} = \frac{1}{6}$

◎一番起こりにくいのは？
和が2 (1,1)
和が12 (6,6) どちらも $\frac{1通り}{36通り} = \frac{1}{36}$
6倍も違う!!

◎和が2ケタは？ $\frac{6}{36} = \frac{1}{6}$

◎和が1ケタは？ $\frac{30}{36} = \frac{5}{6}$ ちょっと工夫
(1ケタ)=(全体)-(2ケタ)
$=1-\frac{1}{6}$
$=\frac{5}{6}$

まとめ 2つの組み合わせは
表を用いると考えやすい

ふりかえり 勘より表と樹形図

余事象の考え
(Aの起こらない確率)
= 1-(Aの起こる確率)

教材作成のポイント

本時の題材は，表のよさを感得させるのに優
れている。表にまとめることで，それぞれの和
の出やすさや規則性が一目瞭然になるからだ。
そこで課題「表を用いて求めよう」の数値設
定を以下のように工夫した。①「目の和が2」
「目の和が7」を求めさせたあと，その値を比
較させることで，6倍もの違いがあることを
実感させることができる。②「目の和が2ケ
タ」を求めたあとに「目の和が1ケタ」を問
うことで余事象の考え方に気付かせることがで
きる。

3 勘より表と樹形図

T：今日の授業で大切だと思った考え方を振り
返ろう。
S：今までなんとなくで予想していたけど，
やっぱり直観はあてにならないこともある。
S：勘より表と樹形図。
T：あれ，前回は「勘より樹形図だった」よね？
S：今日は表が大事だったので進化しました。
生徒それぞれの気付きを表現させるととも
に，折に触れて共有していく。特に単元全体の
問いに関わる気付きは積極的に取り上げたい。

本時案

表と樹形図
どちらがよい？

本時の目標

・起こり得る場合の数を樹形図や表を使って全部数えあげ，確率を求めることができる。

問題	全ての場合を数えあげるには表と樹形図どちらがよい？

結果の予想	表10 樹形図25 →場合による

↳どんな場合？

課題	様々な問題の解き方を比べて，表と樹形図のよさを説明しよう

表と樹形図ではそれぞれのよさがある

まとめ	〈表のよさ〉

・全ての場合の数がわかりやすく表されている。
・規則性がわかりやすい。
・試行回数が2回までならわかりやすい。

もっと増えたら…？

〈樹形図のよさ〉　表は2コまで　いつでも？

・試行回数が増えても表すことができる。
（増えすぎると，かなり大変）

ふりかえり	・場合によって樹形図と表を使いわけ

（1）①コインを3枚投げるとき，おもてが1枚出る確率

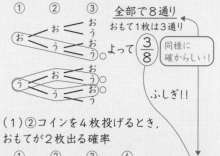

全部で8通り
おもて1枚は3通り

よって $\dfrac{3}{8}$　同様に確からしい！

ふしぎ!!

（1）②コインを4枚投げるとき，おもてが2枚出る確率

全部で16通り
おもて2枚は6通り

よって $\dfrac{6}{16}=\dfrac{3}{8}$

授業の流れ

1　表と樹形図どちらがよい？

T：前回まで，実験しないで確率を考える方法として表と樹形図があったけど，みんなはどっちがよい？（挙手させる）

S：表の方が見やすい。

S：樹形図の方が簡単。

S：どちらがよいかは場合によると思う。

T：どんな場合だったら表，樹形図の方がよい？

S：う～ん。どうだろう。

T：では今日はいくつか問題を解きながら，表と樹形図のよさを比べてみよう。

対話指導のポイント

　いわゆる問題演習の時間は生徒の技能習得，知識理解の深化の観点でも重要であるが，それだけに留める必要はない。例えば本時のように生徒との対話の中で「表と樹形図のそれぞれのよさ」についての疑問が湧いてくれば，それを課題につなげていくことで，生徒の「解いてみよう」「説明してみよう」という気持ちが高まってくる。自他の解決過程を振り返り，相互に説明したり評価したりする活動を，生徒の実態に応じて積極的に取り入れていきたい。

1	式の計算	
2	連立方程式	
3	一次関数	
4	図形の調べ方	
5	図形の性質と証明	
6	場合の数と確率	
7	箱ひげ図とデータの活用	

本時の評価

・樹形図と表のどちらを使うべきかを比較する活動を通して，起こり得る場合の数を全部数えあげるために気をつけること へ の理解を深め，確率をよりよい方法で求めることができたか。

（2）1～5のカードから2枚ひき
ひいた順に並べて2ケタの数を
つくるとき

① 3の倍数ができる確率

$$\frac{8通り}{20通り} = \frac{2}{5}$$

素数ができる確率
エラトステネスのふるい！

$$\frac{6通り}{20通り} = \frac{3}{10}$$

※ 素数以外は？

$$\Rightarrow 1 - \frac{3}{10} = \frac{7}{10}$$

（3）A，B，C，Dの4人の中から
くじびきで司会と記録を選ぶとき
Cが司会で，Dが記録になる確率

〈樹形図〉

司　　記

A ＜ B / C / D

B ＜ A / C / D

C ＜ A / B / D

D ＜ A / B / C

〈表〉

司 ＼ 記	A	B	C	D
A		なぜ？		
B				
C				○
D				

→ 重複しない。リーグ表みたい。

$$\frac{1通り}{12通り} = \frac{1}{12}$$

まとめは板書の右下に来ることが多いが，本時では板書のスペースの関係で，まとめやふりかえりを左下のスペースにもってきた。一般的ではないが，本事例では合理的な使い方として提案する。

2　表と樹形図のそれぞれのよさは？

T：今日は様々な問題を解いてみたけれど，表のよさ，樹形図のよさは，それぞれどのように感じたかな？

S：表は全ての場合が整理されていて見やすい。

S：規則性が分かりやすいというよさもある。

S：表は2つの場合だけだけど，樹形図は数が増えても表すことができます。

T：なるほど。ちなみに，樹形図でもっともっと数が増えていったらどうなる？

S：えっ。それは大変です！

教材のポイント

本時の問題は以下のような工夫をした。

（1）既習のコインが2枚の問題を，3枚，4枚と条件替えした問題。いずれも同じように考えると解決できるよさを強調する。枚数が増えると徐々に辛くなることも感じさせたい。

（2）素数の判定法（エラトステネスのふるい）を彷彿させる問題。規則性が見えるよさや余事象の考えにつながるようにした。

（3）表，樹形図のいずれでも解決可能。リーグ戦等，生活体験にも関連させたい。

本時案

出やすい色の組み合わせは？

本時の目標

・身の回りの事象の起こりやすさを，確率をもとにして考え，説明することができる。

問題　赤3面，青2面，黄1面に
ぬられたサイコロが2つある。
このサイコロを2つ投げるとき，
出やすい色の組み合わせは何か。

何回くらい？
1000くらい
→60回×16ペア+40回×1人
1000回
※終わった順に書きにくる。

◎実験から考えること
・赤－青，赤－黄が思ったより多い。
・また引っかかってる。

結果の予想　順に並べると…？　方法の予想　実験　表　同じサイコロで実験しているものとみなす

本当に?	1	2	3	4	5	6	7	8	9	10	11	12	13	14	15	16	⑰	合計
赤－赤	16	14	17	13	11	15	19	14	13	18	15	11	20	14	13	16	13	252
赤－青	18	15	21	25	22	9	18	23	22	19	23	21	18	19	22	19	16	340
青－青	5	7	7	6	8	6	7	5	7	6	7	8	8	3	6	7	4	107
赤－黄	11	17	7	7	10	14	6	9	7	7	4	14	7	15	13	8	3	157
青－黄	7	6	5	7	7	5	8	6	8	8	7	5	6	7	6	7	3	108
黄－黄	3	1	3	2	1	2	4	2	3	3	2	4	1	1	2	0	3	34

立方体の木片にシールを貼ったものを準備した。
似たようなもので代用できそうであれば，生徒数分は用意したい。

授業の流れ

1 出やすい順を予想してみると？

（生徒の反応を観察しながら問題を説明する）

T：このとき一番出やすい色の組み合わせは？

S：赤－赤（生徒全体に問う）

T：なるほど，次は？

S：赤－青，青－青，赤－黄，青－黄，黄－黄。

S：いや，ちょっと待って。また違うかも。

T：これを確かめるには，どうすればいい？

S：実験して予想を立てて表で確かめればいい。

　これまでの学習を生かし，少しずつ問題解決の方針を生徒に預けていくことが大切である。

2 実験結果から考えると？

（集計をしている最中にも，予想との違いに驚く声が飛び交う）

T：実験結果から，どんなことが考えられる？

S：赤－赤よりも赤－青の方が起こりやすそう。

S：赤－黄も思った以上に多い。

T：実験回数の回数は1000回で十分かな？

S：もっとやってもいいけど，1000回やってこれだけはっきりした差が出ているから，やっぱり予想が違ったのではないかな。

1 式の計算

2 連立方程式

3 一次関数

4 図形の調べ方

5 図形の性質と証明

6 場合の数と確率

7 箱ひげ図とデータの活用

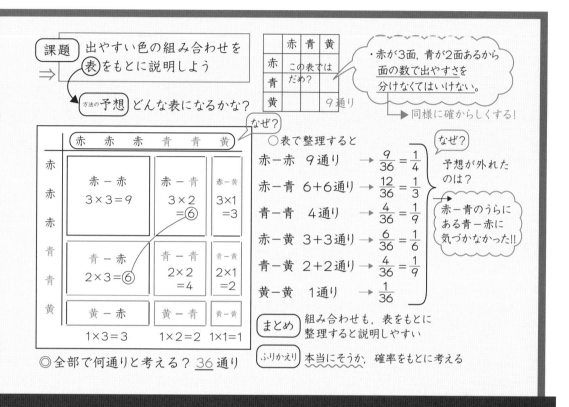

3　全部で何通りと考える？

T：表と樹形図，どちらで表すとよいかな？

S：表の方が分かりやすいんじゃないかな。

S：縦と横にそれぞれ赤，赤，赤，青，青，黄と書けばいいんじゃないかな。

S：あれ，僕は赤，青，黄としたけど。

T：こちらの考えではだめかな？

S：赤が3面，青が2面あり，面の数で出やすさが変わるから，分けなくてはいけない。

T：分けるとそれぞれが同様に確からしくなるということだね。

4　なぜ予想が外れたのだろう？

T：なぜ予想が外れたのだろう。

S：表で見ると分かりやすいけど，赤と青の組み合わせには「赤－青」と「青－赤」があるのに気がつきませんでした。

T：今日は表をもとに説明したけど，振り返ってどんなことに気付きましたか。

S：表をもとにすると，広さで比べられるし，組み合わせを説明しやすいです。

　直観では気付きにくいところを表が補ってくれることのよさに気付かせたい。

本時案

あいこになるのは どれくらい？

本時の目標

・身の回りの事象の起こりやすさを，確率をもとにして考え，その求め方を説明することができる。

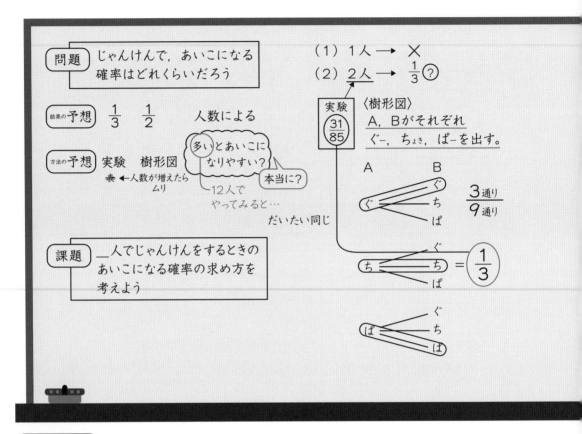

授業の流れ

1 あいこになるのはどれくらい？

T：身近な不確定な事象として，じゃんけんがあります。ところで，じゃんけんであいこになる確率はどれくらいだろう。

S：3分の1かな？

S：2分の1になるんじゃないかな？

S：人数によるんじゃないかな？

S：確かに。大人数だとあいこになりやすいよね。

T：本当に？　試しに12人でやってみよう。

T：確かに人数によってあいこになる確率は変わりそうだね。今日はこれを考えよう。

2 樹形図で表してみると？

T：2人でじゃんけんをするときのようすを樹形図で表してみるとどうなるかな？

S：AとBがそれぞれぐー，ちょき，ぱーを出すから，全部で9通りある樹形図です。

T：なるほど，このなかであいこになるのは？

S：3通りだから，確率は $\frac{1}{3}$ になります。

T：予想と合っているね。実験と比べると？

S：大体同じといってよさそうです。

樹形図の表し方，予想や実験との比較を丁寧に共有する。

1 式の計算

2 連立方程式

3 一次関数

4 図形の調べ方

5 図形の性質と証明

6 場合の数と確率

7 箱ひげ図とデータの活用

本時の評価

・じゃんけんであいこになる確率について，予想と実験結果を比較したり，場合の数を樹形図や式で
整理して考えたりする活動を通して，直観に頼らず確率をもとにして考えたり，その求め方を説明
したりすることができたか。

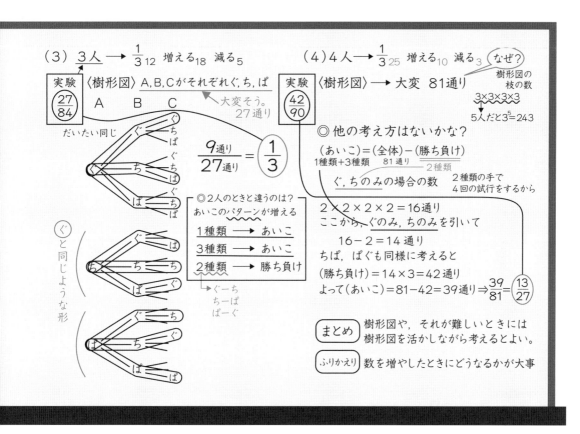

3　あいこになるのはどういうとき？

T：3人のときもちょっと大変だったけど樹
　形図で表すことができたね。

S：4人のときは，もうちょっと大変そうです。

T：確かにそうだね。ところで，あいこになる
　のは，3人の出した手がどんなときか，
　樹形図を振り返って説明できるかな。

S：3人が1種類のものだけ出したときと，
　3種類全部出したときです。

T：2種類だとどうなるかな？

S：2種類のときは勝ち負けがつきます。

4　他の考え方はできないかな？

T：では，4人のときを考えよう。

S：樹形図は大変です。3^4で81通りあります。

T：そうか。他の考え方はできないかな？

S：全部の81通りから，勝ち負けがつくとき
　を引けばいいんじゃないかな。

T：勝ち負けがつくのは，どんなとき？

S：2種類の手だけになったときだね？

T：余事象の考えを使って，考えてみよう。

　発展的な内容のため，丁寧に生徒と対話しな
がら，余事象の考えなどと結びつけて進める。

本時案

誕生日かぶりは どれくらい？

本時の目標

・身の回りの事象の起こりやすさを，確率をもとにして考え，説明することができる。

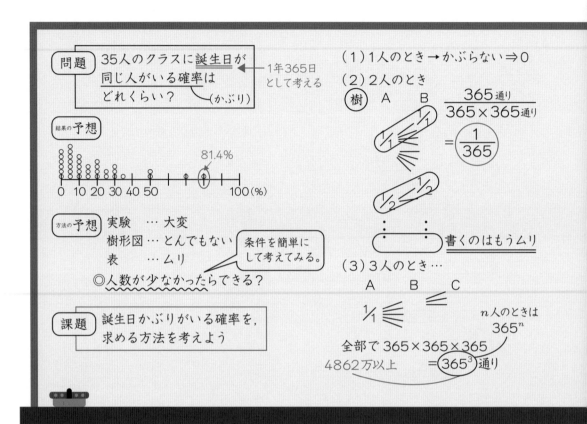

問題　35人のクラスに誕生日が同じ人がいる確率はどれくらい？（かぶり）

←1年365日として考える

（1）1人のとき→かぶらない⇒0

（2）2人のとき

樹　A　B　$\dfrac{365\text{通り}}{365 \times 365\text{通り}}=\left(\dfrac{1}{365}\right)$

書くのはもうムリ

（3）3人のとき…

A　B　C

$\dfrac{1}{1}$

n人のときは 365^n

全部で $365 \times 365 \times 365$

4862万以上 $=365^3$通り

結果の予想

81.4%

0 10 20 30 40 50　100(%)

方法の予想　実験　…　大変

樹形図…とんでもない

表　　…　ムリ

条件を簡単にして考えてみる。

◎人数が少なかったらできる？

課題　誕生日かぶりがいる確率を，求める方法を考えよう

授業の流れ

1　誕生日かぶりって奇跡？

生徒の反応を観察しながら問題を説明する。

T：誰にも相談せずに誕生日かぶりの確率を予想しましょう。何％くらいだと思いますか。挙手させて簡易的なグラフにまとめる。

T：これを確かめるにはどうすればいいかな？

S：実験は難しいよね。1クラスならできるけど。

S：樹形図は，とんでもないよね。

S：表は，2人以上いるから無理だよね。

T：人数が少なかったら考えられる？

S：2人とか3人くらいならできるかも。

2　樹形図でどこまでできる？

T：1人だとかぶらないから，2人のときから考えるとして，樹形図はどうなる？

S：早速全部書くのは無理そうです。

S：省略して書くなら，こんな感じかな。

T：なるほど，2人の時は全部で何通りある？

S：全部で365×365通りで，その中に誕生日かぶりが365通りあるから，確率は365分の1です。

全てを書き上げるのは難しくても，場合を整理するために樹形図が有効なことを共有する。

1 式の計算

2 連立方程式

3 一次関数

4 図形の調べ方

5 図形の性質と証明

6 場合の数と確率

7 箱ひげ図とデータの活用

本時の評価

・誕生日が同じ人がいる確率について，予想と実験結果を比較したり，場合の数を樹形図や式で整理して考えたりする活動を通して，直感に頼らず確率をもとにして考えたり，その求め方を説明したりすることができたか。

準備物

・PC
・表計算ソフト
・プロジェクター

◎他の考え方はできないかな？ 引き算の考え

$$（かぶり）＝全体－（かぶらない）$$

◎かぶらない場合の数は…？

・2人のとき　$\overset{B}{364}$ 通り

・3人のとき　$\overset{B}{364} \times \overset{C}{363}$ 通り

・4人のとき　$\overset{B}{364} \times \overset{C}{363} \times \overset{D}{362}$ 通り

1つずつ減った数がかかっていく

⋮

◎ n 人のとき　$364 \times 363 \times \cdots \times (365-(n-1))$

（$n-1$個）

（かぶりの確率）＝1－（かぶらない確率）　一体どれくらい？

$$= 1 - \frac{364 \times 363 \cdots (365-(n-1))}{365^n}$$

◎PC（Excel）で計算してみると…

人数	かぶらない場合の数(A)	全ての場合の数(B)	かぶらない確率(C)	かぶる確率
n人	365×364×…	365のn乗	(A)÷(B)	1－(C)
1	365	365	1.000	0.000
2	132860	133225	0.997	0.003
3	48228180	48627125	0.992	0.008
34	2.6656E+86	1.3121E+87	0.205	0.795
35	8.8893E+88	4.789E+89	0.186	0.814
36	2.9335E+91	1.7480E+92	0.168	0.832

0.814→81.4%　8割ってことはほとんど？

まとめ 樹形図でできないようなときは規則性や計算も考えられる←高校

ふりかえり 引き算の考えや規則性を用いて式をつくれるとよい。

3 他の考え方はできないかな？

T：3人の場合だと，樹形図は……。

S：書くのは無理だけど，全部で 365^3 通りです。

T：およそ4862万通りか。かぶる場合を数えていくのは大変そうだけど，他の考え方はできないかな？

S：他の考え方というと，引き算の考え方とかかな。（かぶり）＝（全体）－（かぶらない）ということだと思うけど。

やや発展的な内容のため，丁寧に生徒と対話しながら，余事象の考えなどと結びつけて進める。

4 誕生日かぶりは一体どれくらい？

T：すごい式ができあがったね。ところで誕生日かぶりは一体どれくらい起きると思う？

S：計算が大変すぎて，考えられません。

T：では，今日は特別に PC（表計算ソフト）を使って計算の結果を見てみましょう。

S：すごい！　人数が増えたら一気に確率が上がった！　80％ということはほとんどだね！

表や樹形図のよさだけでなく，それらの限界や今後の学び，自分の生活にもつなげられるように単元の学びをまとめていく。

本時案

納得できるように 分け合うには？

本時の目標

・身の回りの事象の起こりやすさを，確率をもとにして考え，説明することができる。

授業の流れ

1 2人が納得するには？

T：2人が納得するには，何に気を付けて分ければいいかな？

S：このあと続けたとしたら，どちらがどれくらい勝ちそうだったのかに着目すればいいと思います。

T：未来を予想する，ということですね。

　問題場面をじっくりと捉えさせて，何に着目すべきなのかを考えさせる。単に何対何に分ければよいかと問うてしまうと，「（道義的に）半分ずつがよい」など，数学とは関わりのない方面に思考がずれてしまうことがある。そこで文中の「あとちょっとで勝ちそうだったから」というみわさんの発言に着目させ，このあとの勝ちやすさを求めていく方向に焦点化させていく。

2 この後どれくらい勝ちそう？

T：未来を予想する，ということですね。ちなみにこの場合，みわさんはどれくらい勝ちそうだったと思いますか？

S：2勝1敗だから，2：1だと思います。

S：そんな単純なのかな？

T：これを確かめるにはどうすればよいですか？

S：実験で予想を立てて，樹形図でまとめれば説明できると思います。

　単元最後の授業であるため，これまでの確率の問題解決の過程を振り返らせ，できるだけ自力で解決への方針が立てられるようにしたい。

納得できるように分け合うには…？

問題　12枚の

みわさんとさちさんがメダルを賭け合ってゲームをしている。3セット先取の勝負だったのだが，みわさんが2勝1敗になったところで時間切れになり，メダルを分け合うことになった。

さ　ち：途中で終わっちゃったんだから，半分ずつでいい？

み　わ：え？やだよ。私の方が多くセットを取ったし，あとちょっとで勝ちそうだったからその分ももらうよ！

さ　ち：2対1ってこと？それは取り過ぎじゃない？

み　わ：じゃあ，どうやって分ければいいのよ!?

さ　ち：それは〜…。どうする？

みわさんはどれくらい勝ちそうだったの？

◎2人が納得するには，何に気をつけて分ければいい？

⇒みわさんとさちさんが，このあとどれくらい勝ちそうだったか　未来の予想

結果の予想　みわ　さち　本当に？
　　　　　　 2 ： 1

方法の予想　実験，樹形図

3 よい説明へのポイント

T：2つの樹形図はどう違いますか。

S：Aさんは，1回目でみわさんが勝ったらそこでおしまいにしているけど，Bさんは，おしまいにしないでそのまま続けてやったとするときの場合を表しています。

S：Bさんのようにすると，それぞれの枝が同様に確からしいことがいえます。

T：樹形図で説明するときは，それぞれの枝が同様に確からしいかを説明するとよいですね。

1 式の計算

2 連立方程式

3 一次関数

4 図形の調べ方

5 図形の性質と証明

6 場合の数と確率

7 箱ひげ図とデータの活用

本時の評価

・2人の分け前について，この後の勝ちやすさに着目し，予想と実験結果を比較したり，場合の数を樹形図や式で整理して考えたりする活動を通して，直観に頼らず確率をもとにして考えたり，その求め方を説明したりすることができたか。

課題 確率の考えをもとに勝負のゆくえを予想して，2人が納得する分け方を説明しよう

+α 😊 4セット先取，2勝1敗なら…？
　　→ オリンピックの卓球

😊 この問題の元ネタは「フェルマーとパスカルの手紙」1600年代 フランス

〈実験〉〈樹形図〉◎このあと最大何回戦？〈計算〉

簡易的にじゃんけんで置きかえよう

→2回分の未来を考えればいい

みわが勝つ

$\dfrac{68}{85}$

予想より多い？？

① ②
みわが勝つのは
○ $\dfrac{1}{2}$　$\dfrac{1}{2}+\dfrac{1}{4}=\dfrac{3}{4}$
さちが勝つのは
× $\dfrac{1}{4}$　× $\dfrac{1}{4}$　$\dfrac{1}{4}$
みわ：さち＝3：1

① ②
○ ○ みわの勝ち
× やったとすると
○ さちの勝ち
× ×
みわ：さち＝3：1

さちが勝つには2連勝するしかないから
$\dfrac{1}{2}\times\dfrac{1}{2}=\dfrac{1}{4}$ さちの考え
かけ算の考え
それ以外はみわの勝ちだから
$1-\dfrac{1}{4}=\dfrac{3}{4}$
みわ：さち＝3：1

単元のふりかえり

起こりやすさをとらえて説明するために大切だったのは？

・実験で予想をして樹形図や表でまとめる。

・全ての場合を逃さず数える。

・直観にたよらない。

・数が増えたり，条件が変わったりすることも考えてみる。

まとめ 確率をもとに考えれば未来が予想できる。

ふりかえり 直観だけでなく，確率をもとに判断することが大切。

ゲームについて，問題把握の場面で二人の勝ち負けは同様に確からしいと考えることを大前提として押さえておく。

教材作成のポイント

　単元のまとめとして，生徒の学びをさらに加速させ，拡げていけるような問題設定が望ましい。本時の問題は，有名な「パスカルとフェルマーの手紙」の問題を模したものである。数学史の面白さに触れさせることも，学びを加速させる一要素になり得る。また，条件替えの問題や，身近な日常場面へのつながりを提示していくことも重要な要素である。生徒が「もっと学びたい」「次はどうなるのだろう」と思えるような単元の終末を目指したい。

4 単元を振り返って

　単元の導入時に共有した「単元の問い」をもとに，単元全体の学びを振り返らせる。実際の授業ではなかなか時間が確保しにくいが，生徒が自分のノートをパラパラとめくりながらじっくり振り返るとなると，「単元時間数×30秒」ほどの時間は確保したい。それぞれの振り返りを小グループや教室全体で共有していくことで，単元の学びを定着させるとともに，次の学びに向かう力を後押ししていきたい。

7 箱ひげ図とデータの活用 （6時間扱い）

1	式の計算
2	連立方程式
3	一次関数
4	図形の調べ方
5	図形の性質と証明
6	場合の数と確率
7	箱ひげ図とデータの活用

単元の基礎・基本と見方・考え方

(1)統計的な問題解決の方法を学ぶ

本単元では，主に四分位数や箱ひげ図について学習を進めていく。そのなかで複数のデータの分布に着目し，その傾向を読み取り，批判的に考察し判断することをねらいとしている。1年時には，ヒストグラムや相対度数といった量的データの分布を捉える学習を進めてきた。本単元においても，ヒストグラムなどを箱ひげ図と比較しながらそれぞれのよさについて言及していきたい。

また，単元が6時間程度と短いため，単元を貫く課題を設定しやすい。本稿では，SDGsに関する課題の共有から「算数・数学科の問題発見・問題解決の流れ」のサイクルを意識した展開を設定している。そして，単元最後の第5，6時にはサイクルの2周目として，自分なりに問題設定をして考察することをねらいとしている。さらに，問題を設定する（Problem），解決の計画を立てる（Plan），データを収集し整理する（Data），データを分析する（Analysis），結論を得る（Conclusion）といった統計的探究プロセス（PPDACサイクル）も意識させたい。

(2)本単元における統計的探究プロセス

本単元では，第1時が過去の学習の振り返りと課題の把握，第2，3時が主に知識・技能，第4時が思考力・判断力・表現力の育成をねらいとしている。そして，第5，6時では，統計的探究プロセスの中で多面的・批判的に考察し，修正を繰り返していくことをねらいとしている。本単元における統計的探究プロセスの主な活動を下記にまとめる。

①問題を設定する（Problem）

自分たちが意識することのできるSDGsの目標として「12　つかう責任　つくる責任」に着目し，「食品ロスを減らすために私たちにできることは？」という視点から，過剰除去について考察する。過剰除去とは，調理工程の中で食べられる部分まで捨ててしまうことであり，食品ロスの原因の1つである。そして，「私たちは過剰除去を実際にしているのか？」という問題に対して考察していく。

②解決の計画を立てる（Plan）

第4時までの分析・結論をもとに，新たに明らかにしたい仮説の設定，そして必要なデータの検討を行う。例えば，「過剰除去は，調理経験の有無が要因の1つである」と仮説を立て，その仮説を示すためのデータの収集方法を検討する。

③データを収集し整理する（Data）

計画をもとに，アンケートを作成するなどしてデータを収集する。例えば，「週に2回以上調理する人と1回以下の人で集団をわける」など。その後，データテーブルに整理する。

④データを分析する（Analysis）

本単元に関わる分析方法として，四分位数や箱ひげ図を活用して，データをまとめることが挙げられる。また，今までに学習してきたヒストグラムや代表値を活用することも重要である。その後，集団ごとに比較・検討を行う。その際に，表計算ソフトや統計ソフトを活用し，データをまとめる活動も行いたい。

⑤結論を得る（Conclusion）

分析の結果を読み取り，個々で設定した仮説に対して批判的に考察し，判断を行う。また，新たな課題は何かを検討する。

本時案

SDGs
目標達成に向けて

【主テーマ】
SDGs 目標達成に向けて
12 つくる責任
　　つかう責任

Q. 食品ロスを減らすために，
　　私たちにできることは？
・食べ残しをしない。
・食品を必要以上に買いすぎない。

家庭における食品ロスの内訳

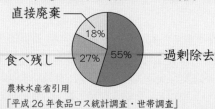

直接廃棄　18%
食べ残し　27%　55%　過剰除去

農林水産省引用
「平成 26 年食品ロス統計調査・世帯調査」

【食品ロスの内訳】
1 位　過剰除去　55%

【本時】
自分たちも過剰除去をしている？

自分たちのデータを分析してみよう！

【調理実習の記録】

里いもの廃棄量（19 人分の生徒データ）
25，20，20，18，15，25，28，17
19，16，22，12，28，24，20，18
21，20，23　　　　　　　　（単位：g）

里いもの廃棄量（18 人分の大人データ）
13，17，20，17，13，16，14，15
15，14，13，12，16，13，16，14
19，18　　　　　　　　　　（単位：g）

＊里いもの廃棄量（廃棄率）の目安
　　　　　　　　　　　　15 g（15%）
日本食品標準成分表（2020 年版）

「SDGs」「食品ロス」「過剰除去」「廃棄率」「廃棄量」などの言葉の説明を丁寧に行い，問題場面を正確に把握させる。

授業の流れ

1　調理実習のデータを活用

　本題材では，家庭科の学習と関連させながら，学習を進めていきたい。調理実習等で実際に生徒や家庭科教諭などの調理データをとるとよい。ここでは，実際に生徒が「豚汁」の調理実習をした際に，過剰除去が最も顕著に表れた食材である里いもを導入で扱っている。

　家庭科の授業で，過剰除去は，調理経験の差が影響してくることを学習している。そこから生徒と大人（学校教員）のデータとの比較へと繋げていく。

2　食品ロスを無くすためには？

S：給食を残さずに食べる。
S：必要のない食材は買わない。消費期限がきれると捨てることになってしまう。
T：家庭における食品ロスの内訳のデータを見てください。
S：過剰除去が一番多いね。家庭科の授業でも習ったね。
S：本当に自分たちは過剰除去しているのだろうか。調理経験の差が影響するのかな？
T：調理実習のデータを分析してみよう。

1 式の計算

2 連立方程式

3 一次関数

4 図形の調べ方

5 図形の性質と証明

6 場合の数と確率

7 箱ひげ図とデータの活用

本時の評価

・1年時に学習してきたヒストグラムなどを用いて, 2つのデータの分布のようすを調べることができたか。

・「本当に過剰除去をしている？」という現実事象における問題を解決することに関心をもち, 批判的に考えようとしたか。

○分析の方法 （1年時に学習したこと）

・最大値, 最小値, 範囲

・代表値

　→平均値, 中央値, 最頻値

・度数分布表　　・ヒストグラム

・度数折れ線　　・相対度数

・累積相対度数

○ヒストグラムによる分析

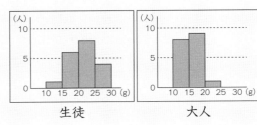
生徒　　　　　　　　　大人

	生徒	大人
最大値	28 g	20 g
最小値	12 g	12 g
範囲	16 g	8 g
平均値	21 g	15 g
中央値	20 g	15 g
最頻値	20 g	13 g

※平均値は小数点以下四捨五入

15 g以下の人数の割合

　　　　10.5%　　　55.6%

【考察したこと】

・平均値で比較すると, 生徒は15 gを超えているため過剰除去している。

・生徒の方が散らばりが大きい。

→調理技術の差？

　さらに細かく分析をしていきたい。

・どうしたら, 廃棄量を減らせる？

【本単元では…】

データを比較する新たな方法を学習していく

3 データを分析してみよう

学習してきた数学用語を一つひとつ確認しながら, 丁寧に授業を進めていきたい。ヒストグラムでは, 分布の形は分かりやすいが中央値などの指標が分かりにくい。次時以降に四分位数や箱ひげ図について学習を進めていく。ヒストグラムと箱ひげ図, それぞれの違いを単元を通して, 理解できるようにしたい。

＊本実践では, 「廃棄率」ではなく, 「100 gあたり何 gを廃棄したか」というデータ（以後, 廃棄量とする）として扱っていく。

4 批判的に考察すること

本時は, 「自分たちも過剰除去をしている？」という問いに対して考察を進めている。分析の結果をまとめる際には批判的に考察することが大事であることを押さえたい。この単元を通して大切にしていきたい考え方である。例えば, 次のようなことが考えられる。

S：むきやすい里いもとむきにくい里いもがあるのに, 比較してよいのか。

S：調理経験の差が大きく影響しているのでは…。データを取る対象を考えた方がよい。

本時案

四分位数って
なんだろう？

【主テーマ】
SDGs 目標達成に向けて
食品ロスを減らすために
私たちにできることは？

里いもの廃棄量のデータ掲示 (前時参照)

【前時より】

	生徒	大人
範囲	16g	8g

・生徒の方が散らばりが大きい。
→生徒のほうが調理経験の差がある…
　範囲が大きくなるのは当たり前？

データを比較する新たな方法は？

【本時】
データの分布のようすや
散らばりの程度を表す方法を知る

データを小さい方から順に並べ
4 等分したときの 3 つの区切りの
値を四分位数という。

小さい方から順に
第 1 四分位数
第 2 四分位数 （中央値）
第 3 四分位数
という。

生徒の実態に合わせて，データ数を
変更するとよい。右上のデータは，
四分位数を見つけやすいデータ数に
している。

授業の流れ

1　データを比較する新たな方法

　本時は，四分位数を導入する 1 時間である。前時には，1 年時に学習してきた方法を用いて分析をしている。しかし，調理経験の差が大人と比べて顕著に出るであろう生徒の範囲が大きくなることは容易に予想できる。

　そこで，「他の方法でデータの分布のようすを比較することはできないだろうか？」といった疑問から，四分位数の導入へとつなげていきたい。

2　演習の設定

　本時の目標は「四分位数や四分位範囲の意味を理解し，それらの値を求めることができる」である。次時の学習へとつなげるためにも，問題演習を通して，確実に知識・技能を身に付けさせたい。また，単元を通しても演習の時間を意図的に設定していきたい。

　大人のデータを問題演習に利用し，必要があれば小テストなどの設定も検討していきたい。

| 1 式の計算 |
| 2 連立方程式 |
| 3 一次関数 |
| 4 図形の調べ方 |
| 5 図形の性質と証明 |
| 6 場合の数と確率 |
| 7 箱ひげ図とデータの活用 |

本時の評価

・四分位数，四分位範囲の意味を理解し，データ数によって求め方が異なることを理解していたか。

12　15　16　17　[18]　18　19　20　20　[20]　20　21　22　23　[24]　25　25　28　28

第 1 四分位数
18g

第 2 四分位数 (中央値)
20g

第 3 四分位数
24g

第 3 四分位数と第 1 四分位数の差を四分位範囲という。

（四分位範囲）＝（第 3 四分位数）−（第 1 四分位数）

Q．大人のデータの四分位数と四分位範囲を求めよう

> データ数が偶数個(18)のときは
> どうするの？

12　13　13　13　[13]　14　14　14　[15]　15　16　16　16　[17]　17　18　19　20

・中央値は 9 番目と 10 番目の平均値になる。

・第一四分位数，第三四分位数どう求める？

> 教科書の練習問題にも取り組み
> 知識・技能を身に付けさせたい。

【問い】データ数による四分位数の違いは？？

偶数個でも……

○ ○ [○ ○] ○ [○] ○ ○ [○ ○] ○ ○　　　データ数：12

奇数個でも…

○ ○ [○ ○] ○ ○ [○] ○ ○ [○ ○] ○ ○　　　データ数：13

---

3 生徒の「問い」を大切にする

　始めに与えたデータ数は19個で，四分位数について学習を進めている。1 年時の学習で中央値を求める際に，データ数が偶数個と奇数個で違いがあったことから推測して「データ数によって求め方が異なるのでは？」という問いを生徒から引き出したい。また，四分位数を求める方法を，単にデータ数が偶数個，奇数個として場合分けしてはまずいことを確認したい。

　上記「問い」に対する考察を本時の課題とすることも考えられる。

4 偶数個でも四分位数の求め方が…

S　データ数が12個と10個のときでは……。

S　14個のときは，10個のときと同じ考えで求めることができる。

S　16個のときは，12個のときと同じ考えだ。

T　データの個数によって，違いますね。共通することを見つけられますか？

S　4 の倍数のデータ数のときは……。

　帰納的に考察する姿や文字式を使って演繹的に説明しようとする姿が見られたら，価値付けしていくことを大切にしたい。

本時案

箱ひげ図って
なんだろう？

【本時の目標】
・箱ひげ図の必要性と意味を理解し，データの
分布のようすを箱ひげ図に表すことができ
る。

【主テーマ】
SDGs 目標達成に向けて
食品ロスを減らすために
私たちにできることは？

【前時】
里いもの廃棄量（生徒データ）
第1四分位数：18 g　　第2四分位数：20 g
第3四分位数：24 g　　四分位範囲　　：　6 g

○四分位範囲のよさ？
・データの散らばりが詳細に分かる。
・極端に小さい値や大きい値の影響をうけない。

四分位範囲
→全データの約半分が含まれている。

【本時】
データを「箱ひげ図」で表せる
ようにしよう！

里いもの廃棄量
（19人分の生徒データ）

第2四分位数（中央値）
第1四分位数　第3四分位数
最小値　　　　　　　　　　　　最大値

ひげ　　箱　　　　ひげ

10 12 14 16 18 20 22 24 26 28 30(g)

四分位範囲

範囲

授業の流れ

1 四分位範囲のよさや意味

　前時の続きの活動として，四分位範囲のよさ
や意味について議論するようにしたい。四分位
数によってデータを約四等分しており，四分位
範囲には半分のデータが含まれている。また，
範囲は極端に大きい値や小さい値の影響を受け
やすいが，四分位範囲は影響を受けない。
　これらの特徴を単元を通して様々なデータを
検証していく中で実感させたい。

2 2つの箱ひげ図を比較して

T：生徒が過剰除去の傾向にあることは，1
　時間目に確認しました。新たに箱ひげ図に
　表したことで分かる生徒と大人の違いはあ
　りますか？
S：四分位範囲においても生徒が大きい。
S：生徒は左のひげ，大人は右のひげが長い。
S：生徒は，第1四分位数でも里いもの廃棄
　量の目安の15g を超えている。

1 式の計算

2 連立方程式

3 一次関数

4 図形の調べ方

5 図形の性質と証明

6 場合の数と確率

7 箱ひげ図とデータの活用

本時の評価

・データの分布のようすを箱ひげ図に表すことができたか。
・箱ひげ図とヒストグラムを組み合わせて，データの分布のようすを批判的に考え，説明することができたか。

○里いもの廃棄量（18人分の大人データ）を箱ひげ図に表そう
第1四分位数：13g　　第2四分位数（中央値）：15g
第3四分位数：17g　　四分位範囲　　　　　　：4g

里いもの廃棄量（18人分の大人データ）

数値をかくこともある

【生徒データ】

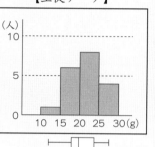

【大人データ】

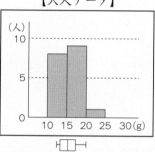

Q. 2つの箱ひげ図を比べて，分かること
・四分位範囲においても，生徒が大きい。
・生徒は左のひげ，大人は右のひげが長い。

【問い】
箱ひげ図とヒストグラムの違いは？

問題練習でデータの分布を箱ひげ図で表す練習や他のデータでヒストグラムと箱ひげ図の比較を行う。

3 箱ひげ図とヒストグラムの違い

S：箱ひげ図は，範囲や四分位範囲がはっきりと分かる。だけど，箱やひげの部分の分布が詳しく分からない。

S：ヒストグラムは，全体の分布の形がすぐに分かる。同じ箱ひげ図でも，ヒストグラムにしたら違うかもしれない。

S：ヒストグラムは，四分位範囲や中央値を読み取るのが難しい。

T：それぞれのよさを今後の授業でも考えていきましょう。

4 箱ひげ図とヒストグラムについて

3 のような対話を通して，箱ひげ図とヒストグラムでは，読み取れることが異なることを確認したい。本時のみでは難しいかもしれないが，単元を終えたときに生徒自身で説明ができるようにしたい。そのためにも，様々なデータを分析する時間を十分に確保したい。

それぞれのよさを理解したうえで，2つを組み合わせて多面的に読み取ることのよさを実感させたい。

本時案

食材の廃棄量を分析しよう

4/6

本時の目標

・箱ひげ図を使って食材の廃棄量を比較する活動を通して，複数のデータの分布の傾向を読み取り，批判的に考察し判断することができる。

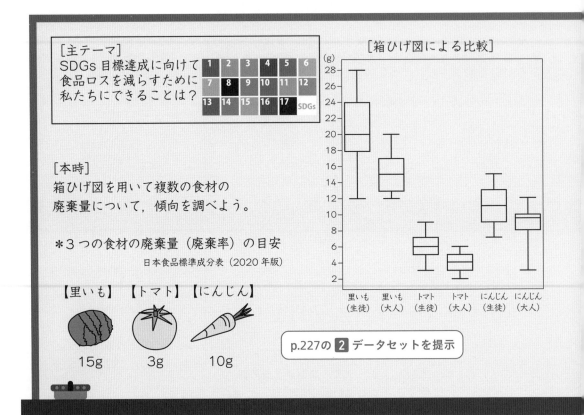

[主テーマ]
SDGs目標達成に向けて食品ロスを減らすために私たちにできることは？

[本時]
箱ひげ図を用いて複数の食材の
廃棄量について，傾向を調べよう。

＊3つの食材の廃棄量（廃棄率）の目安
日本食品標準成分表（2020年版）

【里いも】　【トマト】　【にんじん】

15g　　3g　　10g

[箱ひげ図による比較]

p.227の **2** データセットを提示

授業の流れ

1 食材の廃棄量の傾向を調べよう

T：里いものときは，廃棄量についてどんな特徴がありましたか？

S：生徒と大人で比較したら，散らばりが大きく異なっていた。

S：廃棄量の目安を上回ってしまっていた。

S：他の食材の場合も同様のことがいえるのだろうか？

　前時からのつながりを意識させたい。本時は食材や調理者の違いによって，廃棄量の分布の傾向に違いがあるのかを考えさせる。

2 複数の箱ひげ図から分析しよう

T：どんな傾向があるでしょうか？

S：食材によって，散らばりが異なる。

S：生徒と大人で差が大きくあるものとあまりないものがある……。

S：なんでこうなるのだろう？

　分析をする際には，個人活動だけでなくペア，グループ学習を取り入れることも考えられる。また，複数のデータの分布を比較する際に箱ひげ図は視覚的に比較しやすいといった箱ひげ図のよさについても触れたい。

1 式の計算

2 連立方程式

3 一次関数

4 図形の調べ方

5 図形の性質と証明

6 場合の数と確率

本時の評価

・複数のデータの傾向を分析するために複数の箱ひげ図を比較して，食材や調理者（生徒・大人）の違いによって廃棄量の分布の傾向が異なることを読み取ることができたか。

傾向を分析しよう！
〈里いも（前時）〉
・中央値が大きく異なる。
・生徒の範囲や四分位範囲が大きい。

〈トマト〉
・他の食材と比べると，大人と比べ大きく変わりはない。
・生徒の方が中央値が大きい。

〈にんじん〉
・中央値の差はあまりない。
・大人の範囲が大きく，最小値が中央値と比べて離れている。

〈共通点〉
・生徒の方が最大値，最小値が大きい（里いもの最小値を除く）。
・どの食材でも生徒の中央値は，廃棄量の目安を超えている。

［問い］　なぜ，このような傾向に？
・生徒は皮むきが下手？？
↓
・にんじんは，ピーラー？
・トマトは，廃棄部分が少ないから…
・にんじんの皮をむかない人？
→こすり洗いのみかも？

［テーマ］　私たちにできることは何か？
・食品ロスが大きいから減らしたい。
・調理の技術力向上
→特に包丁技術がいるものを練習する。
・廃棄を少なくするための工夫
→ピーラーなどの道具を利用する。
・過剰除去をしていないか確認する。

［問い］
本当に調理経験の差が影響している？

---

3 なぜ，このような傾向になるの？

　ここでは，数学的な分析結果のもつ現実場面における意味について検討していく。

　例えば，「中央値や分布の散らばりから，生徒よりも大人の方が調理技術が上である」と予想する生徒が見られたとする。しかし，これはあくまでも予想であり，これだけのデータから因果関係が見られるものではないことを確認する必要がある。そして，その予想が正しいかを確かめるためにさらに必要な調査や分析方法を検討していく。

4 私たちにできることは？

　分析してきたことをもとに，主テーマに対する結論を各自で考える時間を確保する。

　また，ここでは自分の主張をより確かなものにするために「さらに調べたいことや疑問に思うこと」をまとめさせる。例えば，次のような視点が考えられる。

　①調理経験が豊富な人との比較
　②調理道具による廃棄量の違いの有無
　③流通する商品の規格の影響の有無
　④データの収集方法の妥当性

本時案

課題を深く追究しよう

本時の目標

・目的に応じて選択したデータの分布の傾向を，四分位範囲や箱ひげ図などを用いて読み取り，批判的に考察し判断しようとする。

[主テーマ]
SDGs目標達成に向けて
食品ロスを減らすために
私たちにできることは？

[本時]
前時の「問い」をもとに
データを新たに収集し，分析しよう。
→箱ひげ図は分析の際に必ず使用する。

[私たちにできることは何か？（前時）]
・調理の技術力向上
→特に包丁技術がいるものを練習する。
・廃棄を少なくするための工夫
→ピーラーなどの道具を利用する。
・過剰除去をしていないか確認する。

[問い]
本当に調理経験の差が影響している？
食材の大きさや形によって，データが
変わるのでは？

①調理経験の有無で比較する
→アンケートをとってデータ収集？

②食材の大きさで分けて比較する
→食材の平均サイズの上下で分ける？

③調理道具を変えて比較する
→包丁とピーラー？

どうやって，データを収集すれば
いいだろう？

授業の流れ

1　問題発見・問題解決の流れ

　第4時までの学習は，単元を貫く1つの課題について考察を進めている。学習指導要領で重視されている「問題発見・問題解決の流れ」の2つのサイクルのうち，「日常生活や社会の事象に関わる過程」を展開できる教材である。

　本時は，「問題発見・問題解決の流れ」のサイクルの2周目として，自分なりに条件を設定して考察することをねらいとする。また，データの収集方法を検討することは，3年次に学習する「標本調査」の内容にも深く関わってくる。

2　自分の「問い」を解決するために

S：調理経験の有無で比較してみたい。
S：日頃から家で調理している人としていない人で分けて，データを収集したら？
S：日頃って言葉は曖昧じゃない？
S：週2回とか？
S：そもそも，人数が大きく違っても箱ひげ図って比較できるのかな？

　「問い」を解決するために，どのようなデータを収集する必要があるのか考えさせる。

1 式の計算

2 連立方程式

3 一次関数

4 図形の調べ方

5 図形の性質と証明

6 場合の数と確率

7 箱ひげ図とデータの活用

本時の評価

・「食品ロスを減らすために私たちにできることは?」という現実事象における問題を解決することに関心をもち,問題解決の過程を振り返って検討しようとしたり,批判的に考えようとしたりしていたか。

＊課題の追求

| ①調理経験の有無で比較する | ②食材の大きさで分けて比較する | ③調理道具を変えて比較する |

○課題レポートの提出に向けて

【問題設定】
・問題の整理
・明らかにしたい仮説の設定

【計画】
・必要なデータの検討
・収集方法の検討

【データ】
・データの収集
・データの整理

【分析】
・箱ひげ図による比較
・その他の方法による比較
　→表やグラフ,代表値など

【結論】
・仮説に対する結論
・さらに追究したいこと

> 新たな視点でデータの収集と分析をするため,上記の統計的探究プロセスを確認した後に,課題の追究時間として生徒に自由な時間を1〜2時間程度確保したい。その後は,課題レポートとして評価する。詳細についてはp.228〜231に記述する。

---

3 課題レポートとしての扱い

　上記板書の3つの視点（他でも可）から自身が考察してみたいものを選択して,課題レポートとして提出させる。

　また授業内で他者のレポートを見る時間を確保し,意見交換を通して,自身のレポートを修正していく活動も考えられる。

　「思考力・判断力・表現力」や「主体的に学習に取り組む態度」の観点別評価に利用できるだろう。

4 単元の終わり方

　単元の終わり方を大切にしたい。よくある終わり方として,単元を通して学んだことを振り返る活動が考えられる。

　さらに,本単元では「問い」を大切にしてきている。その「問い」は,単元内で解決できるものと,できないものが出てくるだろう。それらの「問い」を整理しておくことが今後の学習に繋がっていく。例えば,データの収集方法の妥当性など。3年次の学習へと繋がる「問い」を残して,単元を終えるようにしたい。

1 題材「食材の廃棄量（廃棄率）」について

　本単元では，題材として食材の廃棄量（廃棄率）を扱っている。食材には，ふつうの食習慣で捨てられる部分があり，その食材全体の形態に対する重量の割合を廃棄率という。本来は，授業でも廃棄率として扱いたいが，四分位数や割合，相対度数を活用するうえでの％と廃棄率としての％が混在して生徒が混乱しないよう，「100gにつき何g廃棄したか」というデータに置き換えて，廃棄量として取り上げている。単元の導入では，「SDGsの目標達成に向けて」という視点（主に12つくる責任つかう責任）に着目して，食品ロスについて考えていくことになる。食品ロスには様々な原因があるが，最も多いのが過剰除去であり，私たち自身が改善していくことのできる内容である。算数・数学の問題発見・解決の過程のうち，日常生活や社会の事象を数理的に捉え，数学的に処理し，問題を解決するといったねらいにおいて適した題材といえるだろう。

　生徒は，家庭科の調理実習等の授業で過剰除去について学習している。家庭科の授業とコラボしながら，教科横断的に学習を進めていくとよいだろう。本単元で扱っているデータの一部は，実際に生徒の調理実習の際に収集したものである。また，食材の廃棄率については，割合の学習（特に第3用法）にも適している題材である。私は，本単元で扱う前に1年時の1次方程式の内容と関連付けて，2時間扱いで展開している。主な問題としては，「里いもの食べられる部分を12kg用意したい。廃棄率を15%とすると，里いもを何kg発注すればよいだろうか」といったものである。中学校の家庭科の授業では，廃棄率という言葉には触れるが，計算自体は扱わないことが多いため，こういった内容を数学科の授業の中で行い，廃棄率についての理解を深めていくことも大切だと考える。

調理実習の様子

　データのすべてを家庭科の調理実習の時間で収集することは難しいため，にんじんやトマトなどの比較的調理することの多い食材のデータについては，家庭で収集することも考えられる。その際に，保護者にも協力してもらいデータを収集することで，生徒のデータと大人のデータを比較する展開へと繋げていきたい。また，授業の内容を家庭と共有することで，SDGsや食品ロスについて家庭内で会話をするきっかけとしたい。

廃棄する里いもの皮

2 データセットについて

　本単元で扱ったデータセットは下記のとおりである。大人のデータについては，基本的には学校の教員のものを使っている。データ数は，生徒と大人で奇数個，偶数個に分けるように調整したい。選択する食材や調理方法，個々の調理技術の差によって廃棄量の特徴が異なるため，とても面白く様々な食材で試してみるとよいだろう。

①里いも（生徒）　②里いも（大人）　　　　　　　　　　＊廃棄量の目安15g（100gあたり）

　①12，15，16，17，18，18，19，20，20，20，20，21，22，23，24，25，25，28，28　（単位：g）

　②12，13，13，13，13，14，14，14，15，15，16，16，16，17，17，18，19，20　　　　（単位：g）

③トマト（生徒）　④トマト（大人）　　　　　　　　　　＊廃棄量の目安3g（100gあたり）

　③3，4，4，5，5，5，6，6，6，6，6，7，7，7，7，8，8，9，9　（単位：g）

　④2，3，3，3，3，3，3，4，4，4，4，4，5，5，5，5，6　　　　（単位：g）

⑤にんじん（生徒）　⑥にんじん（大人）　　　　　　　　＊廃棄量の目安10g（100gあたり）

　⑤7，8，9，9，9，9，10，11，11，11，11，11，12，13，13，13，14，14，15　（単位：g）

　⑥3，7，8，8，8，8，8，9，9，10，10，10，10，10，11，11，11，12　（単位：g）

3 課題レポートについて

　本単元では，「SDGs 目標達成に向けて〜食品ロスを減らすために私たちにできることは？〜」というテーマで学習を進めている。そして，第4時までに分析してきたことをもとに，主テーマに対する結論を出している。第5，6時には，第4時にまとめた自分の主張をより確かなものにするために「さらに調べたいことや疑問に思うこと」を統計的探究プロセス（PPDAC サイクル）を意識しながら，課題追究していく時間とする。第6時終了後に課題レポートを回収し，「思考力・判断力・表現力」や「主体的に学習に取り組む態度」の評価資料にするとよい。

【課題レポートの例】

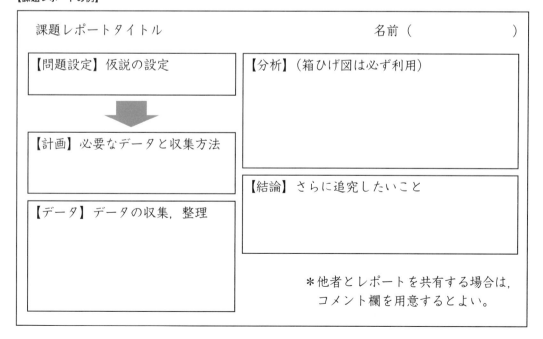

SDGs 目標達成に向けて〜食品ロスを減らすために私たちにできることは？〜

【問題設定】仮説の設定

「調理経験の有無によって，廃棄量（廃棄率）に差が生まれ，
　　　　　　　　調理経験が豊富な人ほど廃棄量は少なくなるのではないか」

【計画】必要なデータと収集方法

・生徒，大人の区別ではなく，調理経験の有無をもとにデータを収集する。
・授業で扱ってきた食材（里いも，トマト，にんじん）の中で，もっとも調理技術がいると考えられる里いもで分析する。
・アンケートを実施する。
　項目「一週間で何回包丁を利用した調理を行っていますか？」
→週 2 回以上を調理経験が豊富な人，週 1 回以下を調理経験が少ない人とする。

【データ】データの収集，整理

調理経験が豊富な人　15名（生徒5名，大人10名）
12, 12, 13, 13, 13, 13, 14, 14, 15, 15, 15, 16, 16, 17, 18　　　（単位：g）

調理経験が少ない人　22名（生徒14名，大人8名）
14, 16, 16, 17, 17, 18, 18, 19, 19, 20, 20, 20, 20, 20, 21,
22, 23, 24, 25, 25, 28, 28　　　（単位：g）

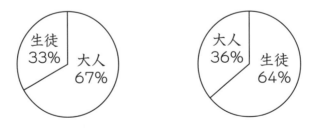

【分析】

	調理経験 多	調理経験 少
最大値	18 g	28 g
最小値	12 g	14 g
範囲	6 g	14 g
平均値（小数点以下四捨五入）	14 g	21 g
最頻値	13 g	20 g
第1四分位数	13 g	18 g
第2四分位数（中央値）	14 g	20 g
第3四分位数	16 g	23 g
四分位範囲	3 g	5 g
15g 以下の人数の割合	73.3%	4.5%

里いもの廃棄量

調理経験 多

調理経験 少

10 12 14 16 18 20 22 24 26 28 30 (g)

【結論】さらに追究したいこと

　調理経験が豊富な人ほど廃棄量は少なくなるといえる。理由として，調理経験が豊富な人の方が，中央値などの値が小さく，15g 以下の人数の割合も大きく異なる。調理経験の豊富な人の集団の方が，範囲や四分位範囲が小さいことも分かる。これらは，生徒と大人で比較した時よりも顕著に表れている。そのため，「食品ロスを減らすために私たちにできることとして，調理の技術力の向上を目指す」ことが1つの手立てになる。

　アンケートの項目を増やし，細かく調べればさらに詳しい分析ができると思う。また，扱った里いも大きさなども人によって異なるため，そこを考慮に入れて分析をするとどうなるか考えてみたい。

監修者・編著者紹介

[監修者]

池田　敏和（いけだ　としかず）

横浜国立大学教授。教育学博士。横浜国立大学教育学部附属鎌倉小中学校長，神奈川県数学教育研究会連合会会長，日本数学教育学会常任理事，新算数教育研究会副会長，ICTMA 国際組織委員（2005〜2017），PISA2012年調査・数学的リテラシー国際専門委員（2009〜2012），主な著書に『モデルを志向した数学教育の展開』『いまなぜ授業研究か』（東洋館出版社），『数学的活動の再考』（学校図書），『数学的思考に基づく教材研究のストラテジー24』（明治図書）等がある。

田中　博史（たなか　ひろし）

真の授業人を育てる職人教師塾「授業・人」塾主宰。元筑波大学附属小学校副校長，元全国算数授業研究会会長，学校図書教科書「小学校算数」監修委員。主な著書に『子どもが変わる接し方』『子どもが変わる授業』『写真と対話全記録で追う！ 田中博史の算数授業実況中継』『学級通信で見る！ 田中博史の学級づくり１年生』（東洋館出版社），『子どもの「困り方」に寄り添う算数授業』（文溪堂），監修に『板書で見る 全単元・全時間の授業のすべて 算数』（小学校１〜６年，東洋館出版社）等がある。

[編著者]

藤原　大樹（ふじわら　だいき）

お茶の水女子大学附属中学校教諭，お茶の水女子大学非常勤講師。教育学修士。日本数学教育学会実践研究推進部中学校部会幹事，文部科学省学習指導要領等の改善に係る検討に必要な専門的作業等協力者（2016〜2017），国立教育政策研究所学習評価に関する参考資料作成協力者会議委員（2019〜2020），主な著書に『「単元を貫く数学的活動」でつくる中学校数学の新授業プラン』（明治図書），『数学的活動の再考』（学校図書）等がある。

著者紹介

[著　者]（執筆順）

山岸　卓矢（やまぎし　たくや）　　上越教育大学附属中学校
単元 1 「式の計算」

石黒　友一（いしぐろ　ゆういち）　　筑波大学附属中学校
単元 2 「連立方程式」

山脇　雅也（やまわき　まさや）　　鳥取市立福部未来学園
単元 3 「一次関数」

大畑　智裕（おおはた　ともひろ）　　富士市立吉原北中学校
単元 4 「図形の調べ方」

加藤　幸太（かとう　こうた）　　千葉大学教育学部附属中学校
単元 5 「図形の性質と証明」

岸本　航司（きしもと　こうじ）　　埼玉大学教育学部附属中学校
単元 6 「場合の数と確率」

和田　勇樹（わだ　ゆうき）　　静岡県立清水南高等学校中等部
単元 7 「箱ひげ図とデータの活用」

全3巻単元一覧

第1学年

1 正の数と負の数
2 文字と式
3 一次方程式
4 変化と対応
5 平面図形
6 空間図形
7 データの活用

第2学年

1 式の計算
2 連立方程式
3 一次関数
4 図形の調べ方
5 図形の性質と証明
6 場合の数と確率
7 箱ひげ図とデータの活用

第3学年

1 式の展開と因数分解
2 平方根
3 二次方程式
4 関数 $y = ax^2$
5 図形と相似
6 円の性質
7 三平方の定理
8 標本調査

『板書で見る全単元・全時間の授業のすべて　数学　中学校2年』付録資料について

本書の付録資料は、東洋館出版社ホームページ内にある「マイページ」からダウンロードすることができます。なお、本書のデータを入手する際には、会員登録および下記に記載しているユーザー名とパスワードが必要になります。入手の方法は以下の手順になります。

【東洋館出版社 HP】

URL https://www.toyokan.co.jp　　東洋館出版社　検索

❶ 東洋館出版社オンラインのトップページにある「人型アイコン」をクリック

❷ 会員の方はご登録のメールアドレスとパスワードを入力しログイン、未登録の方は新規会員登録後ログイン

❸ マイアカウントページにある「ダウンロードページ」をクリック

❹ 対象の書籍をクリック。下記記載のユーザー名、パスワードを入力

クリック

ユーザー名：sugaku02
パスワード：g6HXB8km

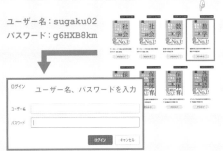

【使用上の注意点および著作権について】

・リンク先にはパソコンからアクセスしてください。スマートフォンではファイルが開けないおそれがあります。
・Excelファイルを開くためには、Microsoft Excelがインストールされている必要があります。
・収録されているファイルは、著作権法によって守られています。
・著作権法での例外規定を除き、無断で複製することは法律で禁じられています。
・収録されているファイルは、営利目的であるか否かにかかわらず、第三者への譲渡、貸与、販売、頒布、インターネット上での公開等を禁じます。
・ただし、購入者が学校での授業において、必要枚数を生徒に配付する場合は、この限りではありません。ご使用の際、クレジットの表示や個別の使用許諾申請、使用料のお支払い等の必要はありません。

【免責事項・お問い合わせについて】

・ファイル使用で生じた損害、障害、被害、その他いかなる事態についても弊社は一切の責任を負いかねます。
・お問い合わせは、次のメールアドレスでのみ受け付けます。tyk@toyokan.co.jp
・パソコンやアプリケーションソフトの操作方法については、各製造元にお問い合わせください。

板書で見る全単元・全時間の授業のすべて
数学 中学校2年
～令和3年度全面実施学習指導要領対応～

2022（令和4）年3月20日　初版第1刷発行
2023（令和5）年6月26日　初版第2刷発行

監 修 者：池田　敏和・田中　博史
編 著 者：藤原　大樹
発 行 者：錦織　圭之介
発 行 所：株式会社東洋館出版社
　　　　　〒101-0054　東京都千代田区神田錦町2丁目9番1号
　　　　　　　　　　　　　コンフォール安田ビル2階
　　　　　代　　表　電話 03-6778-4343　FAX 03-5281-8091
　　　　　営 業 部　電話 03-6778-7278　FAX 03-5281-8092
　　　　　振　　替　00180-7-96823
　　　　　U　R　L　https://www.toyokan.co.jp

印刷・製本：藤原印刷株式会社

装丁デザイン：小口翔平＋後藤司（tobufune）
本文デザイン：藤原印刷株式会社
イ ラ ス ト：すずき匠（株式会社オセロ）

ISBN978-4-491-04779-9　　　　　　　　　　Printed in Japan